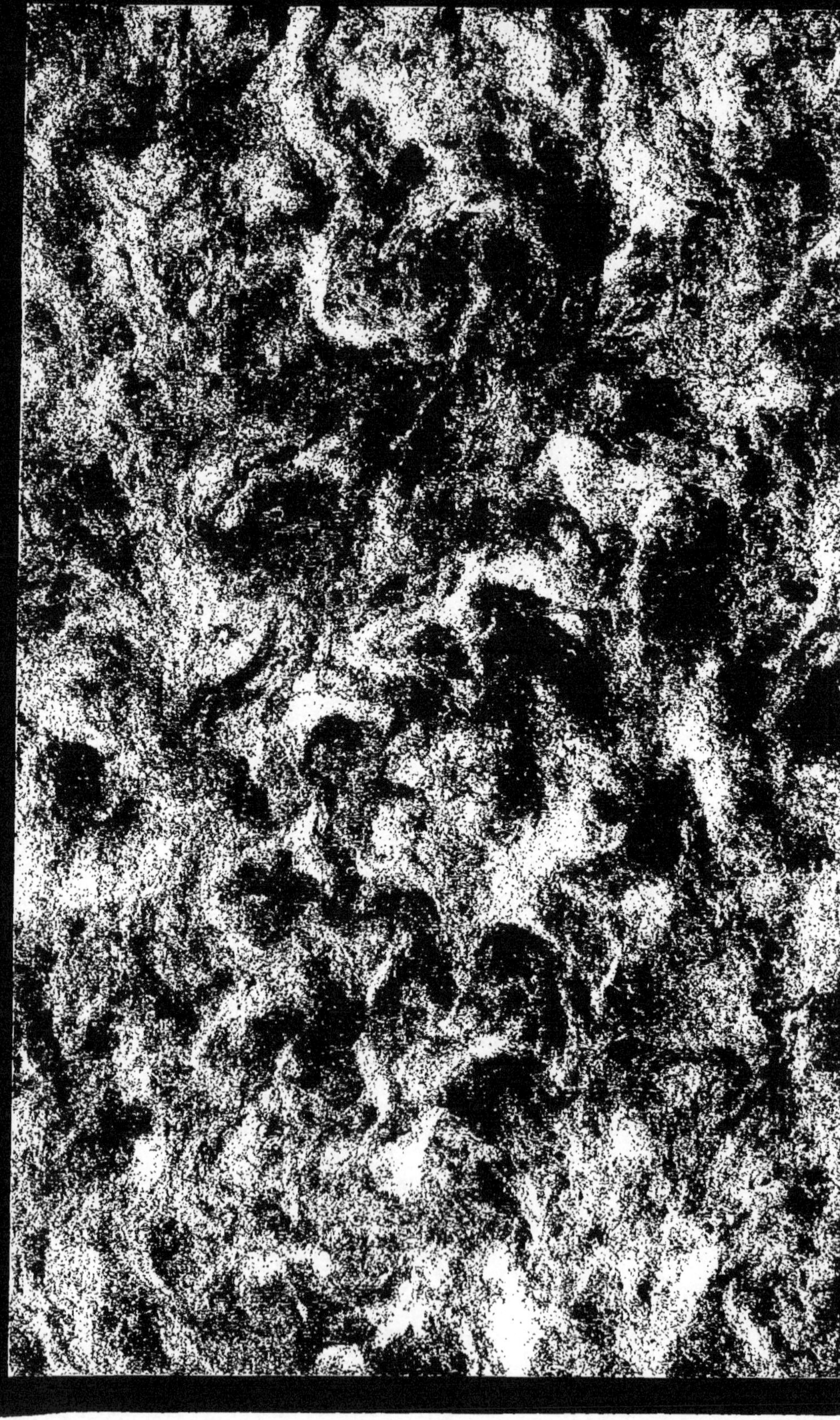

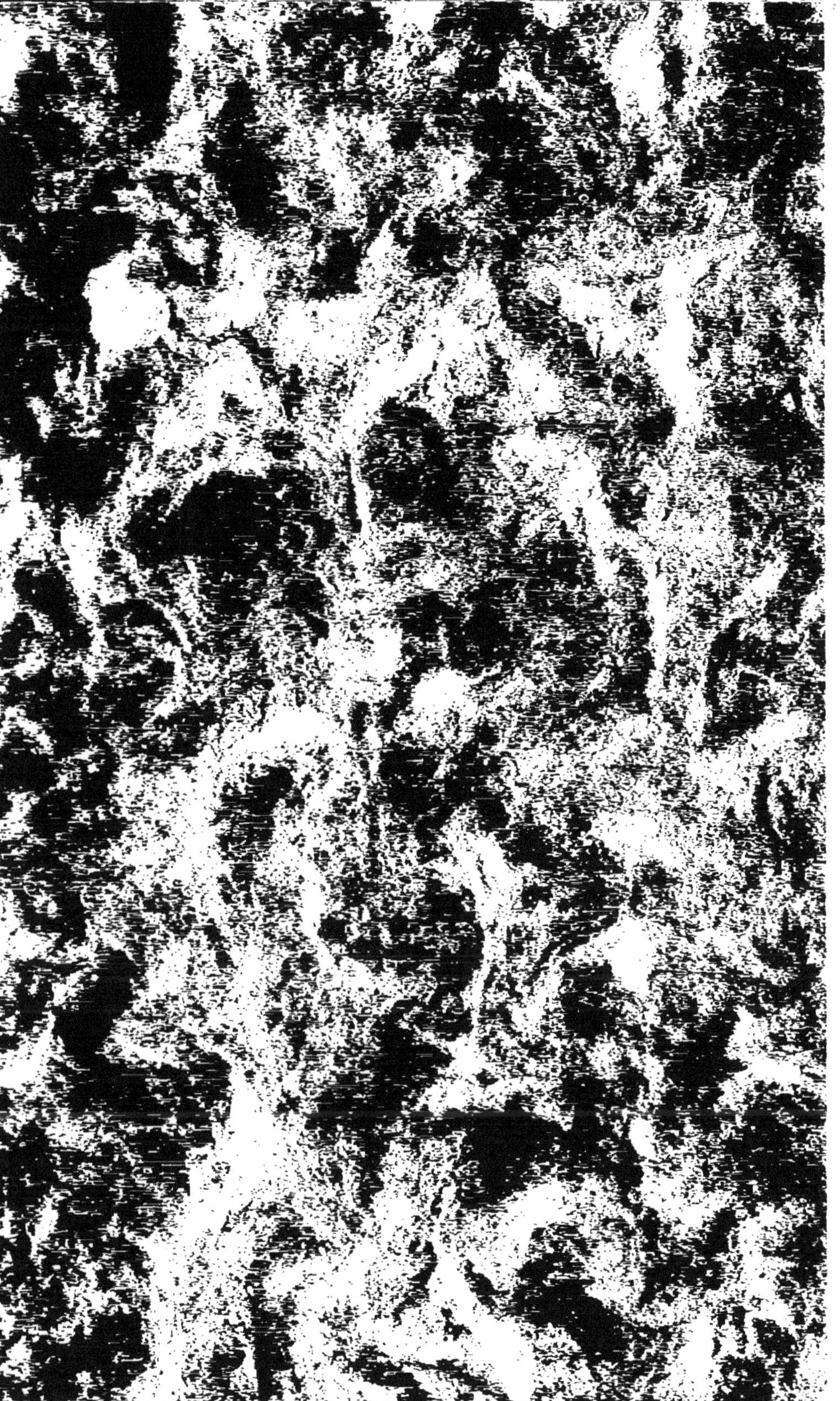

A. FERRET 1980

LES

VICTOIRES DE PIE IX

SUR LES

GARIBALDIENS EN 1867

ET

LES SOLDATS DU PAPE DEVANT L'HISTOIRE

Par le R. P. HUGUET

Portæ inferi non prævalebunt.
(J.-C.)

LIBRAIRIE CATHOLIQUE DE PÉRISSE FRÈRES
(NOUVELLE MAISON)
RÉGIS RUFFET ET Cᵉ, SUCCESSEURS
PARIS | BRUXELLES
38, RUE SAINT-SULPICE, 38 | 4, PLACE SAINTE-GUDULE, 4
1868

LES

VICTOIRES DE PIE IX

SUR

LES GARIBALDIENS

MÊME LIBRAIRIE

OUVRAGES DU MÊME AUTEUR :

Les Gloires de Pie IX et les grandes Fêtes de Rome en 1867. Un volume in-12 de 400 pages. Prix : 2 francs.

Plus que jamais les fidèles dévoués à la sainte Église doivent user de tous les moyens que la Providence a mis à leur disposition pour venir au secours de la Papauté, à laquelle la Révolution livre un combat acharné. Il faut donc, chacun selon nos ressources, répandre autour de nous les ouvrages en faveur de Pie IX.

Nos frères à l'étranger l'ont bien compris, car à peine le livre que nous recommandons à nos lecteurs a-t-il paru, qu'ils se sont empressés de le traduire.

« Voici, dit la *Bibliographie catholique*, un récit des gloires de Pie IX, rappelant principalement les derniers actes de son pontificat. L'auteur cite ses paroles, ses lettres, rappelle sa bonté, les témoignages de vénération et d'amour donnés de toutes parts au Siége apostolique, tout ce qui peut, enfin, faire mieux connaître et glorifier Pie IX. C'est assez dire le charme et l'intérêt de ces pages.

« On ne lira pas sans émotion le récit des démarches de Pie IX auprès de Lamennais et de Victor Cousin. » (*Bibliographie catholique.*)

La Dévotion à Marie en exemples, ou *Excellence des prières et des pratiques en l'honneur de la très-sainte Vierge, démontrée par un grand nombre de traits et de miracles.* 2 vol. in-12, formant 1.100 pages; 4e édition, entièrement refondue. Prix (*franco*) : 6 fr.

« En parcourant ces traits, on le sourire vient errer sur les lèvres, ou une douce émotion agite le cœur et remplit les yeux de larmes d'attendrissement. » (*Bibliographie catholique.*)

Pouvoir de saint Joseph, ou *Méditations, Exemples et Prières pour tous les jours du mois de mars.* 1 volume in-18 de 436 pages. Prix : 1 fr. 50. — Approuvé par plusieurs archevêques français et italiens.

PARIS. — IMPRIMERIE VICTOR GOUPY, RUE GARANCIÈRE, 5.

LES

VICTOIRES DE PIE IX

SUR LES

GARIBALDIENS EN 1867

ET

LES SOLDATS DU PAPE DEVANT L'HISTOIRE

Par le R. P. HUGUET

Portæ inferi non prævalebunt.
(J.-C.)

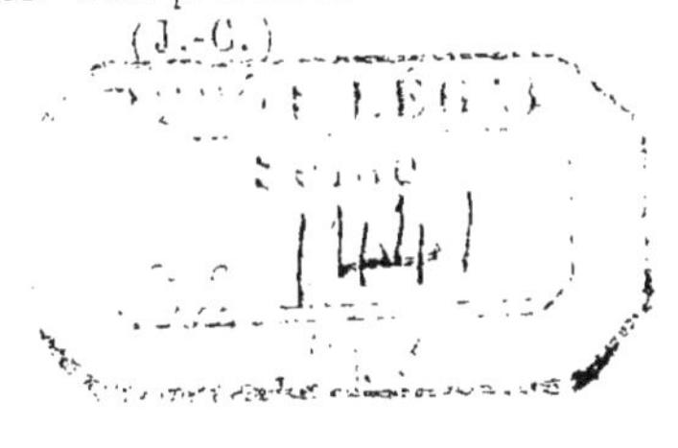

LIBRAIRIE CATHOLIQUE DE PÉRISSE FRÈRES
(NOUVELLE MAISON)
RÉGIS RUFFET ET Cᵉ, SUCCESSEURS

PARIS	BRUXELLES
38, RUE SAINT-SULPICE, 38	4, PLACE SAINTE-GUDULE, 4

1868

PRÉFACE

L'année 1867 devait être, selon les espérances de la Révolution, fatale au Saint-Siége. Tout était préparé, en effet, pour une grande défaite.

« Quelles trames semblaient la rendre inévitable? Hier encore que restait-il au Pape, que lui reste-t-il même aujourd'hui? Un territoire mutilé ou plutôt nul territoire, une capitale, tête sans corps, et tout autour le spoliateur triomphant qui d'avance l'a déclarée sienne; des finances en désarroi et pour ressources l'aumône; pour sujets quelques milliers d'Italiens à qui Italiens et étrangers, hommes d'État et tribuns, diplomates et journalistes, répètent chaque jour tout haut et tout bas depuis douze années que leur gouvernement est à la fois le plus faible et le plus insupportable de l'Europe; pour défenseurs d'abord quelques troupes qui, sous un capitaine illustre entre tous, avaient paru un jour, il est vrai, sur un champ de bataille, mais les unes pour se débander, les autres pour tomber martyres, ensuite une légion nouvelle recrutée, grâce à Dieu, dans les rangs de l'armée française, mais incessamment provoquée à la désertion et qu'un général français ne pouvait exhorter à faire son devoir sans être exposé à un désaveu; enfin pour garantie diplomatique que ce lambeau d'État serait respecté, la parole du Piémont qui l'avait dépouillé. »

« Il semblait que, réduite à cette extrémité, la Souveraineté pontificale devait mourir toute seule. Il semblait que les hommes avides de s'asseoir sur ses ruines en avaient assez fait pour attendre en repos son écroulement. Cependant elle durait et ils ne s'affermissaient pas. Incertain du lendemain, mais confiant dans l'avenir, le Pape convoquait chez lui dans Rome le monde chrétien tout entier, et le monde chrétien acceptait le rendez-vous donné par le Pape. »

Ce triomphe de l'Église, auquel on n'avait pas voulu croire; ces magnifiques Solennités, célébrées au milieu d'un concours de cinq cents évêques accourus de toutes les parties du monde, humilièrent profondément les sectaires de la Révolution, qui jurèrent de frapper un grand coup. Bientôt, en effet, des bandes de brigands garibaldiens attaquèrent de vingt côtés à la fois le petit territoire où le Pape abrite son indépendance.

Dans la ville de Rome, au sein de ce palais du Vatican qui s'élève sur l'emplacement des jardins du persécuteur de saint Paul, le Serviteur des serviteurs du Christ, le Successeur de saint Pierre s'est vu jeté dans une sorte de captivité. Il y a quelques jours, il était entouré d'un cercle de fer qui semblait se resserrer à chaque instant; déjà les échos des sept collines avaient répété les rugissements de joie de ses farouches persécuteurs : et le monde catholique se demandait avec effroi si nous n'allions pas voir arriver une heure de ténèbres, durant laquelle le Pontife-Roi serait abandonné aux implacables adversaires de l'Église et de la société; si, comme la tête de saint Pierre et de saint Paul sous le fer de Néron, la tête du doux et vénéré Pie IX n'allait pas tomber sous la hache du Néron, du Caligula de l'impiété révolutionnaire.

Vers le milieu d'octobre, au plus fort de l'invasion, tandis que son isolement se prolongeait encore, Pie IX descendit un matin de son palais pour venir, selon sa coutume, prier devant le tombeau des Apôtres, et, après sa prière, s'étant relevé calme, il dit à ceux qui l'entouraient l'âme remplie d'angoisses : « Quand les hommes « ont marché trop longtemps dans les voies du men- « songe, de l'iniquité et du sacrilége, il vient une force « qui tout à coup les arrête. » Puis reportant vers le ciel son regard toujours serein, il ajouta :

Exsurge, Domine, et judica causam tuam!

Cet appel à Dieu a été entendu. Il ne paraîtra point téméraire de le supposer aujourd'hui.

Dieu s'est donc levé; mais encore avec quels instruments et par quels procédés a-t-il fait justice? De quels ressorts humains s'est-il servi? Eh bien! et c'est là ce qui est décisif dans les événements que nous célébrons, le principal ressort, le poids qui a fait pencher la balance, c'est avant tout la force dont le Pape seul et par lui-même dispose.

Aujourd'hui plus que jamais, nous pouvons répéter

avec le grand Apôtre : *Hœc est victoria quœ vincit mundum, fides nostra.*

Victoires de la charité catholique à Albano et dans les autres lieux infestés par le choléra, où les zouaves et les serviteurs de Pie IX, ayant à leur tête l'éminent cardinal Altieri, se sont dévoués jusqu'à la mort au service des pestiférés, tandis que les révolutionnaires prenaient la fuite. — Victoires dans la Rome protestante où, devant l'énergie des catholiques proclamant hautement les droits de la Papauté, le forban Garibaldi a été obligé de prendre ignominieusement la fuite. — Victoires dans les congrès, les meetings et les assemblées législatives, où la nécessité du pouvoir temporel a été proclamée avec un enthousiasme unanime inconnu jusqu'à ce jour. — Victoires de la loyauté et de la droiture du Saint-Siége sur la politique machiavélique de la perfide Albion. Pendant que les princes et les lords anglais faisaient une pompeuse ovation au fameux flibustier et souscrivaient publiquement en faveur des garibaldiens faisant sauter les casernes à Rome, Pie IX, toujours égal à lui-même, expulsait de sa petite armée un certain nombre de fenians qui s'y étaient glissés à son insu. De plus, l'auguste Pontife adressait à tous les évêques des possessions anglaises une Encyclique afin de leur recommander d'user de toute leur influence pour arrêter le mouvement révolutionnaire de ces sectaires qui menaçaient la sécurité de cette nation, toujours attentive à susciter de graves embarras à l'Église. — Victoires de Pie IX sur les machinations des démagogues qui, malgré toutes leurs promesses, leurs calomnies et l'argent répandu à pleines mains, n'ont pu diminuer la fidélité du peuple de Rome à son bien-aimé Souverain. — Victoires de la petite armée du Pape sur les bandes révolutionnaires qui, malgré la supériorité du nombre et l'avantage des positions, ont toujours été vaincues. — Victoires du Saint-Père sur l'égoïsme de notre époque. Tandis qu'on est bien vite blasé sur les autres infortunes, depuis bientôt dix ans on ne se lasse pas, malgré le malheur des temps, de fournir abondamment au Denier de saint Pierre. — Victoires, enfin, du Vicaire de Jésus-Christ sur la division des esprits. Que trouve-t-on en dehors de l'unité catholique? Le désaccord et la contradiction sur toutes choses : des opinions qui se combattent, des systèmes qui se détruisent et se succèdent sans fin ; en un mot, la confusion des doctrines et l'anarchie des intelligences, qui forment le caractère distinctif de ce qu'on appelle le progrès contemporain. Dans l'Église, au contraire, adhésion entière et unanime de tous les évêques et de tous les fidèles du monde entier aux encycliques de Pie IX.

L'histoire redira à nos derniers neveux les combats de Valentano, de Bagnorea, de Subiaco, de Farnèse, de Nerola, de Monte-Libretti, la capitulation de Monte-Rotondo, plus glorieuse qu'une victoire, et enfin le triomphe de Mentana venant couronner cette belle campagne!

« Voilà les exploits des soldats du Pape! dit un éloquent orateur.

« Et l'Église et le monde recueillent aujourd'hui le

fruit de leurs privations, de leurs fatigues, de leur indomptable valeur!

« Ils ont affirmé le droit et ils l'ont vengé.

« Ils ont délivré Rome d'une nouvelle invasion de barbares.

« Ils ont sauvé l'indépendance du peuple romain, obstinément fidèle à son roi.

« Ils ont permis à la France d'arriver encore à temps pour épargner au drapeau français la honte d'une ineffaçable souillure.

« Ils ont protégé le trône et peut-être la vie de Pie IX, l'inviolabilité du Sacré Collége, cette royauté pontificale, enfin, gage séculaire de la liberté de l'Église et de la dignité de nos âmes.

« Ah! vous aviez raison, Romains, de saluer leur rentrée dans la Ville Éternelle par une ovation sans exemple! Il n'est pas assez d'acclamations pour de tels héros, pas assez de fleurs pour fêter leur triomphe. On pourra sans doute honorer leur valeur, mais aucune récompense, aucune décoration ne pourra suffisamment reconnaître l'immensité des services qu'ils ont rendus à l'Église, au Pape, à chacun de nous. Qu'ils recueillent, du moins, l'hommage d'affection et de gratitude que leur offre l'univers chrétien tout entier! Nous aimons, nous honorons l'armée du Saint-Siége comme une grande institution religieuse et sociale, comme le vivant rempart de la Papauté, comme la garde de ce foyer domestique de la grande famille chrétienne où tous les catholiques se sentent chez eux, parce que tous y trouvent un Père!

« Et j'aime à l'ajouter ici, moins pour répondre à d'odieuses accusations que pour rendre témoignage à la vérité, les défenseurs du trône de Pie IX réalisent le type du soldat chrétien. Ce ne sont pas seulement des gens braves; ce sont encore, comme disait Joseph de Maistre, ennoblissant cette expression vulgaire, ce sont de braves gens, c'est-à-dire de fervents et admirables catholiques. C'est la foi qui inspire leur dévoûment, et ils sont simplement fidèles à leur foi. Ils servent Pie IX par amour pour Pie IX, sans doute, mais surtout par amour pour Jésus-Christ, dont Pie IX est le Vicaire. Ces héroïques jeunes gens, qu'un parasite du Palais-Royal osait bien, l'autre jour, qualifier de mercenaires, sacrifient leur patrimoine et se rachètent de la conscription pour avoir le bonheur de rester les soldats de l'Église ! »

La Révolution qui menaçait Rome est vaincue, ses bandes sont en déroute, l'armée italienne est en retraite et les pontificaux sont couronnés de l'éclat d'un triomphe; le monde, habitué aux succès de la fourberie et de la violence, s'étonne : le plus chétif, le plus pauvre et le plus attaqué des souverains a résisté; il est debout, il règne, il est vainqueur.

« Pontife saint et bien-aimé que Dieu a appelé au gouvernement de l'Église dans des jours si difficiles ! nous ne pouvons nous empêcher de jeter vers vous un cri de respect, d'admiration et d'amour. Nous voudrions égaler nos marques de dévoûment à l'excès de vos épreuves. Ah ! que vous nous semblez grand, que vous nous semblez beau à cette heure ! Seul et dernier défenseur des principes qui font vivre les royautés, vous êtes abandonné d'elles. Objet de toutes les colères des méchants, vous les faites reculer d'effroi dès qu'ils approchent de vous. La postérité redira cette majesté dans le malheur, cette sérénité dans l'orage, cette confiance divine et cette fermeté au plus fort de la tempête. De toute part, les chagrins assiégent votre grande âme. Votre cœur de père, votre cœur aimant et confiant a été cruellement trompé. Mais nous, du moins, ô très-saint Père, nous fidèles de toute condition, nous ne vous abandonnerons pas. A vous tout ce que nous avons et tout ce que nous sommes. Nous voudrions, nous aussi, pouvoir parer les coups qui vous menacent, et les recevoir pour nous seuls.

Ce que le divin Maître, au calice amer duquel vous buvez si largement, disait à ses disciples la veille de sa Passion, nous voulons mériter que vous nous le disiez toujours : « C'est vous qui êtes demeuré avec moi dans « mes jours les plus douloureux. » Ah! ils vous ont donné ce gage de fidélité, et, en le donnant à votre personne et à votre cause, c'est à Jésus-Christ même qu'ils l'ont offert, ces chrétiens. »

LES

VICTOIRES DE PIE IX

SUR

LES GARIBALDIENS

CHAPITRE PREMIER

LE TRIOMPHE DE LA CHARITÉ PENDANT LE CHOLÉRA

Les Complots de la Révolution

Les fêtes magnifiques célébrées à Rome au mois de juin 1867, pour le dix-huitième anniversaire séculaire du martyre de saint Pierre, eurent trop d'éclat et de retentissement pour ne pas provoquer la haine des sectaires, si humiliés dans cette circonstance solennelle. Jamais peut-être la divinité et l'indéfectibilité de l'Église n'avaient été affirmées d'une manière plus admirable (1).

(1) Dans notre ouvrage : *Les Gloires de Pie IX et les grandes Fêtes de Rome en* 1867, nous avons fait un récit très-complet de ces magnifiques solennités. 1 vol. in-12 de 400 pages.

Voici un mot qui rend bien la principale signification des dernières fêtes romaines :

C'était dans la chapelle Sixtine : cinq cents évêques, vieillards vénérables, étaient là, inclinant leurs têtes blanchies dans les fatigues de l'apostolat, et le successeur de Pierre, l'auguste Pie IX, les bénissait : alors un évêque, dominé par un élan de sa foi, ne put retenir ces mots qu'il adressait à un archevêque non moins ému que lui : « *Ailleurs, on croit à l'Eglise, mais ici on la voit.* »

« Pendant les grandes solennités de Rome, dit Mgr Languillat, vicaire apostolique de Nankin, ce qui me touchait le plus, moi, missionnaire de la Chine, séparé depuis vingt-quatre ans de tout l'univers civilisé, c'était de voir, d'entendre à Rome la sainte Église catholique dans sa magnifique unité. *L'unité!* je la retrouvais là, dans toutes ces fêtes, sensible et vivante. Quand les voix des cinq cents évêques s'unissaient pour chanter le *Credo* ou pour réciter le *Confiteor*, c'était toute la sainte Eglise que j'écoutais parler par leur bouche. » — « Avec qui ai-je l'honneur de prier aujourd'hui? demandions-nous à nos voisins les plus proches. — Moi, je suis l'archevêque de Mayence.... Moi, je viens du fond de l'Amérique. — Ainsi répondait-on au vicaire apostolique de Nankin; et le lendemain, à la même demande, je recevais des réponses analogues : c'étaient des hommes accourus des contrées les plus éloignées et les plus diverses, rangés autour du même Pontife, professant la même foi, se donnant tous le baiser de paix, représentant, en un mot, la grande unité catholique. »

Citons une belle page du mandement de Mgr l'évêque de Carcassonne, à son retour des fêtes de Rome (1) :

(1) Voici en quels termes émus Mgr de La Bouillerie parle de Saint-Pierre de Rome :

« Le plus beau temple de l'univers se revêtait de ses plus riches ornements; il se parait, il s'illuminait, il semblait un vestibule du ciel où se préparait une fête plus belle encore; et le jour anniversaire du mar-

« Jamais la vérité ne s'était montrée à l'homme plus visible et plus vivante. Sans doute l'Église est toujours visible : car « elle est comme la cité placée sur la montagne. » Sans doute elle est toujours vivante dans la personne et la parole de ses pasteurs. Mais ici, en cette circonstance solennelle, on eût dit que sa vie acquérait plus d'action et sa visibilité plus d'éclat. Le Pape dominant la cité ; cinq cents Évêques lui faisant cortége ; quinze mille prêtres entourant les Évêques ; et enfin tout un peuple catholique se pressant et se groupant à la suite de ses pasteurs, c'était, à

tyre des glorieux Apôtres Pierre et Paul, au milieu d'une pompe inouïe dont on se souvient toujours, mais qu'on ne peut exprimer, le Pape, entouré du Sacré-Collége, des Évêques, de quinze mille prêtres, d'une foule tellement immense que les larges murailles de Saint-Pierre s'étonnaient, pour la première fois, de se trouver étroites, le Pape plaçait solennellement sur les autels les nouveaux saints dont il venait d'inscrire les noms sur les diptyques sacrés. Parmi eux des martyrs qui avaient lavé leur robe dans le sang de l'Agneau ; puis, des confesseurs, des apôtres qui avaient prêché la parole de Dieu et converti les âmes ; puis enfin, d'humbles vierges, et l'une d'elles que nous avons depuis longtemps appris à aimer et à vénérer, la bergère de Pibrac, la Geneviève du Midi, la fleur de l'Église de Toulouse, sainte Germaine enfin, que notre diocèse honorera bientôt, je l'espère, d'un culte public et spécial. Ah ! ces saints et ces saintes avaient compris le vrai progrès ; car, foulant à leurs pieds tous les dieux de la matière, ils s'étaient avancés de vertu en vertu jusqu'à ce qu'ils eussent contemplé Dieu dans la citadelle de Sion : ces saints et ces saintes avaient été grands ; car, qu'est-ce que la grandeur humaine auprès de celle que Dieu couronne ? Et enfin, ils avaient connu le vrai bonheur ; même ici-bas et durant le cours de leur pèlerinage terrestre, ils n'avaient pas cessé de répéter avec David : « Mon cœur et ma chair se « réjouissent en présence du Dieu vivant. » Et maintenant, contemplant face à face celui qu'ils ont aimé, ils s'enivrent à la source des éternelles délices !... O Rome, cité de Dieu, je puis donc aujourd'hui, en revenant parmi les miens, raconter de vous des choses glorieuses. J'ai vu la cité du monde, et mes yeux se baissaient pour regarder des atomes de matière qu'elle s'était efforcée d'embellir. J'ai vu la cité de Dieu, et mes regards s'élevaient pour contempler les dons célestes. Aussi, entre ces deux cités, quelle différence profonde d'allure, d'habitude et d'aspect ! Dans l'une on riait, on folâtrait, on donnait des fêtes, des bals, des spectacles. A Rome on était grave, on priait, on adorait Dieu ; on se serrait les uns contre les autres dans les liens d'une mutuelle et fraternelle charité. Ah ! c'est seulement à Rome que s'agitaient et se traitaient les grandes et souveraines questions qui intéressent l'humanité. »

Rome, l'Église entière! On la voyait, on l'écoutait, on la sentait, on la palpait. Elle affirmait hautement et révélait à tous les regards son premier et son plus glorieux caractère, l'unité! En face d'elle et autour d'elle, les divisions du monde : divisions entre toutes les sectes, entre toutes les opinions, entre toutes les doctrines ; division dans la philosophie, division dans la politique, division dans la littérature, division dans les arts : à Rome, unité absolue : unité d'âme, d'esprit et de cœur; unité de vœux, d'espérance et de joie. Rome était une, comme la vérité est une, comme Dieu est un ! Nous assistions à la réalisation littérale de la prophétique prière du Sauveur : « Qu'ils soient tous consommés en un!... » Non, jamais, je le répète, la vérité divine de l'Église catholique ne s'était plus nettement manifestée à tous les regards.

« Mais pourquoi donc Rome seule nous pouvait-elle offrir le beau et grand spectacle que nous y avons contemplé? C'est que le Pape réside à Rome, qu'il est l'Évêque de Rome, et que Rome est, en lui et par lui, le centre de l'unité et de la vérité catholique. Du haut de la Chaire de Rome, le Pape enseigne la vérité, et tous les fidèles se soumettent à ses infaillibles jugements. Toutefois, pour que sa parole soit libre et son action indépendante, il ne suffit point au Pape d'être l'Évêque de Rome, il faut qu'il soit le souverain de Rome. Ah ! il semblait, en cette circonstance, que le Pape prît une fois de plus possession de cette Rome qui est à lui depuis tant de siècles; on eût dit que le monde catholique la lui remettait entre les mains! Comme nous sentions, à Rome, que le Pape était chez lui ; et comme il nous prouvait sa royauté en régnant! Il pouvait dire à ses ennemis : Arrachez-moi, si vous l'osez, de cette ville où tout un peuple, à genoux, me garde et m'environne. Ce ne sont plus les armes qui me défendent, ce sont les embrassements de mes fils: cette forteresse sacrée vous ne la renverserez pas! Non, non, Rome appartient au Pape; elle est à lui par tous les droits divins et humains ; par les droits de l'histoire et par les droits de l'amour. C'est pour lui que Rome a été faite, et nul prince, sur la terre, qui ne soit trop petit pour cette grande ville : c'est pour lui qu'elle a conquis le monde, car il convenait que la conquête du monde précédât la conquête des âmes; c'est pour lui qu'elle s'est embellie de ses temples magnifiques, de ses impérissables chefs-d'œuvre, car il fallait que le représentant de Dieu sur la terre fût couronné de cette couronne du génie. Et si, à côté des splendeurs de Rome, et comme contrastant avec elles, le voyageur remarque, en certains quartiers de la cité, je ne sais quoi d'humble, de pauvre, de négligé, il ne s'étonne, ni ne s'afflige ; car il sait que le roi des âmes et le représentant de Jésus-Christ est, en même temps, l'ami des pauvres et le serviteur des serviteurs de Dieu !

« Ainsi, de même que la vérité et le Pape ne font qu'un, Rome et le Pape ne font également qu'un. La vérité, le Pape et Rome! le langage catholique ne sépare plus ces trois noms. »

Nous pouvons ajouter : Et voilà aussi ce que la Révolution ne sépare pas dans sa haine infernale. Elle déteste la vérité parce qu'elle n'aime que la fourberie et le mensonge ; elle n'a pour le Pape vicaire de Jésus-Christ que des malédictions, parce qu'il est le plus haut représentant et le plus ferme soutien de la vérité sur la terre ; enfin la Révolution voudrait s'emparer de Rome, et la rendre de nouveau à l'empire de Satan, parce que la Ville éternelle renferme les reliques des Apôtres et les preuves vivantes de la divinité du christianisme.

Voilà pourquoi, comme nous l'avons déjà dit, les grandes solennités de Rome ont provoqué les fureurs des sectaires.

Mgr de Beauvais, dans son dernier Mandement, a ainsi qualifié l'invasion des garibaldiens :

« Vous connaissez les faits. Irritée de la manifestation admirable qui a eu lieu le 29 juin dernier, à l'occasion du dix-huitième anniversaire centenaire du martyre des Apôtres saint Pierre et saint Paul, l'impiété a voulu prendre sa revanche. Non contente d'avoir ravi à notre Saint-Père le Pape les quatre cinquièmes de ses États et ses plus belles provinces, d'avoir spolié le clergé séculier et régulier, chassé les religieux de leurs couvents, et réduit à la mendicité les vierges consacrées à Dieu, d'avoir accumulé attentat sur attentat et désolé le cœur de Pie IX, la Révolution, qui domine et règne en Italie, a déchaîné sur les Etats pontificaux les hordes garibaldiennes. Le plan était bien conçu. Les garibaldiens entraient les premiers, l'armée italienne devait les suivre, et le trône le plus antique et le plus vénérable de l'univers, celui qui sert de base et de sauvegarde à tous les autres, allait tomber pour ne plus se relever jamais!

« Telle était leur criminelle espérance ; mais le Seigneur a pris en main sa cause et confondu ses ennemis.

« Il a d'abord suscité pour la défense de son Église d'héroïques soldats. Loin de s'effrayer du nombre, ces nobles fils de la France et de l'Europe catholique ont combattu comme des lions, un contre trois, un contre dix, et ont culbuté en toutes circonstances les envahisseurs du patrimoine de saint Pierre. Les populations indigènes, au lieu de chercher à se soustraire, comme on l'a prétendu si souvent, au gouvernement paternel de Sa Sainteté Pie IX, ont acclamé et secondé leurs libérateurs. »

Le Dévoûment catholique

Avant de suivre les braves défenseurs de la Papauté sur le champ de bataille, il faut les admirer sur le terrain de la charité où leur dévoûment n'est pas moins sublime et moins digne de l'admiration des hommes et des anges. — On craignait que le choléra, déjà implanté en Italie, ne vînt troubler les fêtes du Centenaire qui avaient attiré à Rome une multitude immense, dans la saison la plus chaude de l'année. Mais Dieu ne permit pas au fléau d'envahir la Ville sainte pendant ces touchantes solennités. Tous les étrangers n'étaient pas encore partis, quand on déclara quelques cas de choléra à Rome et dans les environs. Voici à ce sujet quelques extraits pris dans les correspondances de Rome à cette époque.

Sollicitudes de Pie IX pour son peuple

Le Saint-Père est en proie à une profonde affliction. La commission sanitaire lui rend compte plusieurs fois par jour de l'état de la santé publique. Malheureusement, les médecins se sentent en quelque sorte pris au dépourvu devant un fléau si irrégulier dans sa marche et si foudroyant dans son action. On a établi quatre lazarets, deux pour les hommes et deux pour les femmes, dans les principaux hôpitaux.

Les membres du clergé paroissial se multiplient pour suffire à leur tâche; quelques-uns déjà ont succombé. Les religieux et les religieuses attachés aux hôpitaux et une foule d'autres qui vont soigner les malades à domicile, par vocation spéciale ou par pure charité, sont admirables de zèle et de dévoûment. Les autorités donnent toutes le plus bel exemple. M. le marquis Cavelletti, *senatore* (maire) de Rome, passe plusieurs heures par jour dans les quartiers infestés, pourvoyant à tout, distribuant avec les curés les secours alloués par le Saint-Père. Les familles pauvres, qui ont perdu quelques membres, sont reçues provisoirement dans une vaste et salubre villa offerte par un riche propriétaire étranger. Quinze jeunes docteurs en médecine, admis cette année, ont demandé à débuter dans leur carrière en assistant les cholériques à Tivoli, à Frascati et à Albano.

Rome est par excellence la ville de la charité, et ne dément pas, en cet instant, sa glorieuse réputation. Plusieurs bureaux de bienfaisance, au profit des victimes du choléra, sont ouverts au palais Altieri, au palais Ferrajoli, etc. Les habitants y portent à profusion de l'argent et du linge; les pharmacies sont ouvertes jour et nuit, douze grands dépôts de linge ont été établis dans différents quartiers de la ville.

L'*Osservatore romano* a organisé une collecte en faveur des familles éprouvées par le choléra. Elle a déjà produit 15,000 fr.

Le Saint-Père n'a fixé aucune borne à sa générosité, car S. Em. le cardinal-vicaire a la faculté de dépenser, en son nom, et pour son compte, tout ce que requiert la condition sanitaire de Rome.

Pie IX est toujours le père de ses sujets, mais surtout dans ces moments pénibles, où l'épidémie moissonne tant d'existences. Au moment où le Saint-Père se rendait à l'église, le saint viatique le précéda de quelques instants. On s'est désormais habitué à voir la communion portée à toutes les heures du jour aux agonisants; mais, au commencement, cela avait quelque chose de navrant.

On annonce que le Saint-Père visitera en personne les hôpitaux aussitôt que des douleurs à la jambe gauche, dont il souffre en ce moment, se seront calmées. En attendant, ordre est donné par lui aux curés de ne rien épargner pour que les malades pauvres reçoivent tous les secours que réclame leur état (1).

(1) On lit dans la *Epoca* du 3 octobre 1867 :

« Rien de plus édifiant et de plus exemplaire que la conduite du Saint-Père pendant l'invasion du choléra ; à Rome, il n'a pas cessé de visiter les quartiers les plus éprouvés par l'épidémie, les hôpitaux de toute nature encombrés de malades. Il est monté chez les pauvres, leur portant lui-même d'ineffables consolations spirituelles et les secours matériels dont peut disposer un pauvre comme lui, qui ne vit que de la charité des fidèles, et la fait sans ostentation, avec l'esprit le plus évangélique, et

Hommages rendus au dévoûment de Pie IX pendant le choléra

Le Saint-Père aime et console son peuple, qu'il n'a pas voulu abandonner dans ces jours d'épreuve. Tous les yeux sont tournés vers lui.

On lit dans l'*Union* du 15 août 1867 :

« Le fléau qui jusqu'ici avait, grâce aux sollicitudes du gouvernement pontifical, épargné Rome et les débris des États de l'Église, vient de s'abattre sur Albano et menace la Ville Éternelle. Aussitôt, avec la grandeur et la simplicité du devoir chrétien, les dévoûments se multiplient : le cardinal Altieri vole au secours de ses diocésains ; les religieux et les prêtres rivalisent de zèle, et nos zouaves, toujours prêts à affronter le péril, vont prendre, au chevet des malades, le poste de l'honneur et du sacrifice.

« Pie IX renonce à un repos que les fatigues des magnifiques fêtes du centenaire et les chaleurs accablantes de la saison lui rendaient plus nécessaire que jamais. Pierre reste à Rome, parce que ses frères et ses enfants sont éprouvés, et que si l'Église souffre avec Pierre, Pierre souffre avec l'Église.

« Le bon pasteur ne quitte pas son troupeau ; depuis Jésus-Christ, ce courage et cet héroïsme sont de tous les jours. Nul ne s'en étonne, tant ils sont de tradition, d'habitude, d'inspiration constante ; mais chacun les admire, et la vénération force les hommages les plus rebelles.

aujourd'hui encore, il travaille sans relâche et avec ardeur à préparer tous les éléments du prochain concile général.

« D'un autre côté, que voyons-nous ?

« Pendant que l'épidémie moissonne les victimes par milliers, chaque jour, en Sicile, dans le royaume de Naples, dans les provinces du nord de l'Italie, Victor-Emmanuel, fuyant la contagion, se réfugie au sommet des Alpes, et ses fils, les princes Humbert et d'Aoste, voyagent à l'étranger. »

« Ainsi, disons-le à l'honneur de l'*Opinion nationale*, la démocratie qu'elle représente n'a pas vu sans émotion la ferme et douce magnanimité de ce Pontife-Roi, qu'elle a tant insulté et tant calomnié. Elle est vaincue aujourd'hui, et elle s'écrie :

« Castel-Gandolfo est un lieu cher à Pie IX, son séjour de « prédilection et le vrai repos de son cœur. La chaleur est « étouffante à Rome, et le Pape se préparait à aller s'abriter « encore sous les beaux arbres de sa villa ; mais le choléra, « qui n'avait signalé sa présence que par des cas isolés, « frappe bientôt à coups redoublés.

« Les princes sont atteints comme le bourgeois et l'artisan ; « la terreur est au comble, et quoi qu'on dise et qu'on fasse, « Pie IX refuse de sortir de la ville infectée. Le pasteur ne « quittera pas son troupeau, et ce vieillard de soixante-« quinze ans mourra, s'il le faut, à son poste. C'est ce fait « que nous voulons louer, et qui ne le louerait pas avec nous « à une époque où l'on voit des princes, abandonnant leurs « peuples décimés, mettre la mer entre eux et le fléau, et ne « pas trouver encore que la mer soit assez large ? »

« Non, certes, personne ne refusera à Pie IX le tribut de reconnaissance et d'admiration que l'*Opinion nationale* elle-même n'hésite pas à lui offrir, et tout le monde saluera ce grand exemple, qui fait contraste, une fois de plus, avec tant de faiblesses et de pusillanimités.

« Mais que la démocratie y songe : si Pie IX déploie une telle énergie dans les devoirs de son auguste royauté, c'est que Pie IX puise cette énergie dans sa conscience sacerdotale ; il est aussi constant dans le fléau et devant la mort qu'il l'est devant l'iniquité et devant l'erreur. Sa confiance est en Dieu, elle vient de Dieu, et elle y retourne : voilà le secret de cette force incomparable qui, d'un vieillard désarmé et dépouillé, fait un héros et un martyr.

« L'*Opinion nationale* parle de la grande leçon que donne l'auguste Pontife : elle a raison, et cette leçon peut s'appliquer déjà aux fugitifs de la Sicile. Il paraît que les autorités et les propriétaires désertent les lieux ravagés par la maladie ; que les principaux habitants, ceux-là qui avaient fait cause commune avec les envahisseurs Piémontais, — car les autres, les fidèles et les monarchiques, sont en exil, — ont refusé de coopérer à l'emprunt de 75,000 francs pour venir au secours des victimes.

« Malheureuse Italie ! Aucun désastre ne lui est épargné. La conquête, la famine, l'anarchie, la banqueroute, le choléra : voilà les cruelles épreuves par où elle passe. Ah ! combien, au milieu de ses douleurs, n'a-t-elle pas perdu à se voir privée de ces princes qui partageaient sa mauvaise comme sa bonne fortune, et qui, enfants et émules de Pie IX, seraient aujourd'hui les premiers à soulager ses maux et à consoler ses douleurs !

« Que si les ennemis du Saint-Siége sont contraints à le louer, combien n'exprimerons-nous pas avec une filiale émotion, nous, ses humbles et dévoués serviteurs, nos sentiments de gratitude et de vénération ! »

Conduite héroïque des zouaves à Albano

Le choléra est venu s'abattre comme la foudre sur la petite ville d'Albano et a fait, en quelques heures, de nombreuses victimes. Le 7 août, à onze heures du matin, tout le monde s'y portait bien, et, le lendemain matin, on comptait une cinquantaine de morts et une centaine de malades, sur une population de 5,000 âmes. Cette subite irruption d'un mal qui, dans quelques instants, jetait les gens de la vie à la mort, a produit au sein de la population une panique incroyable.

— Voici ce qu'on écrivait de Rome à ce sujet au journal le *Bien public* :

« .... Mercredi dernier, un vent violent souffla tout à coup des Marais-Pontins; un nuage très-épais se dirigea vers la ville d'Albano, et au même instant le choléra y faisait son apparition. Le fléau sévit avec tant de force qu'en quelques heures une quarantaine de personnes avaient déjà succombé. La panique alors devint générale, les habitants quittèrent leurs maisons et se sauvèrent de tous côtés, sans savoir où ils portaient leurs pas.

« Pendant ces scènes de désolation, un détachement de cinquante zouaves, commandés par M. de Résimont, arrivaient à Albano, où ils devaient rester en garnison pendant quelque temps. A peine entrés dans la ville, ils devinrent les témoins des ravages du fléau. Aussitôt, sans hésiter, officiers et soldats prennent la résolution de secourir les malheureux et de donner la sépulture aux cadavres étendus le long des rues. M. de Résimont donne l'exemple à sa troupe; il prend dans ses bras un cholérique et le dépose sur une voiture disposée pour transporter les morts.

« Tous les zouaves imitent leur chef, et, en peu d'heures, ils avaient rendu les derniers devoirs à tous ces malheureux. Non contents de cela, les zouaves se dévouèrent les jours suivants à soigner les cholériques; là, vous en voyiez un prier au chevet d'un moribond, en l'encourageant par des paroles chrétiennes à mourir saintement; ici, un autre apportait aux malades les remèdes du corps ou leur amenait un prêtre, afin de guérir les maux de l'âme. Plus loin, un convoi funèbre passe, ce sont encore les zouaves qui portent à sa dernière demeure le corps d'une nouvelle victime. En un mot, partout on voit éclater les miracles de dévoûment que la charité chrétienne seule peut enfanter.

« Descendants et imitateurs des croisés, les zouaves se sont rappelé qu'autrefois saint Louis, à la tête de son armée, ensevelissait de ses mains royales les corps des infidèles tombés à Mansourah, et ils ont fait voir que, maintenant comme alors, la religion catholique est capable d'inspirer à ses enfants un dévoûment assez grand pour mépriser la mort, non-seulement sur un champ de bataille, mais partout où la charité, où l'amour de l'humanité réclame leurs soins (1).

« O progrès ! ô civilisation moderne ! vous avez inventé des soldats pour faire prévaloir la force contre le droit et porter partout avec eux la mort et la désolation. Mais vous, amour de l'Eglise, vous en avez suscité pour défendre l'opprimé contre le fort et pour répandre autour d'eux la vie et la sécurité. »

M. l'abbé Daniel, aumônier des zouaves pontificaux, adresse à une personne de Nantes, qui les communique au journal de cette ville, l'*Espérance*, les détails suivants sur le dévoûment des zouaves dans le choléra d'Albano :

« Les zouaves, sans avoir rien su, revenaient, au nombre de soixante, de Velletri, où ils avaient été envoyés pour un service militaire. Ils arrivent le soir à Albano pour y dormir et rentrer le lendemain à Rome. Ils trouvent la ville dans la désolation et l'épouvante, les malades abandonnés, les portes fermées, les parents en fuite, les morts dans toutes les maisons. Il y a à se dévouer. Les zouaves y sont, et les voilà partout, auprès de tous les malades, ensevelissant les

(1) L'histoire des associations particulières vouées à la bienfaisance commence par une société en faveur des morts, comme l'histoire des monuments matériels de la charité commence par les cimetières et les catacombes. Nous sommes ramenés, en finissant, à notre point de départ. Le premier acte de la charité chrétienne envers les maux du corps a eu lieu lorsque les saintes femmes du Calvaire, avec Joseph d'Arimathie, prirent soin de la sépulture du Sauveur. Depuis, toutes les œuvres du même genre ont toujours vivement remué toutes les sympathies de la foi. Les actes de bienfaisance, qui ont pour objet le soulagement des souffrances physiques, ne se rapportent par eux-mêmes qu'aux choses du temps ; l'intention de la personne qui exerce ces actes peut seule les faire monter plus haut. Mais les soins rendus à ce qui n'a plus aucun besoin terrestre sont une charité prophétique qui n'a la conscience d'elle-même que dans la foi à l'immortalité. (GERBET.)

morts. Les uns les portent au cimetière, les autres reçoivent les corps et les enterrent. A minuit ils en ont enterré quatre-vingt-dix. Depuis ce moment, ils continuent sans relâche cet admirable exercice du dévoûment.

« Si quelqu'un tombe malade, on accourt, au nom du ciel, chercher un zouave. Alors le malade devient sa chose, il le soigne, l'essuie, le frictionne, le prépare aux sacrements, va chercher le prêtre, aide dans l'administration de l'Extrême-Onction; le malade mort, il l'ensevelit et le porte au cimetière. Et cela dure ainsi depuis le premier jour. Jamais je n'ai rien vu de semblable. On parlait de saint Louis de Gonzague qui portait les morts, de l'Évêque de Belzunce; ils sont tous à ce niveau. Et des jeunes gens qui n'avaient jamais vu un mort, un mourant, qui auraient eu peur de rester seuls avec un malade en danger!

« Si j'avais le temps d'entrer dans les détails, il y a des scènes à faire tomber à genoux d'admiration, d'autres à pâmer de rire, d'autres à faire pleurer d'émotion. — Ils ne suspendent les frictions un instant que pour détacher le crucifix de la muraille et le faire baiser au malade. « Baisez « le crucifix, voilà votre consolation; » et ils recommencent.

« Si la Providence n'avait pas amené à Albano ce détachement de zouaves, cette ville aurait été détruite par la peste. Personne n'avait le courage d'approcher des malades, et les corps restaient en putréfaction dans les maisons. Deux pauvres zouaves ont payé de leur vie leur héroïque dévoûment. Ils sont allés devant le bon Dieu prier pour ce peuple si cruellement éprouvé. Ils avaient trouvé deux cadavres en décomposition depuis quatre jours; la peste les a gagnés, ils sont morts. Ils étaient heureux. L'un d'eux : « Je vois « après cela le Paradis. » L'autre, qui ne parlait que le hollandais, s'est confessé à son lieutenant, qui transmettait au prêtre...

« Les officiers sont partout. J'entre un jour dans une maison où j'entendais vomir. Je croyais arriver le premier.

Point du tout. Le lieutenant était là, qui tenait la tête d'une vieille femme atteinte du terrible mal, et lui faisait prendre des remèdes.

« Deux jours avant l'apparition du fléau, les sectaires nombreux à Albano disaient : Ce sont ces maudits zouaves qui portent le choléra; et peu d'heures après, il n'y avait plus que les zouaves pour soigner leurs malades et ensevelir leurs morts. Aussi aujourd'hui les dispositions ont entièrement changé. Pas un homme qui ne lève le chapeau quand un zouave passe. A chaque instant, vous recueillez les bénédictions de ces pauvres gens : « Que le Seigneur « vous donne la force !... Puisse la Madone vous donner la « santé ! »

Nous n'avons rien à ajouter à ces lignes. Les faits qu'elles signalent sont de ceux qui se passent des éloges du monde; ils trouvent plus haut leur récompense, et tout ce que nous pouvons souhaiter, c'est que de si nobles exemples puissent avoir un jour, au milieu de calamités pareilles, de nombreux imitateurs.

Le plus bel éloge d'ailleurs qui pouvait être adressé à ces courageux apôtres de la charité chrétienne, a été fait par l'*Opinion nationale*, qui, certes, ne peut pas être accusée de partialité.

Voici en quels termes ce journal, cédant, nous devons le constater à son honneur, à l'admiration que cause à tout homme de cœur la noble conduite du Saint-Père et de ses serviteurs, s'exprime à leur sujet :

« Le clergé en cette circonstance a donné de nombreuses preuves d'abnégation. On distingue surtout le cardinal Altieri, qui, en sa qualité d'évêque d'Albano, n'hésita pas à quitter Rome dès qu'il apprit l'apparition du choléra dans sa ville épiscopale. Avec un zèle qui rappelle les anciens évêques les plus distingués, il allait dans les maisons porter les secours de la religion et même des secours matériels. Il est mort victime de son devoir. D'autres ecclésiastiques ont suivi son exemple, et sont morts héroïquement; parmi eux se trouvent le jésuite Capelli et plusieurs religieux de Saint-Camille de Lelli, dont la mission est d'assister les malades.

« Le mal aurait été encore plus grand sans les zouaves; ces utiles soldats ont transporté les malades à l'hôpital, les cadavres au cimetière, et ont enfin creusé les fosses pour les ensevelir. »

Admirable hommage d'un journal protestant au dévoûment catholique

Le *Times* a publié une lettre fort intéressante sur la conduite héroïque des zouaves pontificaux à Albano. Nous empruntons à la traduction qu'en donne la *Presse* les passages suivants :

« Il est impossible de se faire une idée de la terreur qui est venue frapper la charmante et délicieuse Albano, dans la nuit du 6 août et le lendemain matin.

« La ville n'était nullement préparée à un coup si effroyable. On pouvait à peine se procurer de la glace, des citrons, et chez les pharmaciens il y avait complète insuffisance de médicaments. L'un des deux médecins de la localité a été pris d'une frayeur panique et s'est enfui.

« Le vendredi matin, il y eut environ cent cas. Aussitôt tout le monde fut saisi de crainte et se mit à quitter la ville; quelques personnes seulement conservèrent un peu de présence d'esprit. Les étrangers se précipitaient vers le chemin de fer pour se rendre à Rome; les voitures ne suffisaient point pour contenir la multitude des fuyards.

« Les habitants, laissant leurs morts dans les maisons, se sauvaient dans la direction du bois de Pallazuola, confiant leurs clefs aux zouaves, auxquels tout le monde a recours.

« Ces braves jeunes gens ont déposé leurs sacs et leurs carabines, et, n'écoutant que l'inspiration de leur générosité, de leur charité, il se sont transformés en fossoyeurs, en infirmiers, en courriers, en tout ce qu'on a voulu...

« Ils ont enterré plus de quatre-vingts morts, pénétrant dans les maisons abandonnées pour prendre les cadavres, qu'ils emportaient sur leurs épaules au cimetière, après les avoir enveloppés dans des linceuls. Partout où passaient ces hommes, d'un courage et d'une charité vraiment héroïques, on entendait des cris de bénédiction et de reconnaissance. Le sang-froid avec lequel ils affrontaient le danger et remplissaient les devoirs les plus répugnants arrachaient aux Albanais des larmes et des sentiments d'admiration. Ainsi se manifestait le mépris sublime de la vie qui caractérise ce corps d'élite, formé précisément pour se sacrifier à la plus sainte des causes.

« Entre temps, le cardinal Altieri, évêque d'Albano, avait reçu une dépêche télégraphique annonçant l'invasion de la terrible épidémie qui décimait son troupeau ; en ce moment même, il assistait aux exercices des élèves du collége Clémentin, dont il est le protecteur. Il se leva immédiatement, se rendit à son palais, prit tout l'argent qu'il avait, et, après avoir averti le Saint-Père, partit en toute hâte avec deux médecins engagés à ses propres frais.

« Arrivé à Albano, il descendit de sa voiture, ne prit pas même le temps de se reposer dans son palais épiscopal, mais à l'instant même il publia une adresse à son peuple pour l'encourager et fit tout son possible pour tranquilliser cette masse de gens prêts à fuir. Avec un élan héroïque de charité, il commença aussitôt ses visites aux cholériques, leur prodiguant les secours, leur administrant les sacrements, en un mot, faisant tout ce qu'il était urgent de faire ; son courage, son activité, sa sérénité angélique eurent pour effet de rendre à chacun comme une nouvelle vie et une grande confiance.

« Ce que le pieux cardinal fit pendant les trois jours qui ont précédé le samedi soir, 10 août, sera un jour raconté, quand on écrira sa biographie. Ce que je puis affirmer, c'est que, jusqu'à une heure et demie après minuit, le vendredi, il n'a cessé de porter le Viatique aux malades. Je sais que son vœu était, suivant l'exemple du saint cardinal Charles Borromée, en temps de peste, d'apaiser la colère céleste, et, en esprit de pénitence, il portait le Saint-Sacrement pieds nus.

« Il avait fait enlever de son palais épiscopal tout le linge, tous les lits, pour les mettre à la disposition des pauvres, à tel point que, lorsque lui-même tomba malade, il fallut envoyer de Rome ce dont il avait besoin. Il n'avait plus un instant de sommeil; il ne prenait plus aucune nourriture substantielle; toutes ses pensées étaient tournées vers les besoins matériels et spirituels de son peuple.

« Le samedi, il écrivait à Rome: « Le Saint-Père m'a « envoyé monsignor Borromeo pour m'encourager. » Il ne manquait pas certainement de courage. Ce même samedi, le soir, il fut atteint de la cruelle maladie, et hier après midi, il a rendu son âme à Jésus-Christ, devant lequel il a dû paraître avec ces mots de l'Evangile: « *Le bon pasteur « donne sa vie pour ses brebis.* »

« Rome est frappée d'admiration d'une mort si glorieuse. Que les révolutionnaires apprennent ce que sont les cardinaux! Ce n'est pas sans raison que les cardinaux sont habillés de rouge, la couleur du martyre. La maison Altieri peut maintenant citer le cardinal Louis, comme la maison Borromée le cardinal Charles. Il est proclamé saint par toutes les bouches; plusieurs déjà l'invoquent.

« Il était l'ami intime de Pie IX. Quel coup, quoique mêlé de consolation, pour le cœur du Saint-Père!...

« Deux zouaves sont tombés victimes de leur charité, l'un d'eux a contracté le mal en portant au cimetière un corps en état de putréfaction découvert seulement trois jours après la mort.

« Le brave lieutenant-colonel de Charette a couru aussi à Albano, près de ses zouaves, pour soutenir leur courage dans cette œuvre de charité chrétienne. Tels sont les « *mercenaires* » de Pie IX que les révolutionnaires voudraient avilir. Qu'ils soient bénis au contraire! Que tout cœur où règne l'humanité leur accorde louange et reconnaissance!

« Le clergé régulier et séculier a également rempli son devoir. Je viens d'apprendre que le Père Capelli, jésuite, a été frappé du choléra, mais qu'il est maintenant hors de danger. Un autre jésuite, de Galloro, se rendant à Albano pour secourir les mourants, trouvant le passage fermé par les habitants d'Arriccia qui avaient barricadé la route, s'aventura à travers les bois voisins et parvint, après mille difficultés, à atteindre la ville malade.

« La première panique étant passée et la population ayant diminué dans une si grande proportion, la maladie a aussi beaucoup diminué. Plusieurs personnes que la frayeur avait déterminées à fuir n'en ont pas moins été frappées par le fléau dans les voitures mêmes du chemin de fer. »

Les termes de cette lettre et son insertion au *Times* sont un magnifique hommage rendu à la Papauté. Comme le proclame le correspondant de la feuille protestante, la conduite des « mercenaires » de Pie IX défie et renverse toutes les attaques de la Révolution.

Un nouveau-né nourri par un brave zouave

A Albano, un de nos zouaves, un Flamand, fut porter ses soins dans une famille dont plusieurs membres étaient atteints par la contagion. Tout le monde avait si bien perdu la tête, qu'on avait laissé dans un coin un malheureux petit enfant naissant, qui y serait certainement mort, si ce bon Flamand ne s'en était aperçu. Il n'en dit rien, va acheter pour un sou de lait de vache, qu'il coupe avec de l'eau et fait tiédir. Il voulait faire boire l'enfant avec un tuyau de pipe, mais la chose ne réussit pas.

Après s'être bien creusé la tête, il s'en va au bureau de tabac acheter une blague en cœur de bœuf, y fait un petit trou, met son lait dedans, puis présente cela à son petit protégé, qui but très-bien. Il fit ce métier-là pendant trois jours, ne s'inquiétant que d'une chose auprès de ses camarades : c'est de la quantité d'eau qu'il fallait mettre dans le lait pour qu'il ne fût pas trop fort et ne tuât pas l'enfant. Au bout de trois jours, les membres de la famille étant guéris, la jeune mère qui avait oublié son enfant y pensa, et croyait le trouver mort, lorsqu'elle le vit entre les bras du zouave exerçant ses nouvelles fonctions de nourrice. Depuis, le petit nouveau-né va très-bien ; espérons qu'ayant été nourri par un zouave, il gardera quelque chose des nobles sentiments de ces admirables soldats (1).

Ordre du jour du général Kanzler

Voici l'ordre du jour publié par S. Exc. le général Kanzler, pour annoncer à l'armée les recompenses accordées à la garnison d'Albano :

« Le fléau imprévu dont la ville d'Albano a été atteinte, a

(1) Cent vingt enfants des deux sexes, d'Albano, que le choléra a rendus orphelins, ont été recueillis dans un hospice organisé à la hâte par les soins de Son Émin. le cardinal Sacconi, qui continue à exercer la charge du cardinal Altieri.

A Rome, la *commissione dei Sussidi*, ou de la bienfaisance publique, distribue un grand nombre de couvertures, de gilets de flanelle et de remèdes aux indigents.

donné aux militaires qui y tenaient garnison l'occasion de témoigner avec éclat de leur zèle et de leur charité.

« Les gendarmes, toujours prêts à accomplir leur devoir, n'ont pas manqué de déployer, en cette occasion, tout l'empressement qu'on pouvait attendre d'eux.

« Les zouaves, suivant le noble exemple donné par leur officier, et ne reculant ni devant le danger, ni devant la fatigue, se sont chargés spontanément d'un service tout de charité, en assistant les malades pauvres, en creusant des fosses, et même en y transportant et en y ensevelissant les cadavres. C'est là une belle page à ajouter à l'histoire de ce corps.

« Le cœur généreux de Sa Sainteté, si bien fait pour apprécier de pareils actes d'abnégation et de courage, en a été hautement satisfait. Voulant donner à l'armée une marque de sa satisfaction, Sa Sainteté a commandé au ministre soussigné de lui soumettre les noms des officiers et des soldats qui se sont le plus distingués, et elle daigne leur conférer les récompenses honorifiques ci-après :

« 6 croix de chevalier ;

« 64 médailles en or *benemerenti*.

« Un ancien zouave, originaire de l'Etat pontifical, et qui passait la belle saison à Albano, s'est joint à ses camarades dans leur œuvre de charité. Il a reçu, lui aussi, une médaille d'or. »

Épisodes du choléra à Albano

Plusieurs relations des ravages du choléra à Albano ont été publiées par des témoins oculaires. Dans l'une d'elles, nous lisons ce qui suit :

« Un étranger, R... S..., qui passait la belle saison dans une maison de campagne un peu éloignée de la ville, vivait dans le désordre et dans l'oubli de Dieu. Un domestique indigène l'abandonna, au commencement d'août, en disant qu'il ne voulait plus rester « dans une famille où l'on pro- « voquait si effrontément le courroux céleste... » Ce brave homme ne s'était point trompé. Six jours après, ce terrible fléau envahissait la villa, en dépit de toutes les précautions prises, et emportait en quelques heures un autre domestique et deux femmes, que R... avait amenés de son pays.

« Un matin, de bonne heure, un prêtre vénérable qui arrivait en toute hâte d'une ville voisine pour assister les cholériques, passa sous les fenêtres de la villa. R..., fou de désespoir et d'épouvante, l'appela en l'injuriant de la manière la plus brutale, et même, dit-on, en le menaçant d'un revolver qu'il tenait à la main. Le prêtre entra. Les trois cadavres étaient étendus dans le jardin, où R... les avait jetés, se flattant par là d'échapper à l'épidémie. Mais le malheureux venait d'être atteint lui-même. Les symptômes étaient effrayants. Il avait l'écume à la bouche et se tordait sur le plancher...

« Le prêtre l'exhorta, dans son expérience du mal, à ne plus songer qu'à son âme. R... hurlait : « Non, non, je ne « veux pas, je ne peux pas mourir. Je suis trop riche, trop « jeune et trop heureux. Va-t'en, prêtre imposteur, oiseau « de mauvais augure. Je t'ai appelé pour me soigner et non « pour me confesser... »

« Puis, le misérable blasphémait Dieu et offrait son âme à Satan en échange de la vie !

« Le pauvre prêtre eut beau se confondre en prières et en bonnes paroles. Il alla jusqu'à offrir son existence à Dieu pour sauver l'âme, et, s'il était possible, le corps de ce forcené. Dieu, dans ses impénétrables desseins, n'accepta point ce sacrifice. R... mourut en jetant au ciel un dernier blasphème. »

A côté de ce trait, et pour nous reposer le cœur, nous en citerons un autre :

« Un père de famille, pécheur endurci, qui, depuis trente ans, outrageait Dieu et conspirait contre le vicaire de Jésus-Christ, vit sa femme et sa fille succomber l'une après l'autre. Lui-même, malade, était au lit dans une pièce voisine. La mère mourut la première, et, en bonne chrétienne qu'elle était, elle reçut les derniers sacrements. Avant de rendre l'âme, elle retrouva dans son agonie un instant de lucidité pour demander à Dieu la conversion de son mari. Sa fille, qui l'entendit, s'écria :

« Ma mère, vous offrez une prière, moi, j'offre ma vie
« à cette même intention. »

« Trois heures après, la fille, qui n'avait encore éprouvé aucun symptôme du mal, fut frappée, se jeta sur un lit et expira dans d'effroyables convulsions.

« Il se fit aussitôt dans l'esprit du père une lumière ineffable. Cet homme, jusque-là si rebelle à la voix de Dieu, l'entendit tout à coup, fondit en larmes et demanda à grands cris... un prêtre.

« Le prêtre que l'on rencontra le premier était un vénérable capucin d'Albano. Pendant les troubles de 1848-49, ce religieux, ô Providence de Dieu ! avait été persécuté, traqué dans les bois comme une bête fauve par ce même homme qui allait mourir.

« Le malade le reconnut et baisa sa robe de bure en im-
« plorant son pardon... « Mon frère, répondit le religieux, il
« y a dix-huit ans que je vous ai pardonné et que je prie pour
« vous. » Puis il entendit sa confession...

« Dieu voulut laisser au pécheur le temps de faire pénitence en ce monde. Il lui accorda la guérison du corps après celle de l'âme. »

Il nous faudrait dix lettres pour raconter tous les traits que nous avons lus ou entendus.

Le cardinal Altieri, martyr de la charité

L'illustre cardinal Altieri occupe la première place parmi les hommes de cœur qui sont morts, à Albano, victimes de leur héroïque dévoûment :

L'évêque d'Orléans a adressé à ses diocésains une remarquable lettre sur la mort de S. Em. le cardinal Altieri. Mgr Dupanloup parle d'abord du choléra à Rome et de son invasion à Albano. Il décrit cette ville et dépeint les ravages qu'y fit le fléau. Après ces détails, qui ont déjà trouvé place dans ce volume, le vénérable Prélat parle de la maladie et de la mort du cardinal Altieri.

Pendant trois jours entiers, le pieux cardinal se prodigue, se multiplie. Il distribue de l'argent, il administre des remèdes. Il remplit à la fois l'office d'infirmier et de prêtre. On l'a vu, sous un soleil ardent, présider lui-même à une inhumation. Un tel dévoûment méritait d'être couronné par la plus glorieuse fin. La veille de sa mort, un de ses amis le vit toujours plein de courage, mais déjà abattu par les fatigues, car il avait dû être à la fois évêque, gonfalonier et infirmier. Il écrivait une lettre à Sa Sainteté pour remercier le Saint-Père d'une abondante aumône qu'il venait de lui faire parvenir. Il dit à son visiteur :

« Quelle désolation que ce fléau ! mais j'ai dans ma dou-
« leur une grande consolation, parce que je sens en moi et
« je vois en mon clergé que l'Esprit de Dieu nous soutient.
« A la nouvelle du malheur, je n'ai pu résister à l'élan de
« mon cœur qui me poussait à venir au milieu de mon trou-
« peau pour me donner tout à lui. Les autorités civiles se
« sont enfuies ; mais pas un prêtre de mon clergé n'a man-
« qué à son devoir ; tous sont restés à leur poste ; et tous
« ceux que le fléau a frappés ont pu recevoir les sacrements ;

« ainsi ce fléau aura été une miséricorde : il tue les corps,
« mais il sauve les âmes. »

Le Cardinal parla ensuite avec grande admiration des bons zouaves, comme il disait, et de leur courage à soigner les malades et à ensevelir les morts.

La nuit qui suivit, la nuit du 10 au 11 août, le Cardinal fut frappé lui-même, et le lendemain matin il était à l'extrémité. Le cardinal Sacconi se hâta d'accourir auprès de lui, et ne le quitta plus; pendant ce temps-là, le cardinal di Pietro continuait de soigner les malades. La nouvelle douloureuse se répandit promptement dans la ville, et y causa la plus vive sensation. Les zouaves sollicitèrent et vinrent recevoir la bénédiction du Cardinal mourant. Les prêtres d'Albano vinrent aussi entourer son lit funèbre. Le Cardinal était ce qu'il avait toujours été, plein de calme et de sérénité; il leur parla de sa mort simplement, leur dit qu'il n'avait fait que son devoir, et qu'il était heureux de mourir; il les exhorta à continuer leur ministère de dévoûment, puis il les bénit.

L'ami qui l'avait visité la veille revint le voir; nous le laissons parler lui-même: « O Dieu ! dit-il, dans quel état je le trouvai; à peine ai-je pu le reconnaître. Il avait demandé que le saint viatique lui fût apporté de la cathédrale. Au moment de recevoir la sainte communion, le malade, d'une voix faible, mais avec une grande fermeté d'âme, prononça les paroles suivantes :

« Mon Dieu, vous savez que je suis un grand pécheur;
« mais je sais, moi, que vos miséricordes sont plus grandes
« encore que mes péchés. Et quelle grâce ne me faites-vous
« pas en ce moment de m'appeler à mourir au milieu du
« troupeau que vous m'avez confié! Il est vrai, ce pauvre
« troupeau, vous le frappez en ce moment; mais si vous
« faites mourir les corps, vous sauvez les âmes... Je vous
« bénis, ô mon Dieu!... Je vous recommande votre Vicaire
« sur la terre, mes collègues les Cardinaux, l'Ordre épisco-

« pal, tout le Corps ecclésiastique, et spécialement mon « clergé et ce pauvre peuple. Je vous recommande mon « âme, et je la remets entre vos mains avec amour et pleine « confiance en vos grandes miséricordes. »

« Après ces paroles, il reçut l'extrême-onction avec un profond recueillement. Puis il bénit, en leur adressant des paroles de bon courage et de bon conseil, tous ceux qui étaient là et qui voulurent une dernière fois lui baiser la main. Pendant ce temps se trouvait sur la place une foule de gens qui pleuraient; et l'on entendit quelqu'un qui disait: « Mon « Dieu! on nous avait abandonnés, et ce bon pasteur qui était « venu à nous, vous nous l'enlevez! »

A deux heures de l'après-midi, le Cardinal n'était plus.

Voici la fin de cette lettre:

« Le cardinal Altieri avait une affection particulière pour la France, dont il parlait d'ailleurs la langue avec une pureté parfaite, et pour les prêtres français. Je me souviens de lui avoir entendu raconter avec plaisir qu'il avait passé en France, avec sa famille, plusieurs années de sa première jeunesse.....

« Nous avons donc des raisons particulières de témoigner notre reconnaissance en même temps que notre admiration à ce nouveau martyr de la charité. Il n'a fait, disait-il, que son devoir, c'est vrai; mais ce devoir ici, c'était la mort. Et sa mort a montré une fois de plus que le dévoûment jusqu'à l'héroïsme vit encore dans l'Église, et que, grâce à Dieu, la race des Charles Borromée et des Belzunce n'est pas éteinte parmi nous. »

Mgr l'évêque d'Orléans recommande ensuite à son clergé et aux fidèles d'offrir des prières pour le repos de l'âme du pieux Cardinal, en attendant le service solennel qu'il se propose de célébrer lui-même; puis le vénérable Prélat s'écrie en terminant:

« Et quant à nous, Messieurs, je n'ajoute qu'un mot: nous ne savons pas ce que Dieu nous réserve; tenons-nous prêts à paraître devant lui et à nous dévouer pour nos frères.

« † FÉLIX, *Évêque d'Orléans.* »

Le successeur du cardinal Altieri

On écrivait de Rome :

« Toutes les familles aisées ont abandonné la ville dès le principe et se sont réfugiées dans les montagnes de la province de Frosinone ou à Cività-Vecchia.

« S. Ém. le cardinal Sacconi, ancien nonce à Paris, remplace volontairement le cardinal Altieri, dans la charge d'évêque d'Albano. On sent qu'il déploierait la même abnégation, si les circonstances l'exigeaient, à le voir se préoccuper de tout ce qui a trait au bien-être spirituel de la population. Il y a encore près de 150 malades ou convalescents, réunis en grande partie dans un lazaret organisé à la hâte. Son Éminence trouve les plus zélés coopérateurs au sein du clergé séculier et régulier. Les jésuites de Gallaro, les capucins de Castel-Gandolfo, les missionnaires du Précieux-Sang, d'Albano, se signalent entre tous.

« Mgr Appoloni veut rester à son poste jusqu'au dernier moment. Nous avons dit que la maladie ou la peur avait dissous, dès les premiers jours, la municipalité d'Albano. Investi de pouvoirs extraordinaires, qui ne cesseront qu'avec l'épidémie, le prélat s'occupe du bien-être matériel de la population. Il veille à ce que le nombre des médecins, des frères de Saint-Jean-de-Dieu, des sœurs de Charité et des fossoyeurs soit suffisant, à ce que les rues, les égouts et les habitations soient tenus dans un état de propreté qui ne laisse rien à désirer, à ce que les malades soient promptement secourus, à ce que la désinfection des linges et des chambres mortuaires soit sérieuse, à ce que l'enterrement des morts se fasse dans les règles prescrites.

« L'imagination des habitants des communes voisines est fortement surexcitée par la frayeur que leur inspire le spectacle des ravages du choléra à Albano. A Genzano, par exemple, la population veut à toute force empêcher les gens venant d'Albano et des autres localités infectées de traverser le pays, même sans s'y arrêter. L'autorité pontificale, toujours paternelle, cherche à dissiper peu à peu ces craintes exagérées, mais il lui est d'autant plus difficile de réussir, que des meneurs exploitent, dans des vues séditieuses, le mécontentement populaire. »

Allocution de Notre Saint-Père le Pape Pie IX, tenue dans le Consistoire secret du 20 septembre 1867

« VÉNÉRABLES FRÈRES,

« L'univers catholique tout entier, Vénérables Frères, sait « que Nous avons été souvent obligé de déplorer et de con« damner les torts et les injures très-graves dont le gouver« nement subalpin s'est rendu coupable depuis plusieurs « années déjà, envers l'Église catholique, envers Nous, en« vers le Saint-Siége, envers les Évêques, les Ministres sa« crés, les Congrégations religieuses des deux sexes et les « pieuses Institutions, au mépris des peines et des censures « ecclésiastiques, et des lois divines et humaines foulées « aux pieds.

(*Le Saint-Père condamne et anathématise ici les lois portées contre les propriétés de l'Église ; et il poursuit*) :

« Pour les auteurs et les fauteurs de cette loi, qu'ils sa« chent qu'ils ont malheureusement encouru les peines et « les censures ecclésiastiques infligées *ipso facto* par les

« saints Canons, les Constitutions apostoliques et les décrets « des Conciles généraux, aux usurpateurs de l'Église et de « ses droits, et aux envahisseurs de ses biens.

« Qu'ils soient donc épouvantés et qu'ils tremblent, les « ennemis implacables de l'Église! Qu'ils tiennent pour sûr « que Dieu, auteur et vengeur de l'Église, leur prépare les « plus graves et les plus terribles châtiments, à moins que, « touchés d'un véritable repentir, ils ne reviennent à de « bons sentiments et ne s'efforcent de faire disparaître et « de réparer tous les torts faits à cette même Église! C'est « ce que Nous désirons de toute Notre âme, ce que Nous « demandons humblement et instamment au Dieu des « miséricordes.

« A cette occasion, Nous voulons que vous sachiez, Véné- « rables Frères, qu'un libelle mensonger récemment publié « à Paris et écrit en français, avec une souveraine perfidie, « insinue impudemment dans l'esprit de ses lecteurs, sous « forme de doute, que les lamentables événements du « Mexique doivent être de quelque manière imputés à ce « Siége apostolique.

« Or, combien une telle accusation est fausse et absurde, « tout le monde le reconnaît, et c'est ce que montre, plus « clair que le jour, entre autres documents, la lettre que « l'infortuné Maximilien Nous a écrite de sa prison, le « 18 juin dernier, avant de subir une mort si indigne et si « cruelle.

« La circonstance présente Nous paraît si opportune, Vé- « nérables Frères, que Nous ne pouvons la laisser passer « sans accorder les grands éloges qu'il mérite à Louis Altieri, « d'illustre mémoire, Cardinal de la sainte Église Romaine « et Évêque d'Albano.

« Vous le savez tous. Il était né d'une grande famille, « orné des vertus les plus éclatantes et chargé des plus im- « portantes fonctions. Nous l'avions en grand amour. A peine « eut-il appris que la terrible maladie appelée choléra avait

« éclaté à Albano, aussitôt, s'oubliant lui-même, il vole vers « son troupeau, sous l'inspiration de son ardente charité. « Les travaux, les conseils, les souffrances, les périls, il « embrasse tout; le jour, la nuit, sans trève ni repos, il « assiste les malades et les mourants, leur distribuant les « secours spirituels et leur portant de ses mains tous les « autres secours, ne cessant de les réconforter et de les « soulager jusqu'à ce que, frappé lui-même par l'horrible « maladie, il ait donné, comme le bon Pasteur, sa vie pour « ses brebis.

« Sa mémoire sera toujours en bénédiction dans les an- « nales de l'Église; car, en se sacrifiant à la charité, il a « trouvé une mort heureuse et répandu une gloire incom- « parable et immortelle sur l'Église, sur l'ordre très-noble « des Cardinaux et sur tout l'épiscopat catholique. Aussi, « quoique Nous ayons éprouvé une grande douleur à la « nouvelle de sa mort, cependant Nous ressentons une « grande consolation, car Nous avons le ferme espoir que « son âme est parvenue à la céleste patrie, qu'elle s'y ré- « jouit dans le Seigneur et qu'elle offre de ferventes prières « à Dieu pour Nous, pour vous et pour toute l'Église.

« Nous donnons également tous nos éloges au clergé « séculier et régulier d'Albano, qui n'a cessé, marchant sur « les traces illustres de son Évêque et au péril de sa vie, « d'administrer soigneusement aux malades toutes sortes « de secours, et surtout les secours de la religion.

« Ils sont dignes aussi de tous Nos éloges, Nos soldats « qui étaient là, les *gendarmes* et les *zouaves;* car, par leur « mépris du danger et surtout en ensevelissant eux-mêmes « les morts, ils ont donné un grand exemple de charité « chrétienne.

« Enfin, Vénérables Frères, ne cessons pas d'élever nos « âmes vers le Seigneur Notre Dieu, Dieu de grande misé- « ricorde pour tous ceux qui l'invoquent. Prions-le, sup- « plions-le, afin que, Nous tenant courageusement avec

« vous au milieu du combat et Nous opposant comme un « mur pour la défense de la Maison d'Israël, Nous puis- « sions défendre courageusement la cause de sa sainte « Église et ramener tous les ennemis de l'Église aux voies « de la justice et du salut. »

Pie IX justifié des calomnies des garibaldiens de Paris dans la question du Mexique

Les fils de Voltaire, fidèles à la maxime de leur maître : *mentons, mentons, il en restera toujours quelque chose*, ont essayé de faire retomber sur l'Église et l'auguste Pie IX les désastres lamentables de l'empereur Maximilien. Mais la vérité n'a pas tardé à reprendre ses droits, et le Pape a entre les mains des pièces écrasantes, qui seront un jour publiées (1).

En attendant ce moment, nous extrayons quelques pas-

(1) On assure que la lettre de l'empereur Maximilien au Pape, en date du 18 juin, veille de son supplice, est empreinte des sentiments les plus édifiants. L'infortuné monarque accepte avec résignation et offre à Dieu les souffrances qu'il endure depuis son emprisonnement, ainsi que la mort qui lui est réservée. Il demande pardon à Sa Sainteté des torts qu'il peut avoir à se reprocher envers le Saint-Siége et se recommande aux prières de l'Église. La lettre est écrite en latin élégant. On sait que l'empereur Maximilien parlait et écrivait avec facilité une dizaine de langues.

« Le Saint-Père, m'assure-t-on, dit le correspondant de la *Gazette du Midi*, a donné lecture de cette lettre aux cardinaux. Elle leur a arraché des larmes. Elle justifie complétement Pie IX, et c'est un éclatant témoignage rendu à sa sagesse et à la prudence avec laquelle il avait constamment répété au chevaleresque, mais téméraire descendant de Rodolphe de Habsbourg, de se tenir en garde contre les piéges de la politique actuelle.

« Pie IX, touché des malheurs de ce prince infortuné, victime des mauvais conseils qu'il avait reçus, a fait célébrer un service solennel pour le repos de son âme. »

sages de la brochure intitulée : *La Chute de l'empire du Mexique*, dont nous avons signalé l'apparition à nos lecteurs. Ces pages en feront comprendre l'importance et connaître les conclusions.

L'auteur commence ainsi :

« La mort de l'empereur Maximilien est encore si récente, que nous aurions voulu laisser passer le temps nécessaire pour calmer les passions avant de rapporter les faits qui ont conduit à cette catastrophe; mais nous nous voyons obligé de rompre le silence, en considérant les efforts qui sont faits en France soit par les journaux impérialistes et démocratiques, soit par une brochure à laquelle on cherche à donner la plus grande publicité, pour rejeter la responsabilité de la chute de l'empire mexicain sur le Saint-Siége, sur le clergé du Mexique et sur le parti conservateur.

« La chute de l'empire doit être attribuée à la conduite de l'empereur Maximilien, qui eut le tort d'abandonner complétement le programme du parti conservateur, qu'il avait d'abord accepté ; — à la faute que commit ce prince en cherchant à gouverner tantôt à la française, tantôt à la belge, un peuple dont les habitudes et les mœurs n'ont rien de commun avec les habitudes et les mœurs des Français ou des Belges ; — à la discorde qui régna constamment entre l'empereur Maximilien et le maréchal Bazaine ; — enfin à la retraite de l'armée française *exigée* par les Etats-Unis, quoi qu'on dise pour lui donner l'apparence d'une retraite *spontanée*. D'ailleurs, si elle avait été spontanée, la responsabilité qui pèse sur la France au sujet de la catastrophe mexicaine n'en serait que plus lourde.

« Notre respect pour la mémoire du prince infortuné qui a su mourir avec tant de dignité ne devra pas nous empêcher de rapporter quelques-uns de ses actes comme preuve de ce que nous venons de dire. »

Voici quelques-uns des actes rappelés par l'auteur de la brochure :

« L'empereur Maximilien fut placé sur le trône du Mexique par la majorité de la nation. Cela résulte clairement des procès-verbaux envoyés de chaque ville en original à Sa Majesté Impériale, qui les accepta après les avoir mûrement examinés. En lisant ces procès-verbaux, on reconnaît que c'était la volonté des populations que Sa Majesté gouvernât d'après des principes *absolument* catholiques, par conséquent conservateurs. L'empereur Maximilien paraissait les avoir adoptés de tout cœur, puisque, dans sa réponse au discours de M. Gutierrez de la Estrada, il dit, en acceptant le trône qui lui était offert, « qu'en partant pour « sa nouvelle patrie, il avait l'intention de s'arrêter à Rome « pour y recevoir des mains du Saint-Père ces bénédictions « si précieuses pour tous les souverains, et qui l'étaient dou- « blement pour lui, qui était appelé à fonder un nouvel « empire. »

« On fut donc bien surpris, après cela, que Sa Majesté ne s'intitulât pas *Empereur par la grâce de Dieu*. Cela fit craindre que Maximilien ne fût pas disposé à gouverner d'après les principes catholiques, et ce fut au contraire un grand scandale lorsqu'on vit sur la couronne impériale la figure d'un ananas au lieu de la croix.

« Peu de jours avant son arrivée dans la capitale, Sa Majesté donna ordre de travailler dans les bureaux du gouvernement les dimanches et les jours de fête; il conserva les lois de désamortisation et d'expropriation ecclésiastique, sans se mettre en peine d'agir d'accord avec le Saint-Siége. Il ne s'occupa en rien de pourvoir aux besoins du clergé ni aux frais les plus nécessaires du culte; il permit la continuation du mariage civil, sans obliger de recevoir le mariage religieux; il autorisa la liberté des cultes sans consentir néanmoins à ce *que les religieux reprissent leur habit et rentrassent dans leurs couvents;* il enleva au clergé catholique l'intervention dans les cimetières, et ordonna que dans ces cimetières on enterrerait les protestants, de sorte que les Mexicains étant tous catholiques, c'étaient ainsi des étrangers qui obtenaient la sépulture dans une terre appartenant exclusivement aux Mexicains ; il permit la propagande protestante, de sorte que, dans la principale rue de la capitale, on put annoncer la vente de *bibles sans commentaires et de livres prouvant que tout ce que dit le catéchisme de la doctrine chrétienne est un mensonge...* »

Après avoir énuméré les fautes commises par Maximilien dans l'ordre religieux, l'auteur mexicain passe aux fautes commises dans l'ordre politique, et celles-ci ne sont ni moins graves ni moins nombreuses :

« Nous rapporterons maintenant quelques-unes des mesures prises par lui dans les questions politiques, et nos lecteurs verront combien ces mesures étaient en opposition directe avec les principes du parti conservateur.

« Aussitôt que Maximilien fut arrivé dans la capitale de l'empire, il nomma un envoyé extraordinaire et ministre plénipotentiaire auprès du roi Victor-Emmanuel. Il n'y avait aucune raison qui rendît nécessaire cette nomination. Les relations commerciales entre le Piémont et les ports du Mexique se réduisant à une demi-douzaine de navires chargés de papier, de pâtes et de plaques de marbre, il suffisait, comme au temps de la république, d'un consul pour la protection du commerce. Ce fut un grand sujet de douleur pour les plus honnêtes gens du Mexique que cette considération témoignée à un souverain qui avait dépouillé le Saint-Père de ses États et que ce manque de respect pour Sa Sainteté.

« A peine Maximilien avait-il créé, et assez mal à propos, le ridicule *ordre impérial de l'Aigle*, qu'il envoya le *grand collier* à Victor-Emmanuel et à d'autres souverains et princes ; mais il négligea de l'envoyer au roi-époux d'Espagne et au prince des Asturies, comme la politique le demandait.

« Dans un décret sur le cérémonial, Sa Majesté Impériale donna rang à l'Archevêque de Mexico après les commandeurs de cet ordre, qui ne lui ne fut pas, du reste, conféré, quoique l'Archevêque de Mexico eût toujours occupé le premier rang, comme primat de l'Église mexicaine. Ainsi, d'après le décret impérial, il pouvait arriver qu'un colonel ou un simple particulier élevé au grade de commandeur eût le pas sur l'Archevêque. Le prélat fut, d'ailleurs, privé de la charge de chancelier de l'ordre de Guadelupe, créé par l'empereur Iturbide...

« ... Ce n'est pas tout :

« Sa Majesté Impériale prit pour son ministre des affaires étrangères don José Fernando Ramirez, républicain si ardent, qu'il avait refusé de faire partie de l'assemblée des notables et de pavoiser sa maison, le jour de l'entrée de l'empereur dans la capitale. Cette nomination déplut extraordinairement aux conservateurs. Les notes adressées par M. Ramirez au nonce de Sa Sainteté, notes publiées par l'auteur de la brochure : *La Cour de Rome et l'empereur Maximilien*, justifient bien le déplaisir des conservateurs.

« On envoya à Rome M. Velasquez de Léon, sous prétexte de négociations à suivre et avec des instructions qu'on savait bien ne pouvoir être acceptées ; mais on n'avait pas d'autre objet que d'éloigner M. Velasquez du ministère qu'il présidait.

« L'empereur créa une *junte protectrice des Indiens*, et le décret qui formulait cette création contenait des principes si dangereux, qu'il causa une alarme générale parmi les propriétaires. Ce décret n'était d'ailleurs pas du tout nécessaire; car, depuis la grande Isabelle la Catholique jusqu'à Ferdinand VII, tous les rois avaient pris des mesures efficaces pour la protection des Indiens. Si Sa Majesté désirait dire quelque chose sur ce sujet pour gagner un peu de popularité, il suffisait de rappeler aux autorités le décret du 8 mars 1784, promulgué par le vice-roi don Matias de Galvez.

« Le lecteur le voit : on s'occupait de montrer à l'Europe

que l'empereur était un monarque démocrate; c'est pourquoi on publiait des décrets dont l'exécution était impossible au Mexique, comme cela arrive dans les pays habités par des races différentes.

« Au lieu de considérer que la majeure partie des personnes distinguées et riches appartient à la race originaire d'Espagne, et que, à très-peu de déplorables exceptions près, cette race est fière de l'histoire de ses ancêtres et respecte leurs traditions, Maximilien ne laissa passer aucune occasion de manifester une antipathie décidée pour ce qui est espagnol. Cet *anti-espagnolisme*, joint aux décrets dont nous avons parlé, fit entrer dans l'esprit des personnes sensées l'idée que l'empereur n'était pas venu au Mexique avec l'intention de se fixer dans le pays.

« Nous terminerons cet écrit en nous adressant à l'auteur de la *Cour de Rome et l'empereur Maximilien*,

« Il est certain que *le départ du nonce a exercé une influence désastreuse sur les événements;* mais ce départ ne fut pas provoqué par le nonce. S'il exerça une influence désastreuse, cela vient de ce qu'il fit comprendre au pays quelles étaient les intentions du gouvernement. Le pays comprit, en effet, que le gouvernement marchait à un schisme; qu'on désirait, qu'on voulait ce schisme. Et cela était la vérité.

« Quant à l'objet que se propose l'auteur de la brochure dans les deux dernières pages, personne n'ignore que c'est une infâme calomnie de dire, en parlant de Sa Sainteté et de l'impératrice: « Femme énergique et ambitieuse, elle « n'était pas d'un tempérament qu'on pût contenter par « une simple promesse, comme le Pape avait l'habitude « d'en faire à Maximilien depuis trois ans. Elle ne put néan« moins obtenir autre chose. Le désespoir s'empara alors « de son cœur! La folie fut la conséquence de ce désespoir! « Et dans le palais même du Saint-Père elle a donné de dou« loureux signes de sa cruelle maladie. »

« Nous disons, nous, *que le désespoir s'empara en effet de son cœur et que la folie fut la conséquence de ce désespoir*, mais ce fut à la suite de l'entretien de l'infortunée princesse avec un grand personnage, entretien qui fut, comme l'a dit M. de Kératry, « long et violent, plein, de part et d'autre, de « récriminations qui finirent par altérer le caractère des « explications échangées... De cette époque peut dater « réellement la folie de cette intéressante princesse, dont « le courage alla bientôt s'évanouir avec la raison. A peine « conserva-t-elle la force de se traîner de Paris jusqu'au « Vatican, pour tomber délirante aux genoux du Saint-Père, « dont elle venait réclamer l'appui et les consolations (1). »

Sa Sainteté était déjà informée du triste état de l'impératrice. On sait avec quelle paternelle affection le Saint-Père reçoit tout le monde. Avec quelle tendresse il accueillit Sa Majesté Impériale, un fait le montre : c'est qu'au milieu de son délire, la princesse n'avait de confiance que dans le Pape, et qu'elle ne voulait pas quitter le Vatican.

Nous en appelons au témoignage des Mexicains qui accompagnaient Sa Majesté Impériale, et qui auraient dû, avant cette heure, publier la vérité dans l'intérêt même de leur honneur, et pour réfuter les calomnies de l'auteur de la *Cour de Rome et l'Empereur Maximilien.*

(1) *Univers.*

CHAPITRE II

VICTOIRES DE PIE IX DANS LES CONGRÈS ET DANS LES MEETINGS

Le Congrès de la Paix à Genève

A notre époque, on ne recule devant aucune contradiction, on ne s'effraie d'aucune excentricité.

Nous avons vu le fameux Proudhon, ce fanfaron de l'impiété, donner aux bourgeois de Paris des leçons de vertu et de chasteté.

Dernièrement, c'est le forban Garibaldi, qui a passé sa vie à conspirer et à guerroyer dans les deux mondes, qui est venu à Genève pour présider *le Congrès de la paix universelle.*

Garibaldi président du Congrès

Nous aurons souvent l'occasion, dans ce volume, de parler de Garibaldi. Voici sur ce flibustier quelques notes biographiques.

Le chef des chemises rouges est né à Nice le 4 juillet 1807 ; il entra encore fort jeune dans la marine sarde. En 1834, compromis à Gênes dans une conspiration, il se réfugia en France et devint maître d'école à Marseille (1).

Ennuyé de cette vie qui ne convenait pas à ses goûts d'aventurier, il se mit au service du bey de Tunis. Il se rendit ensuite (1836) dans l'Amérique du Sud, et fit partie, pendant quelque temps, de l'escadre de la république de l'Uraguay, qui opérait contre Buénos-Ayres. Après l'intervention anglo-française, il se mit, contre Rosas, à la tête d'un corps de partisans.

Les mouvements révolutionnaires, provoqués par les sociétés secrètes, qui eurent lieu dans la Péninsule en 1848, rappelèrent bientôt Garibaldi en Italie, bien résolu à profiter de cette occasion favorable pour se mettre à la tête des sectaires.

Il partit de Montevidéo, avec cent de ses compatriotes, sur un navire, *la Speranza*, déployant la bannière tricolore italienne. Au mois de juin il se présentait à Turin. Accueilli par le gouvernement piémontais avec trop de réserve, il alla s'offrir au gouvernement provisoire de Milan et forma une légion dont Mazzini voulut se déclarer soldat; prit dans le sud du Tyrol une part active à la guerre de Charles-Albert contre l'Autriche, et après la malheureuse capitulation de Milan, fut le dernier à déposer les armes. Envoyé à la Chambre du Piémont par l'opposition, il fut un des plus

(1) Aucun genre de ridicule n'est épargné à Garibaldi. Afin d'obtenir les sympathies de la Prusse, les journaux italiens ont imaginé une généalogie d'après laquelle un certain docteur Garibaldi aurait épousé, en 1736, une Prussienne, laquelle se trouvait précisément sœur de Théodore Neuhof, devenu roi de l'île de Corse, avant la conquête de cette île par les Génois, en 1741. Théodore Ier, grand-oncle de Garibaldi, alla en Angleterre, puis s'établit à Nice. C'est ainsi que le chef des chemises rouges réclame cette dernière ville comme sa patrie et témoigne tant d'ardeur pour l'alliance prussienne. Voilà comment Garibaldi a du sang royal dans les veines et peut être appelé, qui sait? à remplacer la maison de Savoie! Toutes ces niaiseries, dit le *Journal des Villes et Campagnes*, se débitent sérieusement en Italie.

ardents adversaires du roi. L'année suivante, quand la république fut établie à Rome, il s'empressa d'aller la défendre avec sa légion. Le 30 avril, il repoussa le corps de Français que le général Oudinot avait lancé contre Rome avec trop de confiance, et lui fit éprouver des pertes graves.

Pour empêcher les Français d'entrer à Rome, qui gémissait sous le joug tyrannique des bandits et des assassins, Garibaldi proposa des partis extrêmes qu'on n'osa suivre... Chassé, le 3 juillet, de la Ville sainte, qu'il avait souillée de ses forfaits et de ses impiétés, le forban niçois licencia les sicaires qui formaient sa troupe, et retourna en Amérique,

Dégoûté, pendant quelque temps, de ses exploits révolutionnaires, le *héros* des Deux-Mondes devint, dit le libre penseur De Vapereau, fabricant de chandelles. Il aurait bien fait de ne jamais quitter sa boutique.

Après un assez long séjour à New-York, il revint en Californie. En 1852, un navire péruvien le conduisit en Chine, où il se fit, dit-on, marchand de vaisselle. Pendant l'été, il revint au Pérou. Il voulut ensuite rentrer dans sa patrie, et fut employé dans un paquebot par une compagnie de Gênes.

Après s'être mis au service du Piémont en prévision de la nouvelle guerre avec l'Autriche, Garibaldi fut nommé, par décret royal, au commencement de mai 1859, major-général. La paix de Villafranca lui fit déposer les armes; il se rendit, en 1861, dans les Duchés pour provoquer des mouvements révolutionnaires contre les princes légitimes.

On sait par quelle suite de trahisons infâmes il parvint à pénétrer en Sicile et à y établir la dictature révolutionnaire.

Plus tard, soutenu par les francs-maçons et encouragé par ses succès, Garibaldi prit pour devise : *L'étranger doit être chassé de l'Italie... Rome est à nous... Rome ou la mort.* Toutefois, longtemps encore, il ne sépare pas la cause de

Rome de celle de Victor-Emmanuel, et déclare ne vouloir y entrer qu'avec lui. Mais, peu à peu, les conseils de la modération ne furent plus écoutés. Au mois d'août 1862, Garibaldi commença une expédition qui fut courte et malheureuse. Il entra à Catane, le 18 août, à la tête de volontaires peu nombreux; il trouva la population peu sympathique et les troupes royales décidées à la résistance. Il fit en vain appel aux Hongrois; le général Klapka répondit par un solennel désaveu.

Forcé par les troupes royales de quitter Catane, Garibaldi put s'embarquer pour la Calabre avec deux mille hommes environ. Il se porta sur Reggio, où Cialdini dirigeait les opérations militaires. Une première rencontre eut lieu le 27 août, et les garibaldiens furent repoussés. Retiré à Aspromonte, Garibaldi fut attaqué par le colonel Pallavicini, blessé d'une balle au pied et réduit à se rendre avec toute sa troupe. Il fut transporté à la Spezzia, avec son fils Menotti et un certain nombre de ses compagnons, puis à Pise. Grièvement malade des suites de sa blessure et longtemps menacé de l'amputation, il put rentrer à Caprera vers la fin de l'année. Au mois d'octobre, il avait refusé l'amnistie accordée par le roi, en prétendant qu'il n'était point coupable.

Aux élections de février 1864, dont tous les honnêtes gens furent éloignés par les poignards des sicaires, Garibaldi fut réélu député par le premier collége de Naples. Son élection fut validée par la Chambre... *Dignus est intrare...* Au mois de juin suivant, il fut élu grand-maître de la franc-maçonnerie italienne, dont il accepta les fonctions.

Voilà l'homme venu à Genève pour présider le *Congrès de la Paix!* nom singulier pour une pareille assemblée, car elle compte dans son sein des révolutionnaires de tous les pays, et le résultat le plus clair de ses délibérations sera une entente commune pour bouleverser l'Europe le plus tôt possible. Garibaldi la préside, et les premières paroles qu'il prononce en arrivant sont des paroles de guerre contre la Papauté et contre l'Église... Ces grands amis de la paix n'admettent qu'une seule guerre : c'est la guerre civile; et après avoir délibéré à Genève sur les moyens d'établir la paix universelle, ils s'en retourneront conspirer en Italie, se battre en Orient, intriguer partout. Ce qui leur déplaît dans la guerre, ce n'est pas la guerre elle-même, car ils n'ont aucune horreur pour le sang, c'est l'ordre qui y règne, l'autorité qui y commande, les principes au nom desquels elle se fait (1).

— Voici un échantillon des diatribes de Garibaldi à Genève. Nous les empruntons au discours de M. Rouher, ministre d'État, prononcé dans la fameuse séance du 5 décembre 1867 au Corps législatif :

— M. Rouher. — « Le 22 mai, Garibaldi écrit au colonel

(1) On lit dans le *Globe* de Londres l'appréciation suivante du Congrès de la Paix :

« Le général Garibaldi, dit un télégramme de Genève, a prononcé un discours au Congrès de la Paix où il déclare qu'il est ami de la paix, mais où il commence par demander la destruction de la Papauté et le détrônement de tous les tyrans. Vraiment, c'est presque un excès de bonté!

« Quand le révolutionnaire aura une fois fait son chemin, détrônant le Pape et arrachant aux rois leur couronne, il sera disposé à permettre à la paix de s'établir. Le lion se couchera à côté de l'agneau, mais pas avant d'avoir dévoré assez de troupeaux pour être complétement rassasié de moutons.

« Nous supposons que les autres membres de cet intéressant Congrès seront tout aussi pacifiques. Herzon saluera la paix quand la Russie n'aura plus de czar; Prim, quand il aura détrôné la reine Isabelle; Kossuth, quand la Hongrie sera une république; Blind, quand il n'y aura plus de rois dans la Confédération germanique; Victor Hugo, quand Ανάγκη sera devenue trop forte pour Napoléon.

« Quant à Mazzini, il serait téméraire de calculer ce qui pourrait le satisfaire; en d'autres termes, quelle sorte d'anarchie il juge la plus convenable à l'espèce humaine, A quoi donc enfin peut servir un congrès de la paix qui commence d'une manière si féroce?

« Les noms ne représentent pas toujours fidèlement les choses : *Bellum, quia minime bellum*, disent les étymologistes. De même congrès de la paix doit signifier réunion de conspirateurs révolutionnaires. »

Chamber, en Angleterre : « Il y a des centaines d'années que « votre brave et énergique nation a renversé le tabernacle « de l'idolâtrie et du mensonge qui dévore encore l'énergie « de notre belle patrie : nous suivrons bravement votre cou- « rageux exemple, et, à la place de l'impureté, de la misère « et de la tyrannie, nous mettrons la vraie religion du Dieu « père, sauveur de tous, ainsi que la vraie fraternité des « peuples libres. » Voilà le premier symptôme d'une vraie religion inaugurée par Garibaldi. (Bruits divers.)

« Il arrive à Genève le 8 septembre. Il adresse, du balcon de la maison Fazy, une allocution au peuple. « Ici, dit-il, « vos ancêtres ont eu le courage d'attaquer cette pestilen- « tielle institution qu'on appelle la Papauté. » — Acclamations interminables, dit le bulletin. — « A vous, citoyens de « cette cité de Genève devenue si magnifique, qui avez porté « les premiers coups à la Rome papale, ce n'est pas aujour- « d'hui l'initiative que je vous demande ; je vous demande « de compléter l'œuvre de vos ancêtres, lorsque nous don- « nerons les derniers coups au *monstre.* » (Exclamations.)

« Enfin, il entre dans le Congrès, et dès la première séance il y formule son programme politique, social et religieux. En voici un extrait : « La Papauté est déclarée « déchue. » (Bravos, applaudissements frénétiques, cris prolongés : Vive Garibaldi !) — « La religion de Dieu est « adoptée par le Congrès, et chacun de ses membres s'oblige « à la propager sur la surface du monde. » — « De quel « Dieu parlez-vous ? » demande un indiscret. (Rires.)

« Je vous dois un mot d'explication sur la religion de Dieu « dont je viens de parler, reprend Garibaldi ; j'entends par « là la religion de la vérité, la religion de la raison. » Et tout le monde crie bravo ! Voilà la doctrine des révolutionnaires que nous avons été combattre. Il n'est pas là question de distinction entre le pouvoir temporel et le pouvoir spirituel. Ce qu'on veut, c'est la chute de la Papauté, l'inauguration d'une religion nouvelle, toute cette logomachie révolutionnaire qui rappelle les temps les plus douloureux pour notre patrie.

« Est-ce que j'exagère? Garibaldi est entré en Italie. Quelques jours après, à Vogheri, il s'adresse à la foule : « Tenez-« vous prêts, dit-il, à vous guérir du *vomito negro*.» (Nouveau bruit.) Et à quelques kilomètres plus loin, il recommence en des termes que j'ose à peine citer. (Citez! citez!) « Je ne suis « pas orateur, dit Garibaldi, et je vais parler franchement :

« Si l'Italie n'a pas la place qu'elle doit occuper dans le « monde, elle le doit à la race noire. Allons donc à Rome « dénicher cette nichée de vipères. Il faut un lavage, une « lessive énergique. (Exclamations.) Il faut effacer cette race « noire plus funeste que le choléra-morbus. » (Nouvelles exclamations.)

« Il faut que l'Europe, que la France sachent ce qu'est cette révolution ; il faut dévoiler ces ignominies, afin qu'il ne reste pas dans les consciences je ne sais quels recoins pour servir de refuges à de pareilles théories. » (Très-bien! très-bien!) »

Injures bien dignes d'un président du *Congrès de la Paix.*

L'*Italie* nous avait apporté le texte d'un nouveau discours de Garibaldi. A travers l'emphase ridicule de ses déclamations, il est bon de recueillir l'expression de sa haine invétérée contre Rome. On peut juger, d'après cela, que l'orateur de Genève ne renonce point à attaquer Rome.

Garibaldi, prié de dire quelques paroles au peuple, y a consenti et a composé son bref discours de ces phrases énergiques, vibrantes et incendiaires. Il a parlé de Rome, et lorsqu'une voix a crié : *Rome ou la mort!*

« Non, a-t-il répondu fièrement, ce n'est plus Rome ou la mort, mais Rome et la vie! car Rome est notre vie! »

Le général a conseillé l'instruction et l'éducation, afin de former de bons et vaillants citoyens.

« Pensez, a-t-il dit, que l'agriculteur n'estime pas la plante sur sa durée, mais sur son utilité.

« Tâchez donc de vous rendre, vous aussi, utiles à la patrie. Ne végétez pas comme des choux, mangeant et buvant tranquillement sans penser à autre chose.

« Tenez-vous prêts à vous guérir du *vomito negro*. Le prêtre ricane, et travaille à notre préjudice, mais pour peu de temps encore... c'est moi qui vous le dis!... »

(*Italie*, 21 septembre.)

Un spirituel écrivain a fait à ce sujet les réflexions suivantes :

« Le seigneur Garibaldi multiplie ses radotages de plus en plus séniles, et continue d'enfler son Coran, de plus en plus malsain. Il adresse à la *Fraternité des artisans* des Bains de Lucques un amphigouri par lequel il exhorte tous les ouvriers italiens à former une ligue qui « opposera l'éducation à la répression et procurera ainsi l'émancipation. » Garibaldi a son style, particulièrement empreint du cachet d'insanité qui marque toutes les productions de l'école humanitaire, dont il est le Mahomet.

« Il faut néanmoins convenir, comme l'observe un journal italien, que ces haillons intellectuels habillent très-convenablement des doctrines qui tendent à remplacer la civilisation par la barbarie, ou plutôt par la sauvagerie. Langage et pensée, tout trahit la démence. Garibaldi, le prophète des peuples modernes, est tout simplement un pauvre aliéné, ce qui paraît d'ailleurs avec assez d'évidence pour que le faible gouvernement italien lui puisse appliquer la camisole de force. Mais il est tard! Quel que soit son état mental, Garibaldi a jeté et ne laisse pas de jeter encore dans le monde une semence bien autrement redoutable que les coups de sa ridicule *spadetta*.

« Peut-être même « l'homme immense » réussirait-il moins s'il rabâchait moins. On abêtit et on affole le genre humain comme on endort les enfants, avec des chansons d'une monotonie stupide. Le marteau garibaldien frappe sur des cervelles réfractaires à tout autre instrument; il y enfonce et imprime à jamais des idées que ne pourraient introduire toutes les cymbales de M. Hugo et tous les vilbrequins huilés de M. Duruy. L'on peut compter que cette brutale prédication de révolte universelle contre le *froc* et contre le *frac* allumera longtemps les brandons qui ne s'éteignent que dans le sang humain.

« Et ainsi les sociétés arrivent à n'avoir plus d'autre élément d'ordre possible que la force à son plus haut point d'intensité, qui est l'esclavage. »

Mais voilà que les protestants honnêtes, de concert avec les catholiques de Genève, déclarent hautement qu'ils ne sauraient supporter plus longtemps les injures et les insultes du forban à l'endroit de ce qu'ils ont de plus sacré au monde.

Voici, à ce sujet, des détails empruntés à une lettre adressée de Genève à un journal de Paris :

« Garibaldi vient d'avoir à Genève son Aspromonte moral : l'attitude énergique des catholiques l'a obligé de quitter précipitamment cette ville. Le dimanche 8 septembre, jour de la Nativité, au milieu de l'ovation organisée pour le recevoir, le condottière insulta le Saint-Siége et les droits sacrés du Souverain-Pontife, traitant la Papauté de monstre, d'asile du mensonge, d'idolâtrie, d'institution pestilentielle. Ces outrages, répétés tous les jours suivants au Congrès de la Paix, émurent vivement les catholiques. Une nombreuse députation se rendit auprès de Mgr Mermillod pour lui présenter une adresse et protester contre de telles invectives. Monseigneur remercia ces fidèles ouailles en les félicitant de leur courage.

« Cependant l'émotion grandissait. De toutes parts on accourait au presbytère de Notre-Dame. Une protestation nouvelle fut envoyée au Conseil d'État; une proclamation signée, comme le veut la loi, par une trentaine de citoyens, mais que tous eussent voulu sceller de leur sang, fut affichée sur les murs de la ville. Une immense et solennelle manifestation s'organisait. Les catholiques, non-seulement de Genève, mais de Carouge, de Chêne et des autres paroisses rurales du canton, s'ébranlaient. Le mardi soir, on devait se réunir sur la place de Notre-Dame, protester par le chant du *Magnificat*, et, aux cris de *vive Pie IX!* recevoir la bénédiction pontificale. Une semblable affirmation des droits de la conscience en face de si outrageantes provocations était, sans contredit, très-légitime. Le Conseil d'État de Genève le comprit et l'approuva; mais craignant des représailles, peut-être une émeute et du sang répandu, il députa un de ses membres auprès de Mgr d'Hébron, afin de le prier de calmer les catholiques. Monseigneur répondit avec dignité qu'ils étaient dans leur droit, et qu'aussi bien qu'eux il ressentait l'injure faite à leur conscience et à leur honneur. On assura alors à l'évêque que Garibaldi partirait dès le lendemain. Au reste une dépêche qui arrivait de Berne, de la part du Conseil fédéral, coïncidait parfaitement avec les résolutions prises par le Conseil-d'État. Ceci se passait le mardi soir. Pendant la nuit, on mit sous les yeux du général italien la protestation et la proclamation des catholiques, et il fut prié de quitter Genève. Et c'est ainsi que, malgré le programme des fêtes qui devaient avoir lieu les jours suivants, malgré l'annonce publique d'un séjour plus prolongé, Garibaldi partit le mercredi matin à neuf heures, subitement, *incognito*, poursuivi par les sifflets de quelques jeunes gens qui se trouvaient près de la gare. »

Nous lisons le trait suivant dans une lettre qui est écrite de Genève, et cette anecdote indique à quel point les esprits étaient montés :

Une dame catholique, femme d'un membre protestant du Congrès, éprouvait le plus vif désir et n'avait aucun moyen de mêler ses sifflets à ceux qui accompagnaient le général Garibaldi en déroute. Elle avise son mari qui faisait escorte avec les fidèles du comité. Elle pénètre auprès de lui et le prie de la présenter au général. Le mari, assez étonné, cède, fait la présentation, et le héros daigne sourire et laisser tomber ces mots :

« Madame, sans doute, est une bonne garibaldienne ?

— Pas du tout, général ! papiste déterminée ; et je vous conseille de laisser le Pape tranquille, car certainement nous ne vous laisserons pas faire, etc., etc. »

Elle était émue, elle tremblait un peu; les premiers mots avaient été étranglés, le reste allait tout seul. Le mari embarrassé coupa au plus vite, mais il était trop tard : « Général, ma femme est catholique, c'est tout dire. — Ah !... »

Le renard que la poule avait pris ne trouva pas d'autre réplique, et d'ailleurs il fallait déguerpir.

Par ce départ précipité, satisfaction était donnée à la conscience des catholiques : ils se montrèrent hommes de paix et de conciliation. Grâce au concours du clergé et de quelques hommes dévoués, la manifestation n'eut pas lieu, le calme succéda à l'agitation : la vérité et la justice avaient triomphé.

Quant au Congrès, des scènes regrettables et des discours incendiaires l'avaient discrédité déjà ; une assemblée populaire, composée d'un millier de citoyens génevois de toutes les opinions, lui porta le coup de grâce en adoptant avec acclamation la déclaration suivante :

« Considérant la confusion d'idées et le caractère peu pra-
« tique du Congrès, cette assemblée exprime le désir que,
« dans l'intérêt de la paix, de la liberté et de la Confédération
« suisse, il ne soit pris aucune détermination dans le
« Congrès. »

Il fut dissous. Ajoutons d'ailleurs que nombre de protestants honnêtes applaudirent aux protestations des catholiques, témoin ces paroles sensées du *Journal de Genève*, qui ont été remarquées : « Beaucoup, dit-il, s'étonnaient « de voir des protestants génevois ne pas s'unir à eux

« pour maudire le catholicisme. C'est que l'usage de la « liberté nous a habitués à la respecter chez tous. Pour « nous, du moins, il n'y a pas de pires despotes que ces « libéraux irréligieux qui nous arrivent ici de partout, « prêts à nous apprendre à vivre et tout disposés à nous « offrir des leçons dont, grâce à Dieu, nous n'avons que « faire. »

Mgr Mermillod et les catholiques de Genève (1)

Nous avons recueilli les pièces suivantes qui compléteront ce que nous avons dit sur le Congrès de la Paix à Genève, et sur l'expulsion du chef des chemises rouges de cette ville, asile de tous les réfugiés politiques.

(1) On lira avec plaisir l'extrait suivant de l'analyse d'un discours de Mgr Mermillod à Genève :

« La mission de M. Vuarin avait été de fonder et d'être sur la brèche l'inflexible joûteur, celle de M. Marilley d'y mettre l'empreinte de la piété et la force de la vie de foi, celle de M. Dunoyer de développer la splendeur du culte et d'élever le temple matériel ; mais à lui, héritier de ces grands et illustres souvenirs, il lui semblait que sa mission était de préparer l'unité religieuse, l'union des esprits et des cœurs dans la vérité et la charité, un seul bercail et un seul pasteur. Sa voix avait quelque chose de pénétrant quand il s'est écrié : « Désormais, à l'aposto- « lat brillant et béni des grandes cités de l'Europe, je dois faire succé- « der la vie perpétuellement immolée du pasteur qui se donne à toutes « les heures et tout à tous, dont la main doit toujours être ouverte sur « les pauvres pour les soulager, le cœur toujours accessible à toutes les « tristesses pour les consoler, l'âme toujours prête à accueillir toutes les « âmes pour les purifier et les relever ! » — Il a ajouté : « J'ai charge de « 22,000 âmes catholiques, et même ce nombre écrasant ne suffit ni à ma « foi ni à mon cœur ; j'ai sous ma houlette 30,000 protestants que j'ai « l'ambition de ramener à la paix et aux consolations de la vérité. Dieu « m'a donné dès l'enfance deux tendresses qui sont la vie de mon âme : « l'amour de l'Église et l'amour de Genève ; puissé-je l'amener au baiser « de paix par la vérité et la miséricorde ! »

ADRESSE DES CATHOLIQUES A S. G. MGR L'ÉVÊQUE D'HÉBRON.

C'est un fait public que, dans l'ovation organisée pour lui faire accueil, Garibaldi a insulté le Saint-Siége et les droits sacrés de la Papauté, qu'il a traitée de *monstre*, d'*asile de mensonges*, d'*idolâtrie et* d'*institution pestilentielle*.

Les catholiques n'ont pu rester sous le coup de cet outrage sans exprimer leur douleur.

Une députation s'est rendue auprès de Mgr l'évêque d'Hébron et lui a lu l'adresse suivante :

« MONSEIGNEUR,

« Nous nous sentons pressés de venir auprès de vous protester contre le langage outrageant qu'a fait entendre dans notre ville l'ennemi déclaré de la Papauté.

« Ce langage blesse publiquement dans leur foi la moitié des habitants du canton de Genève.

« Nous croyons que c'est fort mal appeler le règne de la paix que de venir dénoncer la guerre au Souverain-Pontife.

« Nous sommes de Genève et à Genève, mais nous appartenons aussi à la sainte Église, qui est la patrie de nos âmes. C'est pourquoi nous sommes profondément indignés qu'un étranger cherche à ressusciter de vieilles haines et à semer la discorde civile dans notre pays.

« Veuillez, Monseigneur, être notre interprète auprès de l'auguste Pie IX, le Vicaire de Jésus-Christ et le Pontife-Roi.

« Faites parvenir au chef de l'Église l'hommage de notre filiale vénération pour sa personne sacrée, et de notre inviolable attachement à tous les droits du Saint-Siége.

« Par cette démarche, nous voulons, plus que jamais, nous serrer autour de vous et du clergé.

« Nous avons la conviction de servir par là notre pays, de sauvegarder son indépendance et de travailler à sa prospérité. Nous serons ainsi des hommes d'ordre et de paix, et nous conserverons intact l'honneur de notre foi avec la liberté de notre conscience. »

(*Suivent les signatures*).

LETTRE ADRESSÉE AU CONSEIL D'ÉTAT PAR LES CATHOLIQUES DE GENÈVE.

Genève, le 10 septembre 1867.

« MESSIEURS,

« Les soussignés, citoyens suisses et génevois, viennent, en leur qualité de catholiques, protester hautement contre les faits qui se passent sur notre sol suisse et dans notre république et canton de Genève.

« Sous le prétexte du *Congrès de la Paix*, nous avons entendu des paroles qui sont une excitation à la guerre civile, une violation du respect dû à la conscience de la moitié des habitants du canton de Genève.

« Nous devons à notre honneur de faire une protestation publique, et de manifester hautement notre intention de voir toutes nos libertés et surtout nos libertés religieuses respectées.

« Notre neutralité est le gage de notre sécurité pour l'avenir, comme elle l'a été pour le passé. Confiants dans votre sollicitude pour la paix et la bonne harmonie entre les citoyens, nous espérons que, par votre influence, les étrangers n'abuseront pas de notre sol hospitalier pour injurier nos convictions.

« Veuillez, Monsieur le président et Messieurs, agréer l'assurance de notre considération très-distinguée.

« Au nom d'un grand nombre de leurs concitoyens. »

(*Suivent les signatures.*)

Voici l'analyse de la réponse de S. G. Mgr Mermillod :

« MESSIEURS,

« Votre démarche vous honore et me console. C'est un acte que Dieu bénira, que cette solennelle affirmation de vos convictions catholiques. Par cette protestation contre le langage insultant qui a retenti dans nos murs, vous défendez votre foi, votre Église et son Chef auguste et vénéré.

« C'est votre droit et votre devoir.

« Vous n'avez pas peur, et vous voulez, citoyens ou habitants du sol libre, maintenir ce qu'il y a de plus sacré : la liberté de l'âme et les droits imprescriptibles de la conscience.

« L'adresse que vous m'apportez est un premier acte qui doit avoir son complément; ni vous ni moi n'avons voulu, au milieu de ces agitations malsaines, donner le plus lointain prétexte à une excitation quelconque.

« Nous sommes, nous, les hommes de la paix, et nous la demandons à Dieu pour l'union des peuples et la prospérité de notre chère patrie.

« Mais nous n'avons pu voir sans une profonde tristesse que, sous l'emblème de la paix, un étranger vînt jeter à Genève les violences de langage les plus outrageantes et déclarer une guerre ouverte au Chef de la religion de la moitié du pays.

« Notre terre libre, notre nationalité indépendante est une oasis au milieu des luttes de l'Europe; c'est un sol hospitalier pour tous les proscrits. C'est pourquoi nous osions espérer qu'on ne compromettrait pas la paix publique et qu'on respecterait les droits de l'hospitalité.

« De plus, Messieurs, tout est mis en question : l'Évangile, Notre-Seigneur Jésus-Christ, la Providence, Dieu.. Que veulent-ils donc faire des peuples qui n'auront aucun frein religieux et moral? C'est évidemment ruiner les nations et réduire les sociétés en poussière...

« Gardez vos saintes et douces convictions comme votre meilleur trésor! Restons calmes dans la sérénité de notre foi et dans la sécurité de nos droits. Nous n'avons rien à craindre, car nous sommes les fils de cette Église qui a vu passer bien des orages; unissez dans votre âme l'amour de la religion et le dévoûment au pays. La foi et le patriotisme ne s'excluent pas; votre démarche le prouve aujourd'hui.

« D'après la parole des *Livres saints*, qui est la parole du Dieu de vérité, les impies réclament la paix... mais ils ne peuvent ni avoir la paix, ni fonder la paix!

« Elle est le don de Dieu, le fruit des passions vaincues et non de la révolution déchaînée.

« Gardez la paix dans vos âmes par la fidélité chrétienne à la foi, à la prière ; gardez-la à votre foyer domestique par l'énergie du devoir, la pureté de la vie et la joie austère du travail; gardez-la dans notre pays par l'esprit d'ordre, le dévoûment et la charité pour tous, l'attachement à l'indépendance de la Suisse, vous conjurerez ainsi les périls qui la menacent au dedans et au dehors.

« Merci donc, Messieurs ; vos généreuses sympathies, votre filial hommage parviendront à Pie IX ; vous êtes l'écho de cette grande voix du monde catholique qui l'acclame comme le Chef de l'Église, l'homme de la paix, le gardien du droit et de la justice, le Pontife-Roi. Soyez à jamais, sans peur et sans reproche, fidèles à Dieu et à la religion.

« Dans quelques jours, quand l'effervescence sera calmée, nous donnerons une direction aux consciences catholiques, et nous serons heureux de transmettre au Vicaire de Jésus-Christ l'expression de votre filial dévoûment. Cet hommage parti de Genève sera doux à son cœur et le consolera au milieu de ses luttes.

« Je vous remercie encore, Messieurs, et soyez bénis, parce que vous êtes des hommes de foi et des citoyens libres, qui avez le courage de faire votre devoir et de sauver votre honneur. »

Bref de Pie IX à Mgr Mermillod

L'auguste Pie IX, si dévot à saint François de Sales et plein d'affection pour son digne successeur à Genève, lui a adressé le bref suivant ; en voici la traduction :

A notre Vénérable Frère Gaspard, Evêque d'Hébron, auxiliaire de Genève,

PIE IX, PAPE.

« Vénérable Frère, salut et bénédiction apostolique.

« Dieu a laissé aux hommes le choix entre le bien et le mal, entre la vie et la mort ; tout en respectant la liberté qu'il leur a donnée, il sait si bien se servir des méchants et de leurs projets, qu'il emploie à soutenir et à consolider l'ordre par lui établi les desseins formés pour le détruire. C'est ce que nous avons vu arriver dernièrement à Genève dans ce congrès qui ne semblait réuni que pour conspirer la ruine de la puissance ecclésiastique et du pouvoir civil. L'audace avec laquelle il a dévoilé son but, et les dangers effroyables que ces tentatives faisaient naître, ont jeté une telle épouvante dans les âmes, que non-seulement les esprits timorés, mais que les partisans mêmes des idées nouvelles ont repoussé avec énergie ces criminels efforts, et les ont flétris par une réprobation publique. Nous les félicitons sincèrement de ce qu'ils ont montré pour cette téméraire entreprise tout le mépris qu'elle méritait ; Nous félicitons les magistrats de ce qu'ils ont avec bienveillance accueilli les justes réclamations des bons citoyens ; Nous félicitons tous les catholiques, mais principalement ceux qui, devant vous et dans des protestations signées de leurs noms, ont eu le courage de professer ouvertement leur foi, et de revendiquer pour elle l'appui de la loi ; enfin, Nous vous félicitons vous-même de la part que vous avez eue à ce triomphe de la bonne cause, qui est d'autant plus glorieux, qu'on pouvait moins s'y attendre au milieu d'un peuple partagé d'opinions, et que les impies en ont été plus humiliés. Mais Nous vous félicitons d'une manière spéciale, parce que ces événements ont prouvé combien le catholicisme a fait de progrès dans votre ville et quels heureux fruits vos travaux y ont produits. Nous en rendons à Dieu, auteur de tous les biens, les plus vives actions de grâces, et Nous lui demandons qu'après avoir montré si clairement à tous que les ennemis de l'Église et de sa sainte hiérarchie sont aussi ceux de l'ordre public, il daigne amener tous les hommes à la pleine connaissance de la vérité, et les rattacher à ce Siége en qui seul il a établi le pouvoir d'enseigner et de défendre la vérité. Comme gage de cette divine faveur et de notre affection particulière, Nous vous donnons de tout notre cœur à vous, à votre clergé, et à tout le peuple confié à vos soins, notre Bénédiction Apostolique.

« Donné à Rome, à Saint-Pierre, le 2 octobre 1867, la 22e année de notre Pontificat. PIE IX, PAPE. »

Garibaldi à Genève, esquissé par M. L. Veuillot

Il appartenait à M. Louis Veuillot d'esquisser la déconfiture de Garibaldi dans la Rome protestante. Au risque de revenir sur les mêmes idées, nous ne voulons pas priver nos lecteurs de ce passage plein de sel gaulois.

« Le chant génevois de l'épopée garibaldienne n'aura pas été long, et le héros n'en aura pas l'honneur. Achille a fait la figure de Thersite; elle lui est plus naturelle qu'on ne croit. Il était venu à Genève pour insulter la religion catholique; c'est sa fonction principale, celle où il réussit le mieux, et pour trouver de l'argent, qui est sa vraie épée de bataille; général excellent contre les troupes vendues! Tout lui promettait un succès magnifique.

« Quelle entrée de vainqueur, quel train de roi! Six bêtes à son carrosse, des milliers de hurleurs autour, toutes les dames aux fenêtres, des bouquets dans toutes les mains, des parfums dans toutes les cassolettes, la voix du canon, la voix du peuple, l'hosannah des journaux et les grands de la République mêlés au cortége émaillé de ministres du saint Évangile! On le comparait aux prophètes, à l'envoyé de Dieu, à Dieu même. Le *Journal de Genève*, célébrant « sa « noble et belle figure classique, » semblait froid; une dame anglaise, se réjouissant d'avoir rencontré « ses yeux de *vieux ange*, » paraissait trop retenue et se faisait accuser de tiédeur pour un compliment que M. Lymairac n'oserait pas adresser à madame Collet; il fallait de l'adoration, ce n'était que la stricte mesure. Mais tout cela n'a pas duré.

« Garibaldi a trouvé dans Genève, pour la première fois, des catholiques qui ne voulaient point se laisser insulter, et il a manqué son effet; il a parlé politique, et il a dissipé l'ivresse des Génevois protestants; il a laissé voir et laissé parler son peuple à lui, son peuple sans patrie, mais non sans figure, et les bonnes têtes de la République en ont pris une juste épouvante. Tout a été dit: il a fallu partir avant l'heure fixée au programme, sans canon, sans vivat, sans aucune pompe, sans tambour ni trompette, et sans argent.

« Voilà l'ensemble; les détails sont mêlés; il y en a de comiques sur un fond de tristesse et d'horreur; il y en a de glorieux et qui ouvrent des perspectives nouvelles.

« Les catholiques ont porté le premier coup, qui a été décisif; ensuite le sentiment religieux et le sentiment de la conservation se sont éveillés même chez les protestants, et c'est ainsi que Genève a été pour Garibaldi ce qu'il n'avait pas du tout prévu: un Aspromonte moral, beaucoup plus humiliant et beaucoup plus significatif que le premier.

« Il n'y a pas médiocrement prêté, et ses compères, avec

leur éloquence et leurs visages particuliers, peuvent revendiquer une part considérable de l'aventure. Ils ont eu un tort et un malheur : le tort d'être trop effrayants, le malheur de rencontrer des gens qui ne voulussent pas être assez effrayés. Ni les catholiques ne s'étaient proposé d'être si fermes, ni les protestants conservateurs d'être si sages ; mais le génie garibaldien, abusé par la patience du monde, ne soupçonnait pas qu'il y eût quelque part des hommes que l'on pût pousser à bout. Il le sait maintenant, et, selon toute apparence, on ne permettra pas qu'il l'oublie.

« Que les catholiques de Genève soient glorifiés ! Par leur conduite si noble, si courageuse et si sensée, ils viennent de rendre un service éminent à l'Eglise et à la société tout entière. Rangés autour de leur saint et éloquent évêque, dociles à ses avis, généreusement indignés, comme catholiques, des outrages brutaux prodigués à leur croyance, et, comme citoyens, du péril où l'on jetait leur patrie en la transformant en foyer de conspiration européenne, ils ont agi avec autant de sagesse que de vigueur.

« Ils ont protesté contre cette bande qui venait sauvagement à leurs foyers pour insulter Dieu, violer le droit des gens, compromettre la sécurité publique. Ils se sont montrés, ils ont payé de leur personne et affiché sur les murs, avec leurs noms, l'adhésion de leurs âmes et de leurs cœurs aux vérités religieuses et politiques dont ces envahisseurs fanatiques proclamaient impudemment la déchéance.

« C'est la première fois, depuis trois siècles, que du sein de la Rome protestante s'élève une adhésion populaire à la Papauté, et la circonstance en relève singulièrement l'éclat. Le peuple l'a faite et il l'a voulu faire à tout prix. De toutes les paroisses de Genève et des environs, les catholiques voulaient venir en masse affirmer leur croyance sur la place publique, et tout le grand crédit de l'Evêque n'a pas été de trop pour rompre ce dessein qui eût pu dégénérer en rixes sanglantes.

« Il faut dire, du reste, que le gouvernement de Genève, éclairé de son côté sur le caractère de la manifestation contraire, à laquelle il avait si imprudemment donné les mains, a fait preuve d'autant d'impartialité que l'Evêque et les principaux catholiques lui donnaient d'exemples de modération. Même parmi les protestants, tout le monde à Genève ne peut pas entendre froidement nier le christianisme, et, jusque dans le Congrès, il y a eu de belles protestations. On en peut juger par l'article du *Journal de Genève* que nous reproduisons ci-après.

« C'est ce même journal qui avait été si chaud le jour de l'arrivée, qui avait vanté la douceur, les vertus privées, la tolérance, la clémence de Garibaldi, et surtout ses exploits: « Cet homme que son roi caractérisait, dans un discours « d'ouverture des Chambres: *Un hardi capitaine dont les « exploits par terre et par mer ont dépassé tout ce que l'his- « toire et la fable même rapportent de plus héroïque.* » O Italiens!

« Et enfin, Garibaldi a reçu le conseil de partir avant l'heure fixée et *incognito*, pour éviter des choses désagréables; et le conseil lui ayant paru bon, il l'a suivi.

« Tout simplement, il a pris la fuite, et le *Journal de Genève* en informe ses lecteurs en une ligne dans les nouvelles diverses. Pas un mot, mais quel soupir de soulagement! Nous ne connaissons pas d'expression plus éloquente du bien-être d'esprit que nous formulons en français par cette locution familière: Bon débarras! »

Le Meeting de Dublin

Après avoir constaté le *fiasco* du forban Garibaldi dans le Congrès de la Paix tenu à Genève, dans la *Rome protestante*, nous sommes heureux de montrer le triomphe de Pie IX non-seulement à Dublin, mais encore à Londres, la métropole du protestantisme; nous empruntons les détails suivants à l'*Univers* :

« Nous devons revenir sur le *meeting* tenu à Dublin, le vendredi 15 novembre dans la cathédrale catholique et sous la présidence de S. Em. le cardinal Cullen. Depuis les temps d'O'Connell, l'Irlande n'avait pas vu une manifestation aussi magnifique, aussi imposante.

« C'était l'Irlande catholique qui se levait pour donner au Saint-Père une solennelle démonstration de son dévoûment, et l'Irlande catholique n'était pas seule: plusieurs protestants et des plus considérables, et parmi eux le lord-maire de Dublin lui-même, s'unissaient à cette démonstration, et prouvaient, par leur présence, par leur concours, que, pour les plus éminents esprits, la cause du Pape n'est pas seulement la cause de l'Église catholique, mais la cause de la civilisation chrétienne tout entière.

« Là toutes les classes de la société étaient représentées. « Tous, dit le *Freeman's Journal*, tenaient également à « témoigner leur répulsion pour l'infâme conspiration d'im-« piété, d'intolérance et d'anarchie formée contre le Chef « de l'Église, et à déclarer en même temps leur résolution « de le soutenir contre ses ennemis dans la glorieuse dé-« fense de la religion, de la liberté et de l'ordre. »

« Le *meeting* a été convoqué par le Cardinal-Archevêque de Dublin, qui avait été prié de le faire par une manifestation telle qu'il n'y en a pas eu de pareille en Irlande. La pétition adressée au vénérable Prélat pour cet objet portait près de 100,000 signatures, comprenant les noms de presque tous les membres de la noblesse catholique, du clergé, des membres des professions libérales, du commerce et de l'agriculture de l'archidiocèse de Dublin. Cette pétition était déjà une démonstration; en voici le texte :

« Nous, les soussignés habitants de la ville et des comtés « de Dublin, de Kildare et de Wicklow, demandons res-

« pectueusement à Votre Éminence de convoquer un mee-
« ting public pour exprimer notre sympathie pour Sa Sain-
« teté le Pape Pie IX, notre répulsion pour la criminelle
« invasion du reste de ses États, et notre résolution d'user
« de toute l'influence dont nous pouvons disposer pour le
« soutenir dans les difficultés actuelles. »

« Le *meeting* répondit parfaitement à la grandeur du sujet qui devait y être traité. Dans toutes les parties de la vaste cathédrale, dans la nef, dans les bas-côtés, dans les galeries, une oule immense se pressait. Une vaste tribune (*plat form*) avait été dressée dans le sanctuaire. Dans cette tribune et tout autour étaient rangés les dignitaires de l'Eglise et les membres les plus distingués du corps municipal, des autres corps publics, et des classes professionnelles et commerciales. Un splendide portrait de Pie IX s'élevait au-dessus de la tribune.

« Impossible de donner une idée de l'enthousiasme qui animait cette immense assemblée; tous les cœurs étaient unis dans un même sentiment, toutes les voix proclamaient les mêmes résolutions.

« Son Éminence Mgr Cullen, président de l'assemblée, prit la parole et excita pendant plus d'une heure de chaleureux applaudissements. Après avoir indiqué l'objet du meeting et rendu aux promoteurs de la réunion l'hommage de remercîments qu'ils méritaient, l'éloquent archevêque fit un rapide récit des derniers événements. De longues acclamations accueillirent l'éloge qu'il fit de l'armée pontificale; ce fut avec une horreur profonde que l'assemblée entendit le récit des sacriléges et des crimes des bandes garibaldiennes.

L'attention redoubla lorsqu'il en vint à parler de l'intervention de la France. « Pourquoi, s'écria-t-il, pourquoi les
« vaillants soldats de la France catholique sont-ils aujour-
« d'hui autour du Pape? La raison probable, c'est que les
« ministres de ce pays, quelque indifférents qu'ils puissent

« être aux intérêts du Pape, sont influencés par la volonté
« de la nation, et que la crainte de l'indignation populaire
« leur fait faire ce qu'ils n'accompliraient peut-être pas par
« le sentiment du devoir. »

Le vénérable Prélat ne se trompe pas sur le sentiment national français. Ce sentiment se manifeste assez clairement, assez vivement depuis deux mois; il s'est manifesté encore à la séance de l'ouverture du Parlement, lorsque des applaudissements ont accueilli les paroles de l'Empereur donnant les motifs de la récente intervention; et, si le sentiment public a exercé une certaine pression sur les résolution du gouvernement, nous aimons à penser que cette pression ne lui était pas désagréable.

En tout cas, les paroles de Mgr Cullen sont honorables pour la France; elles montrent quelle influence nous reprendrions en Europe, si nous nous mettions résolûment à la tête de ce grand parti conservateur, dont les intérêts se confondent avec ceux de l'Église, et, nous l'osons dire, avec ceux de la liberté aussi bien qu'avec ceux de l'ordre et du droit.

Mgr Cullen ne fut pas moins heureux lorsqu'il parla de l'inébranlable fidélité du peuple romain envers le Pape, fidélité si éclatante, que « le *Times* lui-même s'est vu obligé
« de reconnaître que Rome n'était pas mûre pour un chan-
« gement, et que les Romains ne paraissaient pas pressés
« de jouir des douceurs du gouvernement piémontais. »

Arrivant ensuite à la question du pouvoir temporel, Mgr Cullen s'exprima ainsi :

« Je réponds maintenant à ceux qui s'étonnent que nous nous inquiétions tant de défendre l'autorité temporelle du Pape, lorsque nous devrions être satisfaits de voir respecter son pouvoir spirituel.

« Si nous sommes de si ardents défenseurs du pouvoir temporel, c'est que ce pouvoir est nécessaire pour le libre, plein et indépendant exercice des droits du Saint-Siége.

(Applaudissements.) J'omets bien des raisons qui pourraient être alléguées en faveur de ce pouvoir : raison de reconnaissance pour les services rendus à la cause de la liberté, des lettres, des arts, de la civilisation ; raison de respect pour les grandes vertus et les nobles qualités d'une si longue série d'illustres Pontifes ; je me borne aux considérations religieuses, plus en rapport avec les sentiments de vos cœurs. (Ecoutez.)

« Nous croyons que le Pape est le Chef de l'Église, le Vicaire de Jésus-Christ sur la terre, le successeur de saint Pierre, et qu'il a le gouvernement suprême des affaires spirituelles, d'où dépendent le salut de notre âme et le bien de la religion. (Applaudissements.)

« Maintenant, si le Pape était privé du patrimoine de saint Pierre, s'il était réduit à la condition de sujet vis-à-vis de quelque prince temporel, s'il devenait dépendant d'autrui, tout le monde ne voit-il pas que les hautes fonctions du Siége apostolique ne pourraient être exercées avec la liberté qui leur est propre et avec l'énergie nécessaire ?

« En premier lieu, l'élection du Pape serait continuellement troublée, peut-être même essaierait-on d'imposer des antipapes à l'Église, ce qui tarirait la source de la juridiction spirituelle et exposerait les fidèles aux plus grandes privations.

« En second lieu, le Pape n'aurait pas les moyens nécessaires pour entretenir près de lui les conseillers et les aides dont il a à se servir pour paître le troupeau du Christ, et il serait continuellement contrarié dans l'élection des Evêques et des autres Prélats de l'Église.

« Si le prince sous lequel il vivait était un fauteur d'hérésie, de schisme ou de pratiques criminelles, le Pape serait exposé à d'inévitables persécutions, lorsque, pour éloigner les fidèles des pâturages empoisonnés de l'erreur, il voudrait signaler le danger au monde. (Applaudissements.)

« Si le prince dont le Pape serait le sujet était en guerre

avec d'autres, sans nul doute ceux-ci ne verraient qu'avec défiance les actes de l'autorité ecclésiastique, et peut-être refuseraient-ils de les accepter. Dans ces circonstances, l'Église ne serait-elle pas continuellement privée de l'action nécessaire du Saint-Siége? (Écoutez!) Les diocèses ne resteraient-ils pas sans Évêques, comme cela est arrivé en Irlande, de 1809 à 1814, lorsque Pie VII était captif en France? N'y aurait-il pas là un danger perpétuel d'innovations et de schisme? L'histoire jette de vives lumières sur ce sujet. (Ecoutez! écoutez!)

« Dans les premiers siècles de l'Eglise, pendant que le paganisme dominait, les Papes étaient obligés de se cacher dans les catacombes, et c'est par le martyre qu'ils terminaient ordinairement leur carrière. Plus tard, lorsqu'ils furent placés sous le sceptre des empereurs grecs, nous trouvons un Justinien qui, quoique prince catholique, traita le Pape Silvère de la façon la plus arbitraire, le tenant captif, le soumettant aux plus grandes ignominies, et rendant impossible l'exercice de ses pouvoirs spirituels. Tout le monde connaît les difficultés et les troubles dans lesquels un autre Pape, le pape Vigile, fut enveloppé par le même Justinien, et les schismes et les querelles qui, par suite, divisèrent l'Eglise.

« Plus tard encore, lorsque les empereurs d'Allemagne, et surtout ceux de la maison de Souabe, obtinrent une grande influence politique en Italie, leur principale ambition paraît avoir été d'établir leur suprématie sur le Siége apostolique, et de s'en faire un instrument favorable à leurs vues politiques.

« Telle a été, de notre temps même, la conduite de Napoléon Ier vis-à-vis de Pie VII. (Mouvement d'attention.) Comme ce saint Pontife ne voulait pas sacrifier sa conscience en s'engageant dans une guerre contre l'Angleterre qu'il considérait comme injuste, le conquérant le fit amener en France, et là, dépendant du caprice impérial, le

Pape fut soumis à mille outrages. L'humble Pontife, cependant, montra le plus invincible courage dans ce conflit, qui se termina par son retour triomphal à Rome, pendant que Napoléon allait, captif à son tour, terminer sa carrière dans une île déserte, séparée du reste du monde par les eaux de l'immense Océan.

« Ces faits montrent clairement combien il est nécessaire que le Pape soit indépendant de tout prince temporel, pour pouvoir accomplir librement et entièrement les devoirs de son autorité spirituelle. (Applaudissements.)

« Si les Pontifes, en effet, étaient les sujets d'un prince temporel, ils se verraient bientôt obligés ou de trahir leur conscience, ou de se cacher dans les catacombes, ou de prendre la route de l'exil, ou de terminer leur carrière par le martyre. Y a-t-il un catholique, y a-t-il un ami de la liberté qui puisse désirer voir le Pape réduit à une telle extrémité ?

« La nécessité d'un pouvoir temporel pour le Pape sera mise encore mieux en relief par un autre exemple.

« Vous savez qu'au IXe siècle le trop fameux Photius, patriarche de Constantinople, leva l'étendard de la révolte contre le Siége de Rome, et usurpa sur l'Orient l'autorité que les Pontifes romains possèdent légitimement et par l'institution divine sur l'univers entier. Le pouvoir de Photius et de ses successeurs, quoique illégitime, fut reconnu par les évêques de l'Orient, par les empereurs grecs et par leurs sujets. Eh bien! quelle était la condition de ces patriarches sous les souverains qui régnaient alors? Aussi longtemps que l'empire grec subsista, ils furent traités comme des vassaux et ne furent que des instruments dans la main des empereurs. Lorsque Constantinople tomba sous la domination des Turcs, les sultans se conduisirent de la même manière à leur égard, jusqu'à ce qu'enfin le pouvoir patriarcal ne fût plus qu'une ombre. Les Russes refusèrent de reconnaître les droits d'un patriarche soumis aux Turcs, et la Grèce, lorsqu'elle recouvra son indépendance, ne voulut pas consentir à se soumettre à Constantinople dans les matières spirituelles: les Grecs élurent un patriarche particulier pour eux. (Écoutez! écoutez!)

« Il est évident que si le Pape était le sujet d'un pouvoir quelconque, d'autres nations agiraient comme ont agi les Grecs. Et c'est pour cela que l'erreur et l'infidélité montrent tant d'acharnement à détruire le pouvoir temporel du Pape. Les ennemis de l'Église affirment qu'ils n'en veulent pas à l'autorité spirituelle du Pape; en réalité, il est évident qu'ils attaquent cette autorité en la prenant par le côté qu'ils regardent comme le plus vulnérable. Ils voudraient réduire le Pape à la condition de vassal vis-à-vis d'un autre prince, afin que les autres peuples et les autres princes se trouvassent amenés, par des motifs temporels, à être en opposition avec le centre du christianisme, afin de détruire l'efficacité de son action. (Écoutez!)

« Si les ennemis de la religion réussissaient dans leurs projets, voyez quels maux en résulteraient. Les décisions du Pape en matière de foi et de morale, ses décrets disciplinaires, l'élection des Évêques, tout ce qui concerne le gouvernement de l'Église, serait accepté avec défiance ou refusé comme inspiré par le prince dont le Pontife serait le sujet. Ainsi seraient détruits le respect, la vénération et l'obéissance qui sont dus au Siége apostolique, et la doctrine et l'enseignement catholiques languiraient, pendant que l'erreur et le schisme, l'incrédulité et l'immoralité lèveraient impunément la tête et se répandraient par tout le monde.

« Alors, s'il était possible, les portes de l'enfer prévaudraient contre l'Église, les prophéties et les promesses du Rédempteur seraient démenties, et les bienfaisants effets de sa mission sur la terre seraient annulés. Quel torrent de maux inonderait l'univers! N'y a-t-il pas là un motif suffisant pour exciter nos sympathies à l'égard du Pape, pour nous pousser à élever notre voix vers le ciel en sa faveur, pour nous engager à user de toute notre influence, de tous les moyens qui sont à notre disposition, afin de le défendre ! (Bruyants applaudissements.)

« Je conclus en exprimant la même espérance qu'en commençant ce discours, c'est que les catholiques et tous les amis de la cause catholique ne se montreront satisfaits qu'après la restitution faite au Pape de tous ses anciens États, qu'après que le Saint-Siége aura recouvré son légitime héritage, qui est la propriété du monde catholique et qui est nécessaire pour le maintien de ses droits et de son indépendance. »

De nouveaux applaudissements accueillirent ces dernières paroles, et le Cardinal regagna son siége au milieu d'une indescriptible émotion.

Le lord-maire de Dublin se leva ensuite. De longs et bruyants applaudissements l'empêchèrent pendant quelque temps de parler. Nous reproduisons son discours tout entier :

« Mylord Cardinal, mylords, ladies et gentlemen, dit-il, le comité qui dirige les opérations de ce *meeting* m'a fait l'honneur de me demander, comme lord-maire de Dublin, de proposer à votre acceptation la première résolution. J'ai regardé comme un devoir pour moi de me trouver ici aujourd'hui, et je n'éprouve nulle honte, comme protestant, (Bruyants applaudissements) d'exprimer, non-seulement mes propres sympathies, mais celles de la nombreuse population de cette cité, dont je suis le premier magistrat, pour les souffrances, les chagrins et les afflictions que S. S. le Pape Pie IX a endurés avec une charité et une résignation toute chrétiennes. (Applaudissements bruyants et prolongés.)

« Il y a maintenant plus de vingt ans qu'il est monté sur le trône, et j'ose dire que personne n'a oublié dans quel esprit il a pris l'initiative de ces réformes par lesquelles il s'efforçait d'être utile, non-seulement aux États pontificaux, mais à l'Italie tout entière. (Applaudissements.)

« Je me rappelle encore le frisson d'horreur qui traversa mon esprit, lorsque j'appris l'assassinat de ce grand et libéral ministre qu'il avait choisi pour servir les intérêts de ses États et de l'Italie. (Applaudissements.) L'assassinat du chevalier de Rossi n'a pas seulement été une tache pour ceux qui l'ont commis, il m'a prouvé que tous ceux qui voulaient de vraies réformes, que ceux qui voulaient vraiment servir l'Italie, ne pouvaient faire aucun compromis avec ceux qui n'étaient que des brigands et des assassins, depuis le premier jusqu'au dernier. (Bruyants applaudissements.)

« Je suis ici aujourd'hui, mylord Cardinal, parce que je pense que les sympathies des catholiques d'Irlande et de plus d'un protestant pour Sa Sainteté se lient à la cause de la loi, de l'ordre et des droits de la propriété. (Applaudissements.)

« Je crois aussi que c'est un devoir sacré pour vous de vous réunir aujourd'hui pour exprimer au Chef de notre Église les sympathies que vous exprimez. Je suis fier d'être ici aujourd'hui, en ma qualité d'Irlandais (Bruyants applaudissements), parce que cela me met à même de dire que, dans toutes les luttes des catholiques d'Irlande, mes sentiments ont été les leurs. Je partage leurs espérances pour l'avenir, et je dis que ni les hommes d'État ni les législateurs ne pourront jamais espérer de voir ce pays paisible, prospère et satisfait, tant qu'ils n'auront pas reconnu ce grand fait, qui est au fond de notre histoire et qui brille aujourd'hui à tous les yeux, savoir, que ce pays est un pays catholique et qu'il doit être gouverné comme un pays catholique. (Tonnerre d'applaudissements.)

« Le gouvernement de Sa Majesté la reine reconnaît une nation catholique au Canada ; il reconnaît les droits des catholiques d'Australie. (Écoutez, écoutez!) Eh bien! le gouvernement a été trop longtemps à reconnaître que le seul moyen de gagner le cœur de l'Irlande est de rendre à tout le peuple une égale et impartiale justice. (Écoutez! écoutez!)

« J'ajouterai que je regarde comme un devoir pour moi d'être ici aujourd'hui pour exprimer, au nom du peuple de cette cité, dont je suis fier d'être le premier magistrat, la sympathie qu'il éprouve pour Pie IX. En son nom, je propose la résolution dont je suis chargé. » (Applaudissements.)

Le lord-maire proposa ensuite la première résolution, qui est un témoignage de sympathie pour Pie IX et de répulsion pour les iniques attaques dont le pouvoir temporel vient d'être l'objet. Après lui, M. John O'Hagan, membre du Conseil privé; le très-honorable R. Morel O'Farral, membre du Conseil privé et ex-gouverneur de Malte; le très-honorable William Monsell, membre du Parlement et du Conseil privé; sir John Gray, protestant, aussi membre du Parlement; sir James Tower, membre du Parlement; M. David Sherlock, Esq., membre du Conseil privé; l'honorable Charles Langdale, et plusieurs autres personnages distingués, prirent la parole pour proposer et soutenir les résolutions suivantes. Enfin, le très-révérend Doyen de Dublin proposa une adresse au Saint-Père, qui fut votée avec acclamation et remise à Mgr Cullen pour être transmise à Pie IX. Nous donnerons le texte de l'adresse et des résolutions adoptées dans cette grande réunion de catholiques irlandais.

Cette magnifique manifestation a réjoui les catholiques, elle doit être un sujet de réflexions pour les hommes d'État. Une institution dont les périls excitent de telles sympathies, mettent en mouvement de si grandes foules, et produisent de tels dévoûments, n'est pas une institution morte. La laisser détruire, ce serait non-seulement préparer de longues années de troubles et de déchirements, ce serait rendre impossible ce raffermissement des sociétés, cette consolidation de la paix qui préoccupent à un si haut degré les gouvernements et les peuples.

Résolutions et adresse à Pie IX du meeting de Dublin

Nous donnons les résolutions adoptées par le *meeting* catholique de Dublin :

1. Nous sommes pénétrés de la plus cordiale sympathie pour le Pontife régnant, Pie IX, dans les épreuves actuelles, et nous proclamons en même temps notre profonde horreur pour les iniques et criminelles attaques dont sa souveraineté temporelle a été l'objet dans ces dernières années.

2. La souveraineté temporelle du Saint-Siége, légitime dans son origine, bienfaisante dans son action, chère à ses propres sujets, vénérable dans ses souvenirs historiques, et source féconde de science et de civilisation, a droit au respect et à la reconnaissance de tous les vrais amis de la justice et du progrès social.

3. Dans la souveraineté temporelle du Saint-Siége, nous reconnaissons une admirable disposition de la Providence, disposition nécessaire au libre exercice de la mission sacrée confiée par Dieu aux successeurs de saint Pierre.

4. Au nom de la liberté religieuse, droit inaliénable de notre foi sainte, nous protestons contre les tentatives sacriléges du gouvernement de Victor-Emmanuel, ayant pour but d'usurper les États de l'Église et de réduire le Souverain-Pontife à la condition de simple sujet du royaume italien ; et, en conséquenee, nous invitons les catholiques de tout pays et de toute nation à se rallier autour du trône du

Vicaire du Christ, à maintenir ses droits et à l'aider par tous les moyens en leur pouvoir à défendre ses États comme patrimoine de tout l'univers chrétien.

5. Au nom de la justice et de l'ordre social, nous émettons également une protestation solennelle contre les attaques calomnieuses auxquelles le gouvernemeut du Saint-Siége est chaque jour en butte de la part de la presse et de diverses associations anticatholiques du Royaume-Uni, et aussi contre l'appui ouvertement donné par elles aux révolutionnaires d'Italie.

6. Tout en félicitant les catholiques du monde entier de leur attachement loyal au Saint-Père et des gages si nobles et si nombreux de sympathie et de filiale affection qu'ils lui ont donnés, nous voyons avec douleur la conduite des gouvernements européens envers Sa Sainteté, la froide apathie avec laquelle ils l'ont laissé assaillir dans ses droits et dépouiller de la majeure partie de ses États.

7. La France catholique ayant revendiqué pour elle la noble prérogative de protéger le Saint-Siége, nous demandons à l'Empereur, qui a empêché d'autres puissances d'intervenir en Italie, de prendre enfin avec énergie et décision les mesures propres à assurer la réalisation des espérances du monde catholique et la restitution de toutes les provinces dont Sa Sainteté a été si injustement dépossédée.

8. Nous offrons ici publiquement aux officiers et aux soldats de l'armée pontificale l'expression de notre gratitude et de notre admiration pour le courage et le dévoûment dont ils ont fait preuve dans la défense du patrimoine de saint Pierre, et pour l'héroïque valeur avec laquelle ils ont mis en déroute ses impies et révolutionnaires agresseurs.

9. L'adresse suivante, qui exprime les sentiments que nous venons de manifester comme catholiques et comme Irlandais, unis au successeur de saint Pierre par tous les liens qu'imposent le devoir, l'affection et la reconnaissance, est adoptée par ce *meeting*, et S. Ém. le Cardinal-Arche-

vêque est respectueusement prié de la transmettre à Sa Sainteté.

Voici maintenant le texte de l'adresse adoptée par le *meeting :*

« TRÈS-SAINT PÈRE,

« Nous, clergé et peuple du diocèse de Dublin, et vos fils dévoués, nous nous approchons humblement de votre trône pour vous offrir l'expression de notre inaltérable attachement à votre personne sacrée, et pour rappeler nos solennelles protestations contre les attaques dont votre souveraineté temporelle a été l'objet dans ces dernières années, et qui menacent encore aujourd'hui vos inviolables droits.

« Le fidèle attachement de ce royaume dans les âges passés au Siége de saint Pierre est connu du monde entier ; c'est un précieux héritage cher à chacun de nous. Mais nous demandons la permission d'assurer à Votre Sainteté que nous ne le cédons pas à nos pères en dévoûment à cette cause sacrée, et qu'en aucun temps l'Irlande n'a été plus intimement unie à votre trône que dans le temps actuel.

« Le devoir, l'amour et la reconnaissance nous unissent à vous, comme Vicaire du Christ sur la terre, dans les liens d'une dépendance spirituelle, et nous invitent à vous vénérer comme un prince temporel dont la souveraineté, la plus ancienne et la plus bienfaisante de la chrétienté, est la garantie de votre libre action comme Chef de l'Église, et dont le gouvernement, basé sur les principes de la justice, est la source de tant de bénédictions pour la société.

« C'est pourquoi, Très-Saint Père, nous repoussons avec indignation les sentiments de ceux qui s'imaginent follement qu'ils peuvent impunément attaquer vos droits temporels, tout en professant qu'ils restent soumis à votre gouvernement spirituel. Non, il n'en est pas ainsi : votre indépendance temporelle est nécessaire à l'exercice de votre souveraineté spirituelle, et, unis aux fidèles de tout le monde chrétien, nous sommes résolus à user de tous les moyens légitimes qui sont en notre pouvoir pour vous aider et vous soutenir dans la défense de cette indépendance.

« Souvent, Très-Saint-Père, les glorieux actes de votre Pontificat ont été pour nous une source de consolation et de joie. Nous nous sommes réjouis des nombreux fruits de votre ministère apostolique, de l'établissement de nouvelles hiérarchies, et de l'adjonction de nouvelles nations au troupeau du Christ. Nous nous sommes réjouis lorsque vous êtes revenu de l'exil, triomphant de ceux qui voulaient encore une fois plonger l'Europe dans la révolution et dans la barbarie. Nous nous sommes réjouis lorsque, au nom du monde catholique, vous avez offert à la Reine du ciel un diadème d'une incomparable gloire.

« Nous nous sommes réjouis en contemplant la sagesse déployée par vous dans l'administration de vos domaines temporels, sagesse qui a excité l'admiration même de vos ennemis et qui recommande votre gouvernement à l'affection et à l'estime de vos sujets. Nous nous sommes réjouis chaque fois que de nouveaux noms ont été ajoutés par vous au catalogue des patrons et des modèles de la vie chrétienne. Nous nous sommes réjouis de la proclamation que vous avez faite des grandes vérités morales et sociales. Nous nous sommes réjouis, enfin, de la dernière grande fête commune à tous les catholiques, et dont les magnifiques échos ont à peine cessé de se faire entendre parmi nous.

« Mais, en même temps, comme des fils pieux, nous avons eu plus d'une fois, Très-Saint-Père, à partager vos afflictions et vos douleurs. Toute insulte qui vous est faite, toute attaque contre votre territoire, toute violation de vos droits, toute calomnie lancée contre votre sage et habile administration, toute trahison venant de faux amis, nous pénètre d'une nouvelle douleur et excite notre indignation contre ceux qui veulent blesser l'Église dans son Chef, et qui renouvellent dans la personne de son successeur la prison et le martyre du Prince des Apôtres.

« Toutefois, Très-Saint Père, on devait penser que ces épreuves et cette persécution seraient votre partage : les puissances des ténèbres, dans leur rage impuissante, voudraient venger leurs défaites répétées, et les tempêtes de Génésareth continueraient d'assaillir la barque mystique de saint Pierre. Mais nous avons appris de l'infaillible Vérité que ces tempêtes rugissent toujours en vain autour de l'Église du Christ, et que le déluge des passions humaines pourra tout submerger, mais que l'Arche divine voguera toujours triomphante au-dessus des eaux. Lorsque le temps sera venu, Celui à qui les vents et les flots obéissent apaisera la tempête, et le calme reparaîtra, et le soleil brillera de nouveau sur l'Église.

« Il n'y a que quelques jours, les nuages menaçants qui s'amassaient au-dessus de la sainte Cité et le bruit des armes qui retentissait dans les sanctuaires de Rome inquiétaient tous les cœurs et faisaient craindre pour votre liberté ; mais vos fidèles troupes, animées de l'esprit des anciens Machabées, ont arrêté le torrent révolutionnaire et humilié l'orgueil et la jactance des ennemis de la Croix. Gloire à ces champions du Christ !

« Leur héroïsme et leur dévoûment feront briller leurs noms même jusqu'après la fin des temps. Et ils nous seront particulièrement toujours chers, ces martyrs du zèle et de la foi, qui ont sacrifié leur vie pour cette noble cause ; leur mémoire vivra dans nos cœurs ; leurs noms, inscrits d'une manière impérissable dans les fastes de l'Église, rappelleront les modèles de l'héroïsme chrétien et les fidèles défenseurs de notre sainte foi.

« En terminant, Très-Saint Père, nous protestons encore

une fois contre l'usurpation sacrilège qui vous a dépouillé d'une partie des États de l'Église, et qui met ainsi en péril le libre exercice de votre pouvoir spirituel, et nous invitons les catholiques de toute l'Irlande et de tout le monde chrétien à s'unir à nous dans cette solennelle protestation.

« Et maintenant nous prions, afin que le grain semé dans la douleur produise une riche moisson de consolation pour Votre Sainteté ; et afin que vos souffrances pour la cause de la justice soient les avant-coureurs de nombreuses années de triomphe, nous implorons, prosternés devant votre trône, votre apostolique bénédiction. »

Meeting de Londres

Voici des détails bien intéressants adressés de Londres, le 5 décembre, à l'*Univers* sur le meeting qui a eu lieu à Saint-James-Hall, sous la présidence de Mgr Manning, afin d'exprimer les sympathies des catholiques anglais pour le Souverain-Pontife. Le meeting était annoncé pour sept heures et demie, et, malgré les habitudes anglaises, avant l'ouverture de la séance on avait grande peine à se frayer un passage, tant la vaste salle était envahie, bien qu'on eût fait payer plus de la moitié des places.

Les gradins qui entourent l'orgue, et où se placent les musiciens les jours de concert, disparaissaient sous l'affluence des ecclésiastiques et des membres de l'aristocratie et de la *gentry* anglaise.

Bientôt on vit paraître sur l'estrade un beau vieillard, dont l'entrée fut accueillie par des applaudissements unanimes, c'était M. Woodward, dont les deux fils servent dans les zouaves pontificaux. Plusieurs membres bien connus de l'aristocratie reçurent également un chaleureux accueil.

Enfin, à huit heures, Mgr Manning vint occuper le fauteuil qui lui était destiné. Il est impossible de décrire l'aspect de la salle, dont on pouvait craindre de voir les murs s'écrouler. Pendant plus de cinq minutes, les applaudissements, les hourrahs anglais se sont fait entendre sans interruption. Les hommes agitent leurs chapeaux et les femmes leurs mouchoirs. Enfin le silence se rétablit, et l'éminent prélat put prendre la parole.

Le plus imposant meeting qui se soit tenu depuis longtemps à Londres, a eu lieu hier dans Saint-James-Hall. Cette vaste salle était remplie tout entière, en haut comme en bas, d'une multitude de catholiques qui venaient offrir leur sympathie au Saint-Père. Dans les places réservées on remarquait un grand nombre de dames.

Nous allons esquisser à grands traits le discours de Mgr Manning, qui présidait la réunion, assisté de son collègue Mgr l'évêque de Southwark, et vous faire connaître ensuite les cinq résolutions qui ont été votées avec acclamations, ainsi que quelques-uns des arguments les plus remarquables sur lesquels elles ont été appuyées. Mais ce que je devrai renoncer à décrire, c'est l'enthousiasme qui a régné dans cette assemblée; les tonnerres d'applaudissements qui ont salué le nom du Saint-Père et de ses défenseurs; les grognements, les sifflets qui accueillaient le nom de ses ennemis (1).

Mgr Manning, après avoir dit que le grand meeting de Dublin a piqué d'honneur les catholiques anglais, déclare

(1) Je doute que ce discours soit imprimé, car, à part quelques notes consultées de temps en temps, Mgr Manning l'a improvisé. Je vais donc vous en donner un résumé aussi fidèle qu'il me sera possible de le faire. Car reproduire un discours prononcé dans un meeting anglais est tâche fort difficile, même pour un sténographe, par suite des interruptions sans fin de l'auditoire qui accueille par des grognements et des sifflets toute allusion à des noms qui ne lui conviennent pas, comme quand Mgr Manning prononçait le nom de Garibaldi. Les assistants font retentir la salle de leurs bravos quand il s'agit de personnes qui leur sont chères, et se contentent de proférer *hear, hear* (écoutez, écoutez), aux passages intéressants.

que Mgr Grant, évêque de Southwark, et lui, ayant reçu une pétition signée par 11,000 hommes, priant les deux prélats de convoquer une réunion dans James-Hall, ont accédé à ce désir. « Il me semble, poursuit l'éloquent archevêque, que le temps est venu, pour un personnage qui, jusqu'à présent, a gardé le silence, de prendre la parole. Nous avons beaucoup entendu parler du royaume d'Italie, de l'unité italienne, des aspirations nationales, de la non-intervention, du gouvernement du comte de Cavour, du baron Ricasoli et du signor Rattazzi; mais il y a quelqu'un qui, jusqu'à présent, n'a pas encore été invité à parler. Ce personnage a été nommé pour la première fois, depuis bien des années, dans une récente dépêche du ministre des affaires étrangères de France : c'est le monde catholique! (Applaudissements frénétiques.)

« Nous sommes peu nombreux en Angleterre, c'est possible; mais nous avons pour base d'opérations une nation catholique à nos côtés. Si je ne me trompe, c'est le roi de Prusse qui disait l'autre jour, avec ce grave bon sens qui caractérise la race allemande « qu'il espérait que la question romaine recevrait une solution conforme aux désirs « légitimes d'un si grand nombre de sujets catholiques, et de « nature à assurer la dignité et l'indépendance du Chef de « leur religion. » (Applaudissements.) Nous ne pouvons pas oublier que nous représentons environ six millions d'habitants de la Grande-Bretagne, et que les désirs légitimes de six millions de sujets de la reine Victoria doivent être écoutés (applaudissements) avec ceux de la catholique Irlande, lorsqu'ils revendiquent la dignité et l'indépendance du Chef de leur religion.

« Je ne suis pas un homme politique, et je ne me suis jamais mêlé aux luttes des partis. Je regarde comme mon devoir, ayant un troupeau divisé dans ses opinions politiques, de rester complétement neutre. Mais s'il survenait une question de principe, je n'hésiterais pas à m'engager dans les luttes qu'elle pourrait entraîner. (Applaudissements.) Or, je le déclare, une question de principe, à mes yeux, est tout ce qui touche au libre exercice de la religion catholique, tout ce qui touche à la dignité et à l'indépendance du Saint-Père. (Applaudissements.) Notre but, ce soir, est d'exposer la sympathie que nous ressentons pour lui, avec espoir que notre exemple sera suivi en France, en Russie, en Bavière, dans les autres États catholiques ou à moitié catholiques de l'Europe, dans nos colonies et aux États-Unis (tonnerre d'applaudissements), et que la voix du monde finira par être entendue...

« Je vais exposer, aussi rapidement que possible, les objets que nous nous sommes proposés en nous réunissant ce soir. C'est d'abord de nier que Rome soit la capitale de l'Italie (applaudissements), et d'affirmer qu'elle est la capitale de la chrétienté; c'est de nier que la nation italienne ait le droit d'absorber le patrimoine de l'Église; et, par conséquent, d'affirmer que le patrimoine de l'Église est sacré et qu'il doit être garanti par l'Europe chrétienne. Ensuite, c'est de repousser l'idée que si le Pape est protégé par une nation chrétienne, il soit nécessairement le vassal de cette nation. (Applaudissements.) C'est le devoir de toute nation chrétienne de défendre, par les armes même, s'il le faut, le Chef du monde chrétien. (Applaudissements.) De plus, j'estime que notre objet est de déclarer que tout catholique, sur la terre, a droit à Rome. (Applaudissements.) Le Pape a droit à Rome comme chef du monde spirituel, et aussi, dans la condition temporelle, comme chef de l'État qu'il possède. Je dis que tels sont les droits du Souverain-Pontife Pie IX. (Applaudissements.)

« J'ai cent fois entendu de sa bouche qu'il n'attache aucun prix au titre de souverain, à la possession d'un territoire, aux revenus princiers, hormis en ce qu'ils sont la condition essentielle de son indépendance, de l'exercice libre et efficace de son ministère spirituel, du règne de la vérité et de la justice sur la terre. (Applaudissements.) Quoiqu'il regarde tout le pouvoir temporel comme Pierre regardait ses barques et ses filets, néanmoins, dans sa lettre encyclique de 1860, le Souverain proclame, à la face du monde, que son devoir était de mourir plutôt que de trahir le dépôt qui lui avait été confié. (Ici se passe une scène qui défie toute description ; l'assemblée entière se lève d'un bond en poussant des vivat assourdissants; les hommes agitaient leurs chapeaux, les dames leurs mouchoirs, etc.)

« Nous sommes ici encore, poursuivit le prélat, pour déclarer que si tous les catholiques ont des droits sur Rome, ils ont aussi le droit de défendre ces droits. Il ne s'agit pas ici d'un droit purement abstrait, mais d'un droit essentiellement pratique. C'est le devoir de toutes les nations, de tous les gouvernements chrétiens, de protéger Rome contre des révolutionnaires blasphémateurs et sacriléges, contre les aspirations nationales. Devant ces révolutionnaires se dressent deux barrières élevées, non par la main de l'homme, mais par la main de Dieu; la première est celle-ci : « Tu ne « convoiteras pas la maison de ton voisin; » voici la seconde : « Maudit soit celui qui ôte la borne du champ de son voi- « sin ! » (Applaudissements.)

L'éloquent prélat fait ensuite justice des sophismes qui représentent le gouvernement du Pape comme tyrannique et odieux à ses sujets, par l'attitude des populations romaines pendant l'invasion et par les aveux arrachés aux ennemis du Saint-Siége; il cite, à cet effet, un passage du journal italianissime *la Riforma*. Puis il conclut en ces termes : « J'ai lu avec une extrême surprise, ces jours derniers, dans une feuille anglaise rédigée avec beaucoup de talent, que « le « respect dont on faisait preuve envers Pie IX était pure- « ment personnel; que le pouvoir temporel était condamné « sans rémission; que les neuf dixièmes des cardinaux « étaient Italiens, et qu'au prochain conclave, pour sauver « leurs chapeaux, ils jetteraient la tiare par-dessus les mou-

« lins. » (Sifflets et rires.) C'est là un échantillon des choses qu'on débite sur ce sujet.

« Je repousse hautement la pensée qu'un conclave de cardinaux agisse jamais de cette façon. Jamais un successeur des apôtres, jamais un Vicaire de Jésus-Christ ne pourra abdiquer. (Applaudissements.) Nous demandons que l'État qu'on appelle l'État de l'Église ait sa neutralité garantie par les puissances de l'Europe chrétienne (vifs applaudissements), ait sa neutralité placée sous la sauvegarde de la chrétienté. Tant que la paix de l'Église n'aura pas été assurée par les nations chrétiennes, nulle nation chrétienne ne jouira elle-même de la paix. Tant que la question romaine n'aura pas reçu une solution, il y aura des luttes perpétuelles jusqu'à ce qu'elle soit réglée. Si nous voulons essayer nos forces contre la puissance de Dieu, nous échouerons. Aucun roi, aucun empereur n'est encore entré en lutte avec les pontifes romains sans avoir été abaissé. (Applaudissements.)

« Il n'y a pas dans l'histoire, — et je défie qu'on me contredise, — il n'y a pas de rois ou de conquérants, depuis un millier d'années, qui ait jamais réussi à détrôner pour longtemps le Vicaire de Jésus-Christ. (Applaudissements.) Il n'y a point de conquérant ou d'usurpateur qui ait porté la main un instant sur le Vicaire de Jésus-Christ, qui n'ait été humilié. Dans ce fait irréfragable, je vois les paroles de notre divin Maître : « Quiconque tombera sur cette pierre sera « brisé; mais sur quiconque elle tombera, elle le réduira « en poussière. » (Applaudissements bruyants et prolongés.)

Après ce beau discours de Mgr l'archevêque de Westminster, les cinq résolutions suivantes furent proposées, soutenues et votées avec acclamation :

Ire Résolution. — « Nous sympathisons du fond du cœur avec le Souverain-Pontife Pie IX, au milieu de ses épreuves actuelles, et nous proclamons ici l'horreur que nous inspirent les attaques iniques et perverses tentées contre sa souveraineté temporelle; laquelle, légitime dans son origine et bienfaisante dans son action, a droit au respect de tous les chrétiens et est indispensable au libre exercice de la mission sacrée confiée par Dieu aux successeurs de Pierre. »

Cette résolution a été proposée par Mgr Grant, le saint évêque de Southwark, qui, président du collége anglais à Rome, sous le règne de la « République Romaine, » demeura courageusement à son poste et put édifier son auditoire sur les faits et gestes de MM. Mazzini, Garibaldi et Cie. Elle fut soutenue par le colonel Vaughan, gentilhomme accompli et éloquent soldat.

Dans un long discours, le colonel Vaughan fit ressortir l'inconséquence de la conduite des Anglais vis-à-vis de Garibaldi et du fénianisme. Il dit ensuite que, pendant son séjour à Rome, deux choses l'avaient surtout frappé, la sérénité inaltérable du Pape et la piété des zouaves pontificaux.

Puis ce brave soldat fit un éloge de ce corps d'élite qui doit le venger et au delà des calomnies de MM. Guéroult et consorts. L'assemblée le couvrit d'applaudissements qui s'adressaient aux zouaves autant qu'à lui.

Cette résolution fut votée à l'unanimité.

La seconde résolution, proposée par lord Denbigh, est ainsi conçue :

IIe Résolution. — « Au nom de la catholicité, nous protestons contre les tentatives sacriléges faites par le gouvernement de Victor-Emmanuel pour s'emparer des États de l'Église et pour réduire le Souverain-Pontife à la condition de sujet du roi d'Italie. Nous invitons tous les chrétiens, à quelque nation qu'ils appartiennent, à se rallier autour du trône du Vicaire de Jésus-Christ, pour affirmer ses droits et pour l'aider, par tous les moyens en leur pouvoir, à défendre ses États, qui sont le commun héritage de l'Église catholique tout entière. »

Cette résolution fut présentée par le comte de Denbigh, qui l'appuya par un vigoureux discours. Comme homme d'État, comme Anglais, comme membre du Parlement, il avait rougi du mensonge qu'on avait mis dans la bouche de la reine, lorsqu'on lui fait parler dans le discours du trône « des États de l'Église envahis, *sans la permission du roi d'Italie*, par des bandes de volontaires. » Sans la permission du roi d'Italie! Un ami de l'orateur, un Anglais, qui se trouvait par hasard à Florence dans une maison faisant face à un bureau de recrutement garibaldien, compta un jour jusqu'à trois cents soldats de l'armée piémontaise qui, entrés en uniforme, sortaient vêtus de la fameuse tunique rouge. Des « volontaires » !

Le comte de Denbigh aussi est volontaire, il s'honore de ce titre, mais il ne voudra plus le porter si on le donne à des bandits. Il a frémi de honte en entendant lord Russell dans la Chambre haute traiter de mercenaires les soldats du Pape, et faire justice par un splendide éloge de cette niaiserie. Comme le colonel Vaughan, il fit allusion à l'inconséquence des Anglais, qui encouragent la rébellion au midi, et la punissent de mort au nord. Le sage Terry, qui appuya la motion de lord Denbigh, exprima son regret de voir les mots changer de sens, et dit qu'un jour on verrait les fénians prendre le titre de « volontaires de Sa Majesté! »

Puis il défendit l'intervention française, et invoqua un précédent tiré de l'histoire d'Angleterre. En 1806, le Portugal, menacé par l'Espagne, invoqua, en vertu des traités, la protection de l'Angleterre, et celle-ci, sur l'initiative de M. Canning, intervint. La seconde résolution a été appuyée par M. Terry, revenu depuis peu de la Nouvelle-Galles du Sud, où il exerçait les fonctions de juge suprême. M. Terry mit dans la bouche du gouvernement français les fières paroles que le ministre britannique prononçà en cette circonstance. Puisse-t-il ne pas les récuser!

IIIe Résolution. — « En félicitant tous les catholiques de leur loyal attachement à la personne du Saint-Père, et des preuves de sympathie et d'affection filiale qu'ils lui ont données, nous protestons solennellement contre les attaques calomnieuses et injustes auxquelles le Saint-Père est tous les jours en butte. »

Cette résolution fut proposée par lord Arundell de Wardour, qui manifesta le désir que ce meeting exerçât une pression salutaire sur le gouvernement anglais, dans le cas où celui-ci consentirait à prendre part à la Conférence.

Lord Arundell fut éloquemment appuyé par M. F. Wegg Prosser.

IVe Résolution. — « Nous transmettonsi ci aux officiers et aux soldats de l'armée pontificale, ainsi qu'à leurs braves alliés, notre reconnaissance et notre admiration pour le courage et le dévoûment dont ils ont fait preuve en défendant le patrimoine de saint Pierre, et pour l'héroïsme avec lequel ils ont taillé en pièces les impies révolutionnaires qui l'assaillaient. »

Cette résolution, proposée par sir C. Clifford, fut appuyée par le vénérable M. Woodward, père de zouaves pontificaux, qui reçut une ovation que je renonce à décrire. L'heureux père avait justement reçu le matin même la nouvelle que l'un d'eux avait été nommé caporal, pour sa belle conduite au combat de Mentana.

Ve Résolution. — Sir George Bowyer, secondé par le même M. Woodward, a proposé la cinquième résolution, dont voici le texte :

« Sa Grâce Mgr l'Archevêque de Westminster est respectueusement priée d'envoyer à Sa Sainteté une adresse exprimant tous les sentiments que nous éprouvons, liés comme nous le sommes envers le successeur de saint Pierre, comme catholiques et comme Anglais, par tous les liens qu'imposent le devoir et la reconnaissance. »

Enfin, une sixième résolution, exprimant les remercîments de l'assemblée à l'éminent Archevêque qui la présidait, a obtenu, comme les précédentes, une approbation unanime.

Le meeting est appelé, j'en suis convaincu, à avoir une

grande influence en Angleterre. C'est la première fois que la religion catholique s'affirme d'une manière aussi haute dans la ville de Londres. Mgr Manning s'est acquitté bien dignement de sa tâche, et, malgré l'affluence considérable de gens qui, n'ayant pu trouver de place dans l'intérieur, obstruaient tous les abords de la salle, il n'y a eu aucun désordre à déplorer.

Meeting allemand en faveur du Pape (1)

L'éclosion des dangers qui ont menacé le trône du Saint-Père a été l'origine d'un mouvement surprenant pour notre âge et que la démagogie était aussi à mille lieues de pressentir. Dans les deux hémisphères, partout où la démonstration a été possible, les catholiques, et non-seulement les catholiques mais les hommes de bien sans distinction de croyance, se sont émus du défi qu'on leur portait, ont relevé le gant et, les uns de leur personne, les autres de leur argent, se sont placés sur la brèche, et avec un ensemble, une résolution, un entrain qui ne laissent plus de place à l'équivoque, ont fait voir qu'ils étaient décidés à la défendre,

(1) M. de Lamartine disait, en 1843, à une députation allemande : « La France court, l'Allemagne marche. » L'Allemagne catholique a été un peu lente à se mettre en mouvement pour la Papauté ; mais il me semble que le branle est commencé et qu'elle veuille marcher fermement.

L'Allemagne prend une part très-active au mouvement qui se produit, dans toute la catholicité, en faveur de la Papauté menacée et persécutée par la Révolution.

Des réunions catholiques très-nombreuses ont eu lieu à Bonn et à Limbourg. A la suite de cette dernière réunion, plusieurs jeunes gens se sont engagés dans l'armée pontificale. Le diocèse de Fulda prépare aussi une adresse au roi de Prusse en faveur du pouvoir temporel. A Kohlscheid (Prusse rhénane), la musique des mineurs, tous gens assez pauvres, a donné un concert dont le produit a été versé pour l'armée pontificale.

L'œuvre des zouaves se propage aussi en Allemagne. Le clergé de l'arqu'ils s'opposeraient de toutes leurs forces à ce qu'une indifférence coupable ou une complicité ouverte ou déguisée permissent à l'ennemi de l'élargir. Il en est résulté qu'à l'intérêt qu'ils avaient de pourvoir par l'adoption de mesures décisives et prévoyantes à la préservation de leurs couronnes, il est pour les rois venu s'ajouter le devoir qu'ils ont de tenir compte de la volonté et des tendances de leurs sujets, de ne pas faillir au mandat qu'ils ont accepté lors de leur avénement, et que leur rappelle la contenance résolue de la grande majorité de leurs peuples.

Deux réunions populaires ont eu lieu à Trèves et à Coblenz, dans le but de manifester l'attachement des catholiques allemands au Saint-Père.

La réunion de Coblenz comptait environ 1,500 personnes et était présidée par M. Adams, avoué. Après avoir entendu plusieurs discours sur la nécessité du pouvoir temporel et sur la mission civilisatrice de la Papauté, l'assemblée a voté à l'unanimité les résolutions.

Nous lisons dans le *Monde :*

« Jeudi dernier, 21 novembre, plus de deux mille catholiques venus de tous les points de l'Allemagne se sont réunis à Mayence pour manifester leurs vœux et leur dé-

chiprêtré de Saarburg (diocèse de Trèves) a réuni la somme nécessaire à l'entretien d'un zouave. A Münster, quatre cents étudiants se sont réunis en association dans le même but, et pour envoyer des volontaires à Rome.

On se propose de faire appel à tous les étudiants catholiques de l'Allemagne pour s'associer aux mêmes buts. Dans la réunion constitutive qui a eu lieu à Münster, on a rappelé que l'Allemagne était encore insuffisamment représentée dans l'armée pontificale, d'après des détails fournis par le baron de Manteuffel, qui sert dans le corps des carabiniers suisses et allemands.

A Breslau, la souscription pour l'armée pontificale s'élève à près de 100,000 fr. Celle du *Wolksfreund*, de Vienne, approche du même chiffre. Ce sont les deux souscriptions les plus importantes qui soient organisées en Allemagne. Le *Journal de Mayence* a recueilli environ 15,000 francs jusqu'à ce jour. En Bavière, la souscription ne fait que commencer, parce que le gouvernement ne l'avait pas autorisée plus tôt.

voûment à l'illustre Chef de l'Église. La réunion fut ouverte par M. Falk, président du comité local. Mgr de Ketteler prononça un discours chaleureux, après lequel parlèrent encore plusieurs autres orateurs, notamment M. Lingens, d'Aix-la-Chappelle; M. Baudri, de Cologne; M. Lindau, de Heidelberg; M. de Ketteler, de Salzkotten (Westphalie); M. Freytag, de Munich, et Mgr Moufang, de Mayence.

« Le bureau, présidé par M. de Lingens, rédigea la proclamation suivante, adressée à tous les catholiques allemands, et qui fut adoptée avec unanimité et enthousiasme par toute l'assemblée, qui se sépara aux cris répétés de *Vive Pie IX!*

« I. La Providence divine a fait du successeur de saint Pierre le souverain de l'État pontifical, pour que, placé au-dessus de tout intérêt national et de tout autre pouvoir politique, il soit en état de diriger en pleine liberté les intérêts spirituels de tous les peuples chrétiens.

« Ces droits de souveraineté que Dieu lui a accordés, qu'une histoire de plus de dix siècles a consacrés, ne peuvent être abandonnés ou cédés de quelque manière que ce soit par la catholicité; ils ne peuvent être abrogés par des stipulations diplomatiques ou par des plébiscites révolutionnaires.

« La demande aussi arbitraire que chimérique de faire de Rome la capitale de l'Italie une ne peut être prise en considération et comparée aux droits et aux intérêts de toute la catholicité.

« II. La prétention qu'en sa qualité de prêtre le Pape ne serait pas en état de veiller aux intérêts temporels de ses sujets, est réfutée par l'histoire de dix siècles.

« Le maintien et le rétablissement plein et entier de l'autorité politique du Pape dans toute l'étendue de ses anciennes possessions est le seul moyen de préserver l'Italie de la corruption dont les sociétés secrètes et la politique de

Victor-Emmanuel la menacent. Aujourd'hui comme par le passé, le plus grand honneur, la vraie grandeur et le plus grand bonheur de l'Italie est de posséder le Pape au milieu d'elle.

« III. C'est un devoir sacré pour les princes et pour tout pouvoir souverain de protéger l'indépendance du Chef spirituel de leurs sujets catholiques, et tous les catholiques de toutes les nations sont en droit d'exiger l'accomplissement de ce devoir.

« Tout gouvernement qui participe en quelque manière à la violation des droits du Saint-Siége devient le complice de la Révolution.

« Ce n'est qu'au mépris complet du droit public que le gouvernement de Victor-Emmanuel peut continuer impunément de faciliter ou même d'organiser les entreprises criminelles dirigées contre la sécurité de l'État romain.

« IV. La charité inépuisable et redoublée de tous les catholiques doit subvenir aux frais du gouvernement pontifical aussi longtemps que la force et l'astuce privent l'Église romaine de ses possessions légitimes, qu'elle a acquises pendant les siècles passés et pour le plus grand bien de la chrétienté. Il faut établir une organisation universelle à cet effet. L'établissement de la Société de Saint-Michel, qui existe déjà dans bien des diocèses, est spécialement recommandé.

« V. En présence des dangers actuels, le maintien de l'armée dont le Saint-Père a besoin pour sa protection et celle de ses sujets est un devoir commun au monde catholique.

« C'est une question d'honneur pour toute nation d'être représentée dans cette armée; les Allemands capables de porter les armes ne peuvent consacrer leur vie à une cause plus noble et plus auguste.

« En publiant, au nom de l'assemblée, les résolutions

présentes, les sousignés sont persuadés qu'elles trouveront un écho énergique dans toute l'Allemagne catholique.

« Mayence, le 21 novembre 1867.

« *Le bureau :* comte Ludwig Arco-Zinneberg (Munich); F. Baudri, représentant municipal (Cologne); Dr Becker, chanoine (Spire); Feytag, avoué (Munich); baron Fritz de Ketteler; baron Wilderich de Ketteler (Westphalie); J. Lingens, avoué (Aix-la-Chapelle); Lindau, négociant (Heidelberg), député de la seconde Chambre badoise; Dr Molitor, chanoine (Spire); baron A. de Nagel-Islingen (Thüle); baron Franz de Wambolt-Umstadt; Th. Wolff, négociant (Cologne).

« *Le comité local :* Falk, Dr Moufang, Schmitt, Sœngen, Dr Haffner, Wagner, Schütz, Gerharts. »

Le 18 novembre, une adresse couverte de 2,290 signatures recueillies en quelques jours, à Cologne, a été expédiée à Berlin pour être remise au roi de Prusse touchant les droits des catholiques à avoir leur Chef spirituel indépendant de tout prince.

Aux Congrès dont nous avons déjà parlé, il faut ajouter Wiesbade et Bamberg dans le Nassau ; Duren, et enfin Cologne qui prépare une réunion pour la mi-janvier. La bureaucratie bavaroise ne pouvant résister au courant populaire, a dû, après cinq semaines de réflexion, permettre les quêtes et les souscriptions pour le Saint-Père. En Silésie, on avait déjà souscrit pour 28,000 thalers le 12 décembre.

L'adresse envoyée de Bonn au roi de Prusse portait 2,450 signatures et disait : « Quiconque protége le Saint-Père protége le droit. Où est le droit, là aussi doit se trouver l'Allemagne qui ne doit pas rester en arrière de la France. »

Mgr Martin disait au Congrès de Paderborn : « Rome est « le seul point qui empêche le triomphe complet des puis- « sances infernales. C'est la dernière instance où toutes les « questions seront résolues. Aussi longtemps que la Révo-

« lution ne s'est pas emparée de Rome avec le Pontife-Roi, « elle n'est pas maîtresse du monde. Si, par impossible, « Rome venait à succomber, alors tomberait avec elle la « dernière forteresse du droit divin sur la terre, le dernier « boulevard de notre liberté et de notre indépendance « ecclésiastiques, de la liberté religieuse et de conscience, « oui, de toutes les libertés véritables, et la barbarie serait « aux portes. Dans la cause romaine, c'est la civilisation, « l'humanité, les trônes des rois et des princes que nous « défendons (1). »

« On sait que le roi de Prusse a fait complimenter le Pape par son ministre, M. d'Arnim, à propos de l'issue heureuse de la crise que vient de traverser le Saint-Siége. Il vient d'adresser à Sa Sainteté une magnifique lettre autographe, dans laquelle il lui déclare sans détours qu'il ne se prêtera

(1) Une association d'étudiants, au nombre de 400, s'est formée à Münster, dans le but de défendre les droits et les intérêts de la Papauté.

Les étudiants du collége philosophico-théologique de Paderborn se sont joints à la démonstration faite par ceux de l'Académie de Münster. L'un des derniers numéros du *Moniteur* avait raison de prendre ce mouvement en considération sérieuse : il vaut à lui seul un allié important à la politique inaugurée par la France à Mentana et proclamée le 5 décembre au Corps législatif. Les sympathies d'outre-Rhin seraient plus vives encore, si au lieu du *statu quo* cette politique prenait pour point de départ le traité de Zurich. On espère en Allemagne que l'aveuglement des Italiens sera lui-même le meilleur auxiliaire pour nous y replacer.

Toutes ces manifestations des Évêques et des fidèles pèseront de tout le poids de l'opinion publique dans la balance des hommes d'État, même de ceux qui ne font aucun cas de la liberté des consciences. Déjà la supposition d'une alliance de la Prusse avec l'Italie dans la question romaine appartient au monde des utopies. La Prusse ne pourra pas pousser ses plus belles et ses plus riches provinces dans les bras de la France qui a gagné en ascendant, même politique, depuis le 5 décembre.

Ces manifestations font comprendre aux gouvernements que vingt-quatre millions d'Allemands catholiques réprouvent énergiquement toute politique dirigée contre le pouvoir temporel du Pape, et ils forment par leur union une puissance qui peut imposer le respect à tout gouvernement prudent et juste. — L'Adresse d'Arnsberg porte 20,000 signatures.

jamais à aucun arrangement international consacrant la destruction ou même l'amoindrissement du pouvoir temporel du Saint-Siége, et ce, parce que la conservation de ce pouvoir lui semble indispensable pour le libre exercice de la souveraineté spirituelle du Chef de l'Eglise et pour la liberté religieuse des catholiques prussiens. »

(*Union* du 29 décembre 1867.)

Triomphe de Pie IX au Corps législatif français

Les victoires remportées en France au Corps législatif ne sont pas moins merveilleuses. Personne n'ignore avec quel zèle on a éloigné du Corps législatif tous les députés qui, par leurs votes ou par leurs discours, avaient, dans la question romaine, soutenu énergiquement le pouvoir temporel du Pape.

On sait aussi combien de brochuriers se sont mis à l'œuvre afin d'égarer et de tromper l'opinion publique sur ce point important qui intéresse si vivement les consciences catholiques.

Enfin, on avait à redouter les influences d'un très-haut personnage allié avec la maison de Savoie.

Eh bien! malgré tous ces obstacles, malgré les cris sauvages de la presse garibaldienne qui menacent leur gouvernement d'une nouvelle Vendée; malgré les protestations hypocrites de la presse officieuse, et les craintes d'une alliance de l'Italie avec la Prusse, nous avons vu les députés voter, douze contre un, avec un entrain sans exemple depuis le rétablissement de l'Empire (1).

(1) Avant même le discours de M. Thiers, il y a eu une démonstration qui mérite d'être signalée : c'est celle qu'a faite la majorité législative en interrompant deux fois M. Jules Favre de la façon la plus significative en faveur du pouvoir temporel. Après avoir dit qu'il n'y avait que deux politiques à suivre, ou celle de l'unité italienne, franchement et complé-

Et ce qu'il y a de plus merveilleux, c'est que ce vote, si favorable au pouvoir temporel du Pape, a été obtenu, non pas par un catholique comme M. de Montalembert ou M. de Falloux, mais par un orateur dont les ouvrages historiques sont empreints de l'esprit révolutionnaire et anticatholique, et qui a envisagé cette grande question en libre penseur dans un discours où l'erreur et l'éloge de Voltaire se trouvaient mêlés à des vérités de premier ordre que son bon sens naturel ou son expérience des affaires lui avaient inspirées (1).

Voici quelques citations de ce discours de M. Thiers, qui a déconcerté les démocrates, ennemis jurés de la liberté de l'Église, c'est-à-dire de la liberté de conscience, la plus inviolable et la plus sacrée des libertés.

« M. Thiers :

« Je dis qu'il faut prendre les cultes tels qu'ils sont, sans plus toucher à leur organisation qu'à leur foi. De ce principe, je déduis l'acte que je demande au gouvernement de maintenir.

« Passons à l'application de ces principes. Les catholiques disent : Pour le repos de nos consciences, nous voulons l'unité de notre foi. Il faut que cette foi soit maintenue par l'Église assemblée en concile ou par un chef décidant en l'ab-

tement adoptée, ou celle du maintien de la Papauté temporelle, M. Jules Favre s'est écrié : « Vous repoussez la première ; il faut alors efficacement soutenir le pouvoir temporel du Pape... » Voix nombreuses : Oui, oui, c'est évident ! — L'orateur réplique : « Vous dites *Oui !* » — De la plupart des bancs : Oui ! oui !

(1) On raconte qu'après le discours de M. Thiers, son collègue de la gauche, M. Guéroult, s'approchant de l'illustre orateur, lui aurait dit avec un accent de reproche : « Comment avez-vous pu prononcer un discours pareil, vous qui n'êtes pas un catholique et qui n'allez pas à la messe ? » — C'est vrai, lui répondit nettement M. Thiers, je ne suis pas catholique, mais je suis sincère. Il est vrai encore que je ne vais pas régulièrement à la messe, mais quand j'y vais çà et là, je m'y trouve bien. » — Le rédacteur de l'*Opinion nationale* n'aurait pas répliqué. (*Journal de Bruxelles.*)

sence de l'Église assemblée. Nous ne voulons pas que ce chef soit soumis à l'influence d'un souverain temporel à côté duquel il résiderait. Nous l'installons dans cette grande ville de Rome du consentement de toute la catholicité.

« Je m'incline devant ces catholiques et je leur dis :

« Vous entendez votre culte ainsi ; je le respecte et je vous protége.

« Eh bien ! c'est là tout ce que je demande, et vous allez le voir.

« Que nous dit-on ? Pour le Pape, la couronne est un fardeau qui le détourne des soins religieux. Je réponds : Cela ne vous regarde pas.

« Vous voulez dire que les choses seraient mieux autrement ? Mais vous violez le principe que nous avons posé. Vous entrez dans la question de la constitution du gouvernement de chaque culte. »

Se renfermant exclusivement sur le terrain politique, l'illustre orateur a parlé en homme d'État, et nous avons d'autant plus le droit de le louer et de l'admirer, que notre adhésion n'est pas sans réserve. Tantôt nous n'irions pas aussi loin que lui, tantôt nous le devancerions en complétant sa pensée et ses vœux.

Quel cri de légitime et patriotique alarme inspirent à l'orateur ces « deux unités qui se donnent la main par-dessus « les Alpes, et qui mettent à la paix cette condition (dit-il « en s'adressant aux ministres), que vous les laisserez « s'achever, l'une en s'emparant des États du Pape, l'autre « en englobant les États allemands du Sud ! » Voilà la situation : c'est la clairvoyance qui la dévoile, c'est le courage qui la voit, et c'est l'éloquence qui la peint.

Comment la supporter et comment en sortir ? D'une « politique mauvaise, » celle des nationalités, faut-il se laisser glisser à une « politique nulle ? » Mais pas un État en Europe ne se résignerait à une telle extrémité. L'équilibre des empires qui se maintient contre nous, ne saurons-nous le faire respecter pour nous? La maison de Savoie l'a rompu, cet équilibre, avec notre appui, par notre faute : subirons-nous plus longtemps les conséquences de cette erreur? Nous n'avons pas hésité à intervenir, en 1859, contre l'Autriche; cette intervention, « horreur » pour toute autre, sera-t-elle « une vertu pour l'Italie? »

Ici, M. Thiers s'est surpassé : quand il a mis en présence les audaces de la Sardaigne et nos inconcevables faiblesses, ses paroles tombaient comme la cognée sur l'arbre condamné, et chaque entaille était plus profonde et plus meurtrière. Quelle vigueur dans cette exclamation : « Lorsque « nous défendons les derniers débris de l'État pontifical, on « nous reprocherait d'intervenir! On ne nous le reprochait « pas quand nous intervenions pour protéger le spoliateur : « on nous reproche d'intervenir pour protéger le spolié! » Que d'esprit et de finesse dans ce jugement: « Nous di« sions: C'est mal, très-mal! Mais nous avons laissé faire, « comme si ces mots: Très-mal! eussent signifié : Très« bien! » Quelle esquisse au vif du rôle de Garibaldi, « ce « faucon avec lequel chasse la maison de Savoie (1)! » Saluons aussi d'une vive gratitude l'hommage rendu à notre La Moricière, ainsi qu'à son bataillon de héros; et remercions M. Thiers de l'admiration émue dont il a donné une marque

(1) On lit dans le *Journal de Bruxelles :* Chemin faisant, M. Thiers a raconté l'histoire des annexions italiennes, faites par la violence et la ruse; il a montré Garibaldi désavoué quand il échoue, porté en triomphe quand il réussit. « Je dis qu'en cas d'insuccès on le désavoue, a ajouté spirituellement l'orateur; on fait mieux, on l'arrête : il y a une prison toute spéciale pour ce grand personnage, » prison dont on lui ouvre de temps en temps la porte, sauf à l'y faire rentrer quand les circonstances l'exigent. « Si j'osais, a dit M. Thiers, employer une comparaison qui n'est peut-être pas digne de la gravité du débat, je dirais que la maison de Savoie chasse au faucon avec le général Garibaldi... » Cette comparaison pittoresque et expressive a soulevé de vifs applaudissements et une explosion de rires à laquelle les membres de la gauche eux-mêmes n'ont pu résister.

On lit dans la *Gazette de France :*

« Nous recevons plusieurs lettres de Rome que nous hésitons à livrer

nouvelle à ce « Pontife infortuné dont tout le monde reconnaît les augustes vertus » et que nous laissons, par notre retraite, en proie à des « transes affreuses. »

Ce Pontife, il doit être libre, il doit être indépendant, et pour cela il faut qu'il soit roi et qu'il le demeure ! « Oui, on a « raison de faire du Pape un souverain, et les catholiques « sont en cela plus amis de la liberté que leurs adversaires. « Placer le Chef de la religion dans le même territoire que le « chef temporel, c'est compromettre la liberté de la religion. « Voyez l'Angleterre ! » Quoi de plus juste, de plus irréfutable ? Ici encore, c'est le sens commun éloquent.

Notez que M. Thiers ne s'appuie pas sur les arguments de la foi ; non, il invoque la liberté, la politique ; il revendique l'application saine et sensée des « principes de 89. » Et il ajoute, après une apostrophe à ce « culte catholique qui a « tenu notre France dans ses bras pendant douze siècles, « qui a inspiré ses arts, soutenu ses soldats, conduit son « drapeau : « La nation le renierait ! on l'oublierait comme « un étranger ! Pour lui être insensible, il faudrait ne rien « avoir de l'âme de la nation dans laquelle on est né ! »

Donc ce Pape, ce « culte national, » il faut le défendre. Est-ce qu'on oserait laisser ce soin à l'Italie ? « J'aime mieux voir « la Papauté protégée par ceux qui ne songent pas à prendre

à la publicité, parce qu'elles contiennent, à propos des derniers événements militaires, des noms de morts ou de blessés dont on ne peut pas garantir l'exactitude. Nous détachons de l'une d'elles ce détail très-authentique :

« La plupart des morts, blessés et prisonniers garibaldiens portaient « les souliers et les pantalons de fournitures militaires avec le numéro « des régiments auxquels ils appartenaient.

« La plupart avaient des *livrets* (*libretti militari*) sur lesquels on lisait la déclaration suivante : Congédié extraordinairement avant le terme. (*Congedato straordinariamente pria di terminare la ferma ;* et sur d'autres, encore plus clairement : *Congedato per intrare nell'armata di Garibaldi*).

« Les prisonniers confessent avoir appartenu à l'armée régulière, et crient à la trahison du gouvernement qui les a fait massacrer. »

(AUBRY FOUCAULT.)

« au Pape son territoire, que par ceux qui n'aspirent qu'à « l'en dépouiller, » répond M. Thiers avec le bon sens public; et, qu'il nous le laisse lui dire, sa raison est d'accord avec « ce sentiment exquis qui s'appelle la dévotion » et qu'il « s'honore de respecter. »

Encore une fois, c'est la France et la France seule qui doit garder la Papauté. « Le monde se refuserait à croire que la « France, qui pouvait être la protectrice de 200,000,000 de « catholiques, ne l'a pas voulu. » Voilà le conseil de la politique. « Le monde, dirait la France, a détruit la Papauté! » Ce n'est pas possible (1).

L'heure est venue pour elle de dire à l'Italie : « Je ne vous « livrerai pas mon honneur ! »

L'Italie! mais elle est en dissolution: la Sicile est détachée Naples va s'insurger, Milan frémit, Turin veut briser le joug et la molle Florence est prête, avec son sourire, à laisser tomber de sa tête la couronne énervée. L'unité se disperse en lambeaux.

Répétons donc : Jamais, jamais nous n'abandonnerons le Pape!

Oui, c'est la politique du bon sens. Ce sera le grand hon-

(1) Une voix respectée a présenté au Sénat une image terrible, celle de la Papauté fuyant d'abris en abris, et n'ayant à jeter aux puissances qui l'auraient précipitée que des anathèmes.

C'était indiquer le résumé des questions présentes, en ce qu'elles ont de plus solennel et de plus redoutable. Il est malheureux que l'effet de cette grande image ait été tempéré par des considérations d'une nature plus accommodée à la prévention de quelques-uns.

Opposer à l'intégrité de la Papauté la puissance de certains faits qui peuvent, à leur tour, être devenus des droits, ce serait l'infirmer dans son existence, après l'avoir défendue avec éclat dans son principe.

La Papauté est elle-même un grand fait, et certes, le plus grand fait de l'histoire depuis deux mille ans. A ce point de vue, n'est-elle pas un droit, et le plus saint de tous les droits?

Voilà la thèse qui reste après les discours entendus. Dans cette thèse tout est grand, tout est politique, tout est fécond. L'habileté est épuisée attendons les accents de la justice et de la foi, les seuls qui puissent remuer la fibre chrétienne de la France. (LAURENTIE.)

neur et le grand triomphe de M. Thiers d'avoir été l'interprète du bon sens et de la dignité de la France. Nous n'en connaissons pas de supérieur.

Les applaudissements réitérés de l'immense majorité de la Chambre, chaque fois que M. Thiers déclarait qu'il incombait à l'honneur de la France de défendre le *pouvoir temporel* du Saint-Père, ont obligé M. Rouher, ministre d'Etat, à monter à la tribune pour y donner des assurances *très-explicites* auxquelles les catholiques n'étaient pas habitués.

On lit dans l'*Union* à ce sujet :

« M. Rouher, après quelques tentatives sans grand succès pour couvrir son pavillon, s'est décidé à jeter à la mer le bagage de M. de Moustier et à brûler ses vaisseaux.

« La discussion sur la question romaine s'est terminée au Corps législatif par un grand acte. Aux applaudissements énergiques et enthousiastes de la majorité, M. le ministre d'Etat a déclaré que le gouvernement entendait garantir au Souverain-Pontife et défendre contre toute attaque le territoire actuel du Saint-Siége.

« Nous ne craindrons pas de dire que le vote de la majorité et sa pensée, qui est bien celle de la France, allaient plus loin encore que les paroles de M. le ministre. Le gouvernement, à l'émotion avec laquelle ses déclarations ont été reçues, à l'importance qu'on y a attachée, à l'insistance qu'on a mise à les faire préciser et définir, a pu voir que la France voulait le Souverain-Pontife, vraiment roi, vraiment souverain, vraiment indépendant.

« C'était le sentiment du pays qui se produisait et s'accusait énergiquement au sein de la représentation nationale ; aussi faisait-il beau voir les allures troublées, honteuses et confuses de la gauche.

« L'unanimité des sentiments s'est surtout accusée lorsque M. Rouher a pris la parole. M. le ministre d'Etat a commencé par flétrir les ennemis de la Papauté; il a tracé san ménagement le portrait du général Garibaldi. Il a cité le faits, les doctrines, les paroles du héros, qu'un cri de l Chambre a qualifié de « dégoûtant » et « d'ignoble. » C n'était que justice.

« L'accord était fait entre le pays et le gouvernemen sur ce grand mot: Souveraineté et indépendance du Souve rain-Pontife.

« Ce qui, dans le discours du ministre, a répondu à l'at tente du pays, c'est l'énergique flétrissure qu'il a portée à l Révolution, marchant sur Rome tout en menaçant Florenc et essayant de ruiner Paris.

« Il a signalé la vanité des distinctions, qu'on édulcorai pour la tribune, entre le pouvoir spirituel et le pouvoir tem porel, et démontré que sous ce couvert on attentait à l puissance spirituelle du Pontife, on niait et on cherchait ruiner la religion elle-même. Il a énergiquement revendiqu pour la France le droit et le devoir de protéger et de dé fendre la condition essentielle de sa catholicité. Pour qu'i n'y ait pas de doute sur le sens de ces paroles, après so discours, il est remonté à la tribune pour déclarer que l gouvernement entendait bien étendre sa protection non seulement sur la Ville éternelle, mais sur tout le territoir actuel du Souverain-Pontife.

« Cette déclaration et les énergiques paroles qui l'avaien amenée ont été interrompues et couvertes par les applau dissements enthousiastes de l'assemblée.

« L'Italie ne s'emparera jamais de Rome! » (Vif mouvement et applaudissements prolongés.)

« Jamais la France ne supportera une telle violence fait « à son honneur, faite à la Catholicité! » (Nouvelle et viv approbation.)

« Les troupes françaises resteront à Rome tant que la sé« curité du Pape rendra leur présence nécessaire. » (Nouveaux applaudissements.)

« Si l'Italie marchait contre Rome, elle trouverait de nou-
« veau la France sur son chemin! » (Très-bien! très-bien! — Applaudissements.)

« Qui a prononcé, au milieu d'une indicible émotion, ces déclarations solennelles? M. le ministre d'Etat.

« Qui a proféré ces acclamations et réitéré ces applaudissements dont l'écho va se répéter au delà des Alpes et jusqu'aux confins de l'Europe? L'immense majorité du Corps législatif.

« Ce n'est pas tout. En ce grand débat, où l'équivoque avait paru prendre tant de place, l'ombre d'un doute ne pouvait subsister. L'homme d'Etat qui a voué sa vie à la défense des causes justes et saintes, le prince des orateurs de ce temps, exprime ce doute avec l'autorité de sa parole et de son caractère. Sur un mot de notre Berryer, M. Rouher remonte à la tribune.

« Quelques membres, a-t-il dit, m'ont exprimé la crainte
« que mes paroles n'eussent pas été assez nettes, en ce qui
« concerne le pouvoir temporel du Pape. En parlant de la
« sécurité que nous voulons assurer au Saint-Père, j'ai dit
« que nos troupes resteraient à Rome, j'ai parlé de la capi-
« tale pour désigner l'Etat pontifical. Il ne saurait y avoir ici
« la moindre équivoque. Quand j'ai parlé de Rome, j'ai en-
« tendu parler du territoire actuel dans toute son intégrité. »
(Longs applaudissements.)

« Si le gouvernement tenait à savoir l'opinion de la majorité du Corps législatif sur la question du Pape, il doit être parfaitement éclairé; et si la presse révolutionnaire continue à nous dire que le sentiment de la France est contraire à la souveraineté pontificale, elle sera forcée de déclarer qu'elle ne tient aucun compte de la représentation nationale: dès lors, il faudrait décréter que ce n'est pas la majorité, mais la minorité qui fait la loi (1). La France veut donc

(1) Les applaudissements enthousiastes qui saluèrent un mot de sympathie accordé au roi de Naples par le discours impérial de 1861, et

6

la souveraineté du Pape comme condition de son indépendance dans le monde; nous le savions bien, et nous le disions tous les jours; mais nous souhaitions que les pouvoirs publics exprimassent nettement cette pensée pour qu'il pût sortir des régions officielles de bonnes résolutions. M. le ministre d'Etat n'a fait qu'obéir à une impression irrésistible lorsqu'il a déclaré, en termes plus formels que jamais que Rome et le territoire pontifical resteraient au Pape Cette déclaration solennelle est un soulagement pour nous tous qui avons vu le péril menacer de si près Rome même.

Belle manifestation à la Nouvelle-Orléans.

La population catholique de la Nouvelle-Orléans, désireuse de montrer son dévoûment au Saint-Siége et sa profonde vénération pour Pie IX, a profité du retour de Mgr Odin pour organiser une manifestation où elle a témoigné de son horreur de la récente campagne révolutionnaire contre Rome. Un comité spécial de citoyens fut chargé de prier le général fédéral Hancock, gouverneur militaire de la Louisiane, d'assister à la cérémonie. Le général, ayant accepté l'invitation, se rendit avec son état-major le jour désigné à la cathédrale, où se trouvaient le général Beauregard et d'autres officiers de l'armée confédérée. Une procession de vingt mille catholiques, musique militaire et bannière en tête, se rendit à l'archevêché et servit d'escorte à Mgr Odin pour le conduire à la cathédrale. Là, après la

l'isolement des cinq députés qui, pour avoir demandé l'évacuation de Rome, subirent à l'instant la condamnation de toute l'assemblée, ont assez démontré les sentiments spontanés du Corps législatif et la véritable opinion de la France. (M. PAUL SAUZET.)

réception d'usage et des discours en anglais et en français, l'Archevêque s'adressa aux fidèles dans ces deux langues.

La cérémonie religieuse fut terminée par la bénédiction pontificale et un salut solennel. Alors l'immense procession s'organisa de nouveau, et Mgr Odin fut reconduit à son palais avec la même pompe et le même cérémonial. Arrivé à l'archevêché, une allocution fut prononcée au nom des catholiques laïques par M. Layton. Voici quelques passages de ce discours :

« Monseigneur,

« En saluant votre retour de la Ville éternelle, nous sentons le besoin de vous manifester notre amour et notre vénération. Votre Grandeur voudra bien nous permettre d'exprimer ces sentiments, au nom de tous les laïques de votre diocèse. Nous sommes trop heureux de vous revoir au milieu de nous, pour partager nos joies et nos douleurs. La peine occasionnée par votre longue absence a été adoucie par la communion de prières et de bonnes œuvres, qui unit tous les membres de la même Église; et lorsqu'ils priaient pour le Chef de cette Église de Jésus-Christ, vos enfants dévoués n'ont pas pu oublier leur vénéré Archevêque : ils ont pris part aux sentiments de joie et d'un légitime orgueil qu'inspirait naturellement la vue des cérémonies imposantes dont Rome a été le théâtre, le 29 juin dernier et les jours suivants : nous avons lu, avec le plus vif intérêt, tous les détails qui avaient rapport à ce spectacle de grandeur et de magnificence, déployé dans le centre même de l'Unité catholique.

« Les utopies les plus extravagantes de la philanthropie moderne ne pourront jamais concevoir, et encore moins réaliser, cette harmonie parfaite qu'on a vue régner dans ces circonstances solennelles. Une même pensée, un même sentiment avait réuni autour de la personne auguste du Vicaire de Jésus-Christ, des hommes appartenant aux nations les plus opposées par le langage, par les mœurs et le génie de leurs institutions civiles. Il s'agit de rendre hommage à la Chaire de saint Pierre. Sous l'inspiration de cette unique pensée, on voit accourir à Rome de toutes les parties de l'univers, des centaines de prélats, des milliers de prêtres, un concours immense de fidèles sortis de tous les rangs de la société. »

M. Luyton a rappelé ensuite les promesses faites à l'Église, il en a montré une réalisation nouvelle dans les derniers événements; puis il a parlé de la clémence de Pie IX et terminé ainsi :

« Vous avez admiré plus d'une fois, Monseigneur, cette grandeur d'âme du Père commun des fidèles; lorsque vous parlez sur ce sujet, votre cœur n'est jamais satisfait, parce qu'il croit n'en avoir jamais dit assez : nous comprenons alors que le langage humain est impuissant pour exprimer vos pensées et vos sentiments. Permettez-nous, encore une fois, de vous parler du bonheur que votre présence au milieu de nous fait éprouver à tous vos enfants. La bénédiction apostolique que vous nous avez donnée de la part du Saint-Père, nous a comblés de la joie la plus vive. Nous vous remercions aussi de toutes les paroles de bonté que vous nous avez adressées. »

CHAPITRE III

LES SOLDATS DU PAPE DEVANT L'HISTOIRE

Machinations révolutionnaires

Chassé de Genève en septembre 1867, le monstre révolutionnaire fit le mort pendant quelque temps. Un grand nombre de sectaires avaient profité des facilités données aux étrangers, à l'occasion du centenaire de saint Pierre, pour s'introduire dans le territoire pontifical. Pendant que les fidèles, accourus de toutes les parties du monde, prenaient part à ces magnifiques solennités, les chemises rouges, dans leurs conciliabules, organisaient leurs complots; ils minaient les casernes des zouaves, y introduisaient des barils de poudre pour les faire sauter, dressaient des listes de proscription où étaient marqués de rouge les monuments et les personnages qui devaient tomber sous les coups de ces nouveaux barbares.

Quand il juge le moment opportun venu, Garibaldi sort de sa retraite (1), il fait retentir les accents de ses provoca-

(1) Les révolutionnaires sont des hypocrites; on sait quelles injures Garibaldi vomit aujourd'hui contre l'Église; eh bien! voici ce qu'il écrivait, en 1847, au cardinal Bedini, dans le but d'endormir la vigilance de l'autorité pontificale :

« Si Sa Sainteté a pour agréable de faire appel à nos bras habitués à porter les armes, il est inutile de dire que *nous nous consacrerons avec la plus grande joie à celui qui a déjà tant fait pour la patrie et pour l'Église*. Ce n'est pas que nous ayons la prétention de croire que le setions d'une extrémité à l'autre de l'Italie, et, de toutes parts, viennent se grouper autour de lui les éléments impurs que recèle cette société malade. A la tête de ses bandes sauvages et impies, il cherche à soulever les populations qui, malgré toutes les provocations, restent fidèles à l'auguste Pie IX.

Dans une lettre adressée de Vienne (Autriche), le 15 septembre 1867, au journal *le Monde*, on définissait ainsi la situation :

« ... Rattazzi et Garibaldi sont parfaitement d'accord sur la question de Rome ; ils ne diffèrent que sur quelques points de peu d'importance, comme, par exemple, sur le moment opportun de monter au Capitole, sur les personnages qui doivent y monter les premiers, et sur la voie à suivre pour y monter. Garibaldi veut conquérir Rome comme il a conquis la Sicile ; Rattazzi veut attendre, au contraire, que les événements lui livrent la Ville sainte, et ne pas avoir l'air de la prendre malgré les Romains. Garibaldi veut avoir l'honneur de proclamer le premier au Capitole *Rome capitale de l'Italie;* Rattazzi veut bien laisser faire le bandit, mais il y met pour condition que Victor-Emmanuel y sera aussi salué roi et que l'armée italienne entrera de suite dans Rome, afin d'éviter les désordres qui pourraient compromettre tout l'édifice. Garibaldi trouve le moment actuel très-opportun ; Rattazzi a peur de compromettre ses plans financiers, et il demande un répit de quelque temps. Pour tout le reste, je puis vous affirmer d'une manière positive que Rattazzi et Garibaldi marchent dans un parfait accord, soit que le *condottiere* parle, soit qu'il agisse. »

cours de nos bras soit nécessaire. *Nous savons très-bien que le trône de saint Pierre repose* sur des bases qui ne pourront jamais être renversées ni ébranlées *par aucune puissance humaine*, etc. »

JOSEPH GARIBALDI, comme était signée cette lettre, portait alors un masque ; le masque est tombé, nous savons quel est l'homme qui reste.

Nous trouvons, dans une correspondance adressée de Florence au *Monde*, des renseignements fort curieux sur la séance du 18 décembre 1867, la plus importante, sans contredit, qui ait eu lieu depuis l'ouverture du Parlement. On sait que trois discours ont été prononcés ce jour-là par MM. Menabrea, Rattazzi et Nicotera. Voici des extraits de la correspondance du *Monde:*

« M. Rattazzi a été d'une violence de langage inouïe. M. Malaret, ambassadeur de France, était dans la tribune diplomatique et a pu rendre compte de la séance à son gouvernement.

« L'ex-président du conseil a reproché amèrement au ministère actuel d'avoir laissé partir l'escadre de Toulon sans une parole de protestation. Il a reproché au ministre Rouher d'avoir tenu un langage « dont on ne sait si l'on doit plus « blâmer la légèreté des paroles ou l'inconvenance de la « forme. »

« A ce moment, il y a eu un tonnerre d'applaudissements, et un député assis à côté de M. Rattazzi, s'est écrié d'une voix de Stentor : « Malaret rit ; c'est une inconvenance ! » L'orateur, reprenant son discours, a ajouté que M. Rouher a dit des choses « tellement insultantes, tellement remplies « d'amertume contre l'Italie, » qu'il était du devoir des ministres de protester immédiatement.

« M. Nicotera a déclaré hautement que l'expédition de Rome était *préparée par le parti gouvernemental*. Il a rappelé qu'il existe un comité romain fonctionnant depuis sept ans, et touchant du gouvernement italien la somme de « dix mille francs par mois » pour organiser la révolution à Rome. La fusion de ce comité d'action, opérée quelques mois avant l'invasion par l'influence gouvernementale, a placé Garibaldi et les siens sous la dépendance des modérés.

« Lorsque le le moment d'agir est venu (c'est toujours M. Nicotera qui parle), un dissentiment s'est produit. Garibaldi et ses amis voulaient que le signal de la révolte vînt de Rome, ou tout au moins du territoire pontifical. Mais les modérés ont prétendu qu'il fallait commencer par expédier quelques bandes au delà de la frontière pour encourager le mouvement. Comme ces hommes « disposaient des res« sources gouvernementales » et avaient des moyens supérieurs à ceux des garibaldiens, il a fallu, pour réussir, ne pas se séparer d'eux, baisser la tête et se soumettre à leur volonté.

« M. Nicotera a fourni des preuves abondantes à l'appui de ces affirmations: la fuite de Garibaldi arrangée d'avance, l'argent fourni par la police de Naples aux colonnes qui se mettaient en mouvement, les rapports suivis entre les chefs des chemises rouges avec les ministres et leurs agents civils et militaires, etc., etc. »

A défaut d'autres, cet échantillon suffit.

On écrit d'Italie au *Journal de Bruxelles:*

« Les descentes des garibaldiens ont mis le gouvernement pontifical en possession de preuves terribles contre l'ennemi implacable qui, depuis huit ans, poursuit la ruine du pouvoir temporel. Sur près de 2,000 prisonniers, sur 1,000 morts ou blessés, on a trouvé les documents les plus importants. On a reçu d'un grand nombre des aveux et des déclarations qui montrent l'effroyable complicité des ministres de Victor-Emmanuel, des préfets, des chefs de l'armée et de l'administration dans les entreprises et les projets criminels des garibaldiens. »

C'est Rattazzi qui a secrètement la haute direction de toute cette affaire; c'est lui qui fait passer à Rome les sommes nécessaires aux intrigues de la secte; c'est avec lui, et avec lui seul, comme principal chef, que Garibaldi a organisé tous ses plans; car le *condottiere*, livré à ses propres inspirations, n'a jamais été et ne sera jamais « qu'une imbécile *ganache*, » suivant l'expression de Mazzini lui-même, sachant tout au plus proférer de vilaines paroles contre la religion, la Papauté et les prêtres. C'est encore Rattazzi qui, d'un geste et d'un mot, lance ou arrête Garibaldi dans la voie où cet homme infernal vient d'entrer. Rattazzi croit tuer la Papauté en tenant le Pape sous sa main ; Garibaldi et son parti voudraient des moyens plus expéditifs. C'est là qu'est le principal différend entre ces deux hommes.

Pendant ces machinations, Menotti, fils de Garibaldi, cherche à Rome des hommes de bonne volonté pour renverser le Saint-Siége, et son frère est à Londres (1) pour faire de la propagande révolutionnaire, et des emprunts hypothéqués sur les chefs-d'œuvre religieux et artistiques de la Ville sainte qui doivent être mis au pillage.

Cette démarche est si monstrueuse et paraît si invraisemblable, que nous nous empressons d'en donner les preuves justificatives.

On lit dans *l'Union* du 26 novembre 1867 :

« On s'est demandé quelquefois sur quelles garanties Ga-

(1) Voici, d'après le *Courrier du Havre*, un extrait de la harangue de Ricciotti Garibaldi à une assemblée considérable réunie à Saint-James-Hall, et qui confirme un fait nié par le gouvernement britannique, mais acquis à l'histoire, à savoir le concours donné par l'Angleterre à Garibaldi pour renverser le roi de Naples :

« Je puis vous dire, s'est-il écrié, que la bataille de Volturno fut « principalement gagnée grâce à votre secours. Je suis autorisé par mon « père à parler ainsi. »

Mais le passage véritablement significatif du discours du fils de Garibaldi, celui qui appelle d'une manière spéciale l'attention et jette un jour nouveau sur les visées du chef des volontaires, c'est celui où il parle en ces termes de son souverain, de Victor-Emmanuel, roi d'Italie. Écoutons l'orateur :

« *Nous avons été malheureux dans le choix de notre roi.* (Écoutez ! « écoutez !) Mon père croyait en lui en 1860. Il l'appelait le Roi galant « homme. J'ignore l'idée de mon père à cet égard, mais je connais celle « de tous les Italiens, et c'est *celle-ci :* que mon père *s'est alors mépris.* »

Après une pareille insulte jetée au chef de la dynastie de Savoie, Garibaldi et Mazzini peuvent se donner la main. Leur programme est le même, leur but identique : renverser le trône monarchique de Victor-Emmanuel et y substituer le bonnet rouge de la république.

L'aveu est bon à enregistrer, et il ne faut pas regretter le meeting de Saint-James Hall, qui nous permet de recueillir de tels renseignements.

ribaldi, ses fils et ses principaux auxiliaires trouvaient à contracter des emprunts à Londres. La lettre suivante, publiée par le *Courrier de Lyon*, donne à cet égard des renseignements précieux :

« 19 novembre 1867.

« Monsieur le rédacteur,

« J'ai l'honneur de porter à votre connaissance un fait qui me vient d'une source certaine :

« L'emprunt dernièrement contracté à Londres par le fils de Garibaldi a été stipulé : « Remboursable en *objets d'art*, « après la prise de Rome » par le fameux chef de bandes.

« Ainsi, c'est en aliénant d'avance et de parti pris les trésors artistiques de l'Église et de Rome, que ces « patriotes » ont obtenu des banquiers de Londres le moyen d'organiser leurs brigandages. La Rome capitale qu'ils veulent donner à l'Italie est donc une Rome dépouillée et déshonorée ; il n'est pas téméraire de le supposer, après les déprédations qui ont marqué leur passage partout où ils ont pu pénétrer. Cette preuve des véritables aspirations italiennes vient s'ajouter aux autres.

« L'événement a trompé ces combinaisons, et le bruit s'est répandu de la déconfiture de ces prêteurs sur gage ; mais l'hypothèque reste, et on compte bien la faire valoir à l'occasion vis-à-vis de nouveaux prêteurs tentés par l'espoir d'un gros profit. » — *Fontaine.*

Les réflexions sont superflues. On sait maintenant ce qui suivrait l'entrée de la Révolution à Rome.

Au reste, l'Europe n'a pas oublié qu'en 1848-49, une quantité d'objets d'art disparurent de Rome, achetés par les Anglais.

Il y a six ou sept ans, une des notabilités de la Révolution romaine, M. H. Cernuschi, publiait une brochure dans laquelle il avouait avoir eu la pensée de faire sauter la basilique de Saint-Pierre. Ce qui ne fut hier que projeté pourrait être exécuté demain.

Une immense conspiration s'organisait déjà depuis longtemps contre l'Église. Garibaldi avait librement, ostensiblement parcouru l'Italie, réunissant des meetings et excitant contre le Vicaire du Christ toutes les haines, toutes les mauvaises passions. La presse *libérale* redoublait de mensonges, de cynisme et d'infamie envers le Chef vénérable de l'Église. Nous avons lu des articles tellement immondes que le fameux *Père-Duchêne* en eût rougi, et lorsque l'on a cru le moment propice et les esprits suffisamment préparés, le héros de Caprera a donné le signal, et quatre ou cinq mille bandits se sont précipités sur les États de l'Église. Ils avaient pour arrière-garde une armée italienne destinée à profiter de leur victoire (car il allait sans dire que les blouses rouges battraient les papalins) et à occuper Rome *pour protéger* le Saint-Père.

Dieu le veut !

A la veille d'un si affreux cataclysme, les sentinelles d'Israël poussèrent un cri d'alarme qui retentit d'un bout du monde à l'autre. A leur appel, des hommes de bonne volonté, appartenant à toutes les classes de la société, accoururent des quatre vents du ciel au secours du Saint-Père menacé par les hordes sauvages de la Révolution.

La vieille foi des Apôtres, la noble ardeur des Croisades, ne sont pas éteintes ; car tout ce qui tressaille encore aux noms de christianisme, de traditions, de justice, d'intelligence, de vérité, d'ordre et de paix, se lève pour participer de ses deniers, de ses vœux, de sa personne, au mouvement conservateur qui couvre Rome de sa protection, en même temps que les armes françaises.

La flamme de l'héroïsme catholique s'allume dans tous les nobles cœurs, et les mères ne retiennent pas leurs fils.

Les temps héroïques de l'Église reparaissent ; nous avons

les martyrs de la charité, qui périssent sous les coups des païens, des idolâtres, des hérétiques et des schismatiques, et les martyrs de la foi, qui tombent sur le champ de bataille pour la défense de l'indépendance et de l'autorité du Vicaire de Jésus-Christ. Et les martyrs du champ de bataille sont dignes des autres, non-seulement par leur courage, mais encore par leurs vertus, par leur esprit de sacrifice et par leur admirable abandon à la volonté de Dieu : la couronne qu'ils obtiennent n'est pas seulement le prix d'un acte d'héroïsme, elle est la récompense d'une vie tout entière consacrée à l'Église et à la vertu.

Le Siècle disait, en s'adressant aux jeunes gentilshommes français :

« Que font-ils dans leurs châteaux, dans leurs palais, dans leurs chaumières et sur le pavé de nos cités impures, ces *héros intrépides?* Aux bandes italiennes, qu'ils opposent une armée catholique, et non-seulement le pouvoir temporel sera sauvé, mais le monde sera édifié. Les révolutionnaires, les libres penseurs, les impies ne pourront pas railler leurs adversaires et leur reprocher de ne plus mettre leurs actes en harmonie avec leur foi et leurs paroles. »

En réponse à l'article du *Siècle*, nous citons entre mille les faits et les noms suivants :

Bien que les zouaves pontificaux se recrutent dans toutes les conditions sociales et qu'on y compte notamment, en assez grand nombre, des enfants de la campagne, des fils de laboureurs, la plus grande partie peut-être de ce corps d'élite se compose de volontaires appartenant, par leur naissance, aux classes élevées de la société.

Sur le registre matricule de ce régiment sont inscrits les plus grands noms de la vieille et de la jeune France. A côté de ceux dont l'illustration, véritable patrimoine national remonte aux époques où la monarchie créait l'unité française, on trouve ceux de qui les pères ont, depuis cent ans conquis la célébrité, la gloire et la fortune dans les armes et dans l'industrie.

Fils de l'ancienne France ou de la France moderne, tous voyaient la vie s'ouvrir devant eux facile et riante. Les satisfactions que peut donner la richesse, les situations brillantes qui s'offraient à eux, ils ont tout quitté, tout sacrifié, au premier appel d'un vieillard qui les appelait à sa défense. Ils ont abandonné sans hésiter le vieux château et la grande vie provinciale, le brillant hôtel et les séductions de Paris; ils ont dit adieu à leur famille, à leurs amis; quelques-uns ont quitté des parents avancés en âge, d'autres une jeune épouse, d'autres le berceau d'un enfant.

Voici un trait qui montrera jusqu'où ces volontaires ont poussé le sacrifice :

« Un jeune homme, qui porte un des noms les plus illustres de France, était sur le point de se marier avec sa cousine. En apprenant l'invasion des États romains, il quitte son château, sa famille, sa fiancée, et il part pour Rome. Officier dans les zouaves pontificaux, il avait donné sa démission au mois de juillet, et c'est comme simple soldat qu'il retourne prendre son poste au milieu de ses anciens camarades.

« Ce jeune volontaire s'appelle Albert, duc de Chevreuse. Son grand-père, le duc de Luynes, qui avait épousé une Montmorency, est l'un des plus riches propriétaires de France. Sa fiancée est mademoiselle Yolande de La Rochefoucauld, fille du duc de Bisaccia et petite-fille du duc de Doudeauville et d'une Montmorency. »

— On lit dans un journal :

« Parmi les volontaires qui viennent de partir, une centaine environ sont originaires de la Belgique, si féconde en dévoûment, et toujours prête, selon les besoins, à sacrifier son or ou à verser sang. Les catholiques belges donnent à leurs coreligionnaires des autres nations l'exemple d'un zèle incessant. Puissent-ils être imités! Si partout, selon le précepte du Maître, la foi savait agir, l'initiative privée servirait de compensation suffisante à l'attitude indifférente ou hostile des gouvernements, en face des attentats d'une révolution sacrilége.

« La France, disons-le à sa louange, est représentée, elle aussi, dans les rangs de l'armée pontificale; elle y est représentée honorablement par une foule de jeunes gens dévoués, appartenant à des familles qui ont gardé intact le précieux dépôt de la fidélité aux principes religieux et monarchiques; mais, en dehors de ce grand parti qui a conservé le respect de la tradition française, les catholiques et conservateurs des autres nuances n'ont pris qu'une part secondaire à la formation de l'armée romaine. L'appel du Pape a été adressé pourtant à tous, sans distinction d'opinion politique, et l'Église accepterait avec une égale reconnaissance le concours de tous ses enfants. Pourquoi donc ne se mêleraient-ils pas tous, avec le même empressement, dans les rangs des braves défenseurs du Saint-Siége, et ne viendraient-ils pas partager l'honneur insigne de défendre les droits de la religion?

« Nous voudrions pouvoir publier tous les noms des volontaires qui ont hâte d'aller affronter les balles garibaldiennes. En voici du moins un certain nombre : M. de Lambilly, commandant des zouaves pontificaux; M. Alain de Charette, capitaine; M. de Couëssin, capitaine; MM. Charles Falaiseau, officier d'artillerie; G. de Boissieu, capitaine de légion; Souchard de Lavoreille, lieutenant de légion; Lefebvre, lieutenant des zouaves; A. de Boissieu, Henry de Montbel, Gaëtan du Chesne, Maurice de Giry, Georges de Beireix, Ant. de Cambourg, Pinet de Menteyer, Ch. Métois, Alph. de Surigny, Vital de Rochetaillée, Henry de Vauxonne, ...ul de Gastelier, V. de Jerphanion, de Gaiffier, de Baré, ...t de la Charie, Jaret de la Mairie, Le Demours d'Ivory, de Kergariou, Joseph du Cheyron du Pavillon, comte de Dampierre, Bonvallet, Le Page du Bois Chevalier, tous zouaves pontificaux. On comptait sur le paquebot une vingtaine d'autres Français et une centaine de Belges et de Hollandais. »

Parmi les nobles jeunes gens qui accourent à Rome, nous devons citer encore M. Félicien de Boudard, chevalier de l'ordre pontifical de Saint-Sylvestre, encore élève au collége Saint-Joseph d'Avignon, et obéissant à l'élan de son cœur et de sa foi aussi bien qu'à ses traditions de famille ; M. Milcent, fils du docteur Milcent, l'un des rédacteurs de l'*Art médical ;* M. François Lafon, élève de l'École des Beaux-Arts, fils du peintre à qui nous devons la chapelle de saint François-Xavier, à Saint-Sulpice. C'est le second soldat que M. Lafon donne au Saint-Père : un autre de ses fils est déjà zouave pontifical depuis deux ans.

Le 18 novembre, est parti pour Rome M. Gabriel de Villiers de l'Isle-Adam, qui va s'engager dans les zouaves. Quoique très-jeune et n'ayant pas tout-à-fait terminé ses études, il n'a pas hésité à quitter le petit séminaire d'Auteuil, pour se dévouer à la défense du Saint-Père.

On n'a point oublié que son frère, M. Georges de Villiers de l'Isle-Adam, fut blessé à Castelfidardo. Si ce dernier n'est pas retourné au poste du danger, c'est que sa santé est très-affaiblie et que les médecins s'y sont opposés.

Nous avons annoncé dernièrement le départ de M. Antoine de Bermond, fils du colonel comte de Bermond, qui mourut le 13 février 1851, à Rome, où le Saint-Père l'avait chargé de réorganiser l'armée pontificale. M. Antoine de Bermond avait déjà fait partie du corps des zouaves, qu'il avait dû quitter momentanément, par suite d'une grave maladie. Bien qu'il ne fût pas entièrement rétabli, il n'a pas voulu prolonger son séjour dans sa famille, qui, bien connue à Paris pour son attachement à la cause du Pape, ne pouvait manquer à ses traditions de dévoûment au Saint-

Siége. Pierre de Bermond, un des ancêtres du jeune zouave, qui avait épousé Constance de Toulouse, fille du comte Raymond, et qui s'illustra aux croisades, avait inscrit cette devise sur sa bannière : *Plus fidei et fidelitati quam vitæ.* La devise, on le voit, ne reste pas lettre morte.

— On lit dans l'*Écho de Fourvière :*

« En donnant la nomenclature des volontaires partis de la région lyonnaise, pour faire de leurs poitrines un rempart au Vicaire de Jésus-Christ, il en est un auquel nous devons une mention particulière, à raison des circonstances exceptionnelles qui ont accompagné son départ. M. le comte Philippe de Tournon faisait partie du corps des guides, lorsque le général de Lamoricière était à la tête des armées pontificales. Il s'est trouvé à la glorieuse défaite de Castelfidardo. A la fin du mois dernier, en apprenant les dangers qui menaçaient Rome, il se sentit fortement inspiré de quitter son château et sa famille, et d'aller s'enrôler comme simple zouave pour prendre part à la lutte. Il lui semblait que c'était pour lui un devoir de chrétien et de gentilhomme. Pendant trois jours, il reste seul en proie à ses pensées ; enfin, n'en pouvant plus, il se décide brusquement à en parler à sa femme. Madame de Tournon, malgré tout ce que le sacrifice avait de poignant pour elle, n'hésite pas à lui donner son consentement. Alors, comme soulagé d'un poids immense, il s'écrie : Jamais je n'aurais cru qu'il fût si rude de lutter contre le devoir. A l'instant, il fait atteler et il part. Il arriva juste à temps pour prendre part à la glorieuse bataille de Mentana.

« Au moment même de la bataille, sa mère, à laquelle il n'avait pu dire adieu, mourait d'une attaque d'apoplexie. Pour revenir en France, il a traversé toute l'Italie en costume de zouave pontifical. »

— Plusieurs volontaires en permission ont été surpris au milieu de leurs familles par la nouvelle de l'invasion garibaldienne. L'un, M. Alain de Charette, digne neveu de l'illustre Vendéen, a fait aussitôt ses adieux à sa femme, et cela le jour même où elle venait de lui donner un enfant; l'autre, M. le vicomte de Lambilly, arrivait seulement au milieu des siens: il s'est séparé de nouveau de sa femme et de ses enfants qu'il a eu à peine le temps d'embrasser, et a quitté une famille si chère pour aller défendre, à Rome, le Chef de la grande famille catholique; un autre, M. de Beireix, était venu en France pour assister au mariage d'une sœur; un autre, M. Justin Garnier, pour assister au mariage d'un frère; tous deux se sont embarqués sans vouloir attendre un jour, et se sont privés sans hésitation de prendre part à la cérémonie du lendemain, dont ils se faisaient d'avance une joie légitime: un autre, M. de la Rochetaillée, maire d'une commune dans le département de la Loire, a adressé de sympathiques adieux à ses administrés, et leur a annoncé qu'il se faisait un devoir d'aller prêter, comme soldat, son concours à la Papauté, dont le péril menace la société entière; un autre est parti deux jours après son mariage; un autre, privé de ressources, a traversé à pied une partie de la France pour s'engager au service du Saint-Père; il est arrivé à Marseille exténué de fatigue, mais avec une foi toujours ardente.

M. le comte de Christen s'est hâté, dès qu'il a reçu la nouvelle de l'invasion des États pontificaux, de se diriger sur Rome. Ce vaillant soldat est allé offrir au Saint-Siége le précieux concours d'une expérience militaire rehaussée par la vigueur de la jeunesse. Son épée, qui a déjà rendu des services signalés à la cause du droit, est bien digne de défendre, à Rome, le trône pontifical, qui représente le droit par excellence.

Combien d'autres dévoûments non moins ardents! Combien d'autres sacrifices non moins méritoires! Un zouave était l'unique compagnon d'un père infirme et âgé: il n'osait point partir. Le vieillard, nouvel Abraham, lui a demandé lui-même cette séparation. Le jeune homme a reçu la bénédiction de son père, qui a confondu avec les siennes des larmes de joie.

Citons aussi M. Henri de la Salmonière, glorieux blessé de Castelfidardo, et qui était également à la veille de se marier quand est arrivée en France la nouvelle de l'invasion. « Pie IX, s'est-il écrié, m'a attaché de sa main la croix sur la « poitrine; je lui dois mon sang et ma vie. » Et il est parti sur-le-champ pour Rome.

M. de Kéruel, officier des zouaves pontificaux, récemment parti de Rome pour se marier, ne l'était pas encore et voulait différer son mariage. « Non, lui dit la noble jeune fille « qu'il allait épouser, ne différez pas, mais partez ensuite. » Et il partit.

Parmi les noms des volontaires récemment partis, on remarque celui de M. Emmanuel de Riancey, second fils du rédacteur en chef de l'*Union*. M. Henri de Riancey méritait cette belle récompense d'un zèle catholique qui ne s'est jamais démenti, et que son actif talent a communiqué à tant d'autres âmes par un travail soutenu de trente années.

Nous avons aussi la joie d'annoncer le départ de M. Eugène d'Aquin, beau-frère de M. le docteur Ozanam et de M. Eugène Veuillot. Un autre, M. Paul Vrignault, laisse une position faite et agréable, pour se joindre à ceux qui vont offrir leur sang.

M. de Kerguenec va remplacer son frère Henri, sergent aux zouaves, qui est empêché par la fièvre de remplir en ce moment son service.

On signale du Clerjus (Vosges), un bel acte de dévoûment au Pape. M. Arthur de Buyer, maître de forges, qui entretenait déjà un zouave, ne s'est pas contenté de ce sacrifice pécuniaire; il a fait exonérer du service militaire M. George de Buyer, son fils, et l'a fait enrôler dans l'armée pontificale. Ce noble exemple vient de décider un enfant du

Clerjus, M. Irénée Larrière, à se dévouer également pour le Pape.

Chaque jour nous apprenons de nouveaux traits de dévoûment à la cause de l'Église. Aujourd'hui, c'est une lettre de Bretagne qui nous fait connaître le départ de quatre zouaves pontificaux fournis par un même canton, le canton de Plouzévédé, dans le Finistère. Les quatre nouveaux zouaves sont: M. Louis de Parcevaux, qui est marié et père de quatre enfants en bas-âge; M. de Kerampuil, neveu du précédent; M. Gaston de Kermenguy, et son cousin, M. de Coatcourreden. Le même canton de Plouzévédé a fourni un cinquième zouave, M. Quéré, de la commune de Plouvorn, qui est à Rome depuis 1860.

M. L. de Parcevaux est le frère de M. Paul de Parcevaux, mort glorieusement sur le champ de bataille de Castelfidardo. Sa femme, qui reste à prier pour lui avec ses quatre petits enfants, se montre digne de lui par son courage et sa résignation.

— On écrit de Versailles :

« Voici encore un généreux enfant de la France qui vient de partir pour Rome. Il n'a que dix-sept ans et se nomme Louis de Maricourt. Ce nom n'est pas nouveau pour ceux à qui la cause du droit et du malheur est sacrée. Il s'en va tenir, près du vicaire de Jésus-Christ, la place qu'occuperait en ce moment son frère Henry, le vaillant défenseur de Gaëte, s'il était encore de ce monde. Dans ces dernières années sa mère s'est vu successivement enlever par la mort une fille charmante de quinze ans, puis son aîné Henry, et enfin son mari, consul de France à Chypre, victime de son dévoûment aux cholériques. Et maintenant elle se sépare, non sans douleur, mais avec une fermeté toute chrétienne, du dernier venu de ses fils. Elle croit que l'on gagne bien au delà de ce que l'on perd en offrant à Dieu les plus précieux des biens qu'on a reçus de lui, et nous en sommes persuadés comme elle. C'est ainsi que s'entretient l'honneur des vieilles familles, et la mort de ceux que Dieu rappelle à lui n'est pas sans consolation. Enfin leurs souffrances méritoires attirent sur leurs descendants des bénédictions dont l'effet étonne ceux qui ne comprennent rien à la vertu du sacrifice. *Generatio rectorum benedicetur.* »

— M. le baron de Crozes, camérier de cape et d'épée de Sa Sainteté, a offert 200 fr. pour les blessés de l'armée pontificale.

Ce vénérable vieillard, âgé de quatre-vingt-quatre ans, a quitté ses enfants et petits-enfants pour venir reprendre son service auprès du Pape, et, s'il le fallait, mourir en le couvrant de son corps. M. le baron de Crozes a fait le voyage de France à Rome deux fois cette année dans cette intention.

La grande cause de l'Église compte un défenseur de plus. M. Charles Le Hir a quitté Quimper pour s'enrôler dans les zouaves pontificaux. Position, fortune, joies de la famille, il a tout sacrifié pour suivre une vocation irrésistible.

Le départ du jeune Le Hir ne surprendra personne; car le dévoûment est de tradition dans sa famille; son grand-père et son père ont laissé dans le barreau des souvenirs ineffaçables; durant la période révolutionnaire, le premier exposa maintes fois sa vie pour arracher des victimes à l'échafaud. Ce fut lui qui partagea, avec Riou-Kersalaun, le périlleux honneur de défendre les vingt-six administrateurs du Finistère devant le tribunal révolutionnaire. La reconnaissance du pays l'appela plus tard au Corps législatif, dont il devint l'un des membres les plus influents.

Il suffit d'ajouter que, par sa mère, M. Charles Le Hir appartient à la famille de Trogoff, si honorablement connue et si justement estimée dans la marine.

M. Victor d'Aubigny, fils du directeur des tabacs à Lille, et neveu de M. Kolb-Bernard, député au Corps législatif, est parti de Paris pour s'enrôler dans les zouaves pontificaux.

Le *Journal de Rennes* annonce que M. Bocher-Delangle, banquier à Loudéac, est aussi parti pour l'armée pontificale.

— On écrit du Périgord :

« Un de nos compatriotes, M. Gaston de La Bordonnie, est parti pour servir dans les zouaves pontificaux. Déjà, lors du massacre de Castelfidardo, et lorsqu'il n'était encore qu'élève au collége, il avait formé le dessein d'aller offrir au Saint-Père tout ce qu'il avait de foi et de dévoûment! Mais il était trop faible, surtout trop jeune, et il le comprit... Ce n'était là qu'un ajournement.

« En partant pour Rome, M. Gaston de La Bordonnie continue les traditions de sa noble et chrétienne famille. Au milieu d'elle, il était l'aide presque nécessaire de son père âgé, la joie et la consolation de sa mère et de ses deux jeunes sœurs. »

— La *Gazette des Étrangers* annonce que M. le marquis de Rougé quitte Paris et se rend à Rome pour prendre du service dans l'armée pontificale.

— Nous lisons dans l'*Union franc-comtoise :*

« M. Philibert de Jallerange, dont la fortune et la position ne laissaient rien à désirer dans le monde, à la nouvelle des périls au milieu desquels se trouvait le Saint-Père, a voulu s'associer à la gloire de le défendre. Il est parti pour aller s'enrôler dans un des bataillons des zouaves pontificaux. Il y restera tant qu'on se battra, et l'on peut croire qu'il se battra bien.

« Nous avons eu la visite d'un jeune homme de vingt-cinq ans, cultivateur dans une commune voisine. Il nous a demandé le moyen de s'enrôler dans les troupes du Saint-Père. Nous le lui avons indiqué. « Vous savez, monsieur, nous a-t-il dit, ce n'est point pour de l'argent. C'est pour la justice. Elle est outragée; je veux la venger. » Jamais le sentiment chrétien n'avait mieux parlé.

« Un homme de cinquante-sept ans, énergique et robuste, voulait aussi partir. « Je suis fort, nous disait-il, et je m'entends à tirer un coup de fusil. » Lorsque le dévoûment et l'enthousiasme atteignent ainsi tous les âges, on peut s'attendre à un prochain triomphe de l'Église de Dieu. »

Le paquebot *le Phocéen* avait dernièrement à son bord cent soixante volontaires pontificaux, parmi lesquels on nous signale MM. Jules de Mérignargues, Gaston de la Bordonnie, de Kermel, le baron des Dorides, Keneln Thomas Digby, de Gevaudan, de La Celle, le comte de Maillé, et le général Tewis. Le R. P. Vincent de Paul Bailly avait pu, le dimanche matin, célébrer la messe pour les volontaires. Les jeunes défenseurs du Saint-Père sont pleins de foi et d'ardeur.

— M. Ernest Pigelet, un des fils de M. Pigelet, imprimeur-gérant de la *Semaine religieuse* du Berry, vient de quitter le collége de Chezal-Benoît pour s'engager dans les zouaves pontificaux. Son départ a excité un vif enthousiasme parmi ses condisciples, qui envient son sort et lui ont dit adieu aux cris répétés de : Vive Pie IX !

M. Ernest Pigelet n'est âgé que de seize ans et demi.

— L'*Océan* annonce que le jeune Salvagniac, fils de M. Salvagniac, receveur des domaines à Brest, vient de quitter cette ville pour se rendre à Rome, afin de s'enrôler dans les zouaves pontificaux.

— Nous apprenons le départ pour Rome de M. Faucombert de Selby, autrefois dans les guides du général Lamoricière, où il va s'engager dans les volontaires de l'armée pontificale.

— Nous lisons dans la *Semaine religieuse* de Nantes:

« Un des enfants de notre très-honorable collaborateur, M. Eugène de la Gournerie, vient de se rendre à Rome pour entrer dans les rangs des zouaves pontificaux. Nul ne s'étonnera de voir le fils du pieux et savant auteur de *Rome chrétienne* continuer les nobles traditions de cette famille, qui pourra s'honorer un jour d'avoir vaillamment défendu la cause de l'Église et par la plume et par l'épée. »

— On lit dans les journaux du Midi :

« M. le marquis d'Aiguesvives, ainsi que MM. de Saintenac et O'Byrne, sont partis de Toulouse et se sont embarqués à Marseille pour aller reprendre, à cette heure difficile, leur poste d'honneur dans les rangs des défenseurs du Saint-Père. »

— M. Roger de Verdalle, fils du comte de Verdalle, un des propriétaires les plus intelligents de la Creuse, vient de partir pour aller s'engager sous le drapeau pontifical.

— On lit dans le *Journal de Bruxelles:*

« M. de Lamartine, l'illustre poëte, est profondément affaissé, et il reste des journées entières sans proférer une seule parole. Les intimes qui l'approchent redoutent une issue funeste à cette espèce de léthargie physique et morale d'où le poëte n'est sorti, il y a quelques semaines, que pour encourager un des ses neveux, qui partait pour Rome, à se mettre au service du Saint-Père. « C'est un noble dévoûment, lui a-t-il dit; allez et croyez que tous mes vœux vous accompagnent. » Le jeune homme est parti et il est aujourd'hui enrôlé dans les zouaves pontificaux. »

— Le petit-fils de M. Blondel d'Aubers, M. Raoul de Saint-Géran, est allé s'enrôler, sous le drapeau pontifical, dans le corps des zouaves.

— Un instituteur distingué, que nous ne pouvons nommer aujourd'hui, va dire adieu à ses élèves pour se faire soldat de Pie IX.

— On nous écrit de F..., 18 novembre :

« La noble famille de Beauffort, de Moulle, comme aux jours des Croisades, veut aussi payer sa dette à l'Église. M. le comte Roger, dont toute la vie se passe dans les bonnes œuvres et surtout dans le patronage des ouvriers de Paris depuis la catastrophe qui l'a frappé dans ses affections les plus intimes, vient de s'arracher à sa famille pour voler à la défense du Saint-Père. Hier, à genoux devant la Vierge de Fourvière, il priait Celle qui sauva l'Église de la barbarie au XVIe siècle de la couvrir encore de son égide contre les barbares du XIXe. Aujourd'hui, il s'embarque à Marseille, et dans trois jours il fera partie de la phalange sacrée qui vient de se couvrir de gloire à Mentana et de venger les heureux vaincus de Castelfidardo. »

— On lit dans l'*Union :*

« Encore deux nouveaux zouaves :

« Le premier est le fils de notre excellent ami et collaborateur, M. Georges de Cadoudal, et le petit-fils du général de Cadoudal. Son nom dit tout : il signifie honneur et dévoûment. Le jeune volontaire pontifical est digne de son nom.

« Le second est le petit-fils du préfet de Maine-et-Loire sous la Restauration. Un de ses oncles a suivi le maréchal de Bourmont en Portugal, et est mort au service du roi Dom Miguel. Ce sont là des titres héréditaires dont M. Henri de Puiseux, fils unique, maintient courageusement l'honneur. »

— Nous lisons dans la *Gazette* de Marseille, sous la signature de M. C. d'Aillaud de Cazeneuve :

« Notre ville assiste maintenant presque tous les jours à ces manifestations répétées du dévoûment catholique; elle y applaudit, mais elle fait mieux encore : elle y prend part. Plusieurs de nos concitoyens sont aujourd'hui au nombre des défenseurs de la grande cause de l'Église, menacée dans les murs de Rome; d'autres, portant les noms les plus connus et les plus respectés de la cité ou de notre ancienne province, vont les rejoindre sur ce noble théâtre préparé par tant de siècles à sa gloire d'aujourd'hui. Jeudi matin, à bord du navire à vapeur le *Prince-Jérôme*, au milieu de nombreux volontaires, se trouvaient de jeunes Marseillais que des parents et des amis avaient accompagnés en grand nombre. On remarquait parmi eux M. Emmanuel de Sabran-Pontevès, fils de M. le comte de Sabran-Pontevès, petit-fils de M. le comte de Pontevès-Bargême.

« MM. Paul de Foresta, de Bermond-Vachères, celui-ci fils d'un noble et vaillant militaire français mort à Rome où il était allé offrir son épée au Saint-Siége, partaient également pour prendre leur place dans le corps des zouaves. M. Edouard de Malijay, dont le frère sert déjà dans le même corps, allait le rejoindre : touchant exemple de l'une de ces familles qui ne gardent pour elle aucun de leurs membres quand il s'agit de les donner à Dieu.

« Une famille marseillaise, l'honorable famille Bergasse, était représentée dans ce concours des volontaires catholiques; son volontaire à elle était une pieuse femme, une religieuse de Saint-Vincent de Paul.

« Parmi les passagers se trouvaient encore M. Benoist d'Azy, lieutenant de vaisseau; M. Vrignaud, attaché au ministère des affaires étrangères. »

Marseille, la cité catholique, salue au passage ces nobles jeunes gens qui s'honorent du titre de soldats du Pape; ce titre est devenu si beau! Parmi ces zouaves qui quittent la paix de la maison pour aller au péril, nous remarquons

Roger de Vaublanc, si digne du nom qu'il porte. Son frère aîné est sous-lieutenant au 11e dragons ; son troisième frère n'a que quatorze ans, heureusement pour sa mère. Lui, Roger, exécute un dessein silencieusement mûri dans son âme. Rapprochement curieux! Le château de Chaumont, dans le Limousin, d'où sortirent Clément VI et Grégoire XI, appartient à la famille de ce nouveau soldat du Saint-Siége; et le jeune zouave s'appelle Roger, comme ces deux Papes. On sait que Grégoire XI est le dernier Pape que la France ait donné à l'Église. Roger de Vaublanc, par son prénom, par un devoir d'héritage comme par ses sentiments chrétiens, était donc prédestiné à l'honneur de servir la cause de la Papauté.

Les catholiques de Boulogne

On écrivait de Boulogne, le 11 novembre 1867 :

« Les catholiques de Boulogne ont suivi avec anxiété les phases douloureuses de l'épreuve cruelle à travers laquelle viennent de passer les États du Saint-Siége. Aussi, lors de la dernière quête qui a eu lieu pour le Denier de Saint-Pierre, le sentiment universel s'est-il traduit par une démonstration éclatante, qui a fait plus que doubler, dans certaines paroisses, le montant ordinaire de cette pieuse collecte. Dieu soit loué, qui a mis de tels sentiments au cœur de son peuple!

« On s'entretient avec attendrissement et avec admiration des exploits merveilleux de cette brave jeunesse chrétienne qui combat et meurt si vaillamment sous le drapeau de la sainte Église. Chaque pays a des représentants dans cette héroïque phalange. Le Boulonnais et Notre-Dame de Boulogne en particulier y comptent plusieurs jeunes gens qui leur sont unis par les liens les plus chers. Les deux Dufournel, Emmanuel saintement mort à Farnèse, et

Adéodat si grièvement blessé à Rome, ont passé cinq ans chez Mgr Haffreingue, de 1848 à 1853, et y ont fait leur première communion, tandis que leur père, qui est de Gray, dans la Haute-Saône, siégeait à la Constituante, avec M. Aug. Gros, M. Fréchon et Mgr Parisis. Le jeune Dières-Monplaisir (Louis), qui vient de recevoir une balle au genou, après avoir essuyé deux heures de feu devant Mentana, a fait toutes ses études chez Mgr Haffreingue, après que son père, commissaire de marine à Calais, eut quitté le service. Les zouaves pontificaux ont compté ou comptent encore d'autres anciens élèves : Léon Bracq, un Belge, qui figure aussi sur la dernière liste des blessés; MM. de Werbier, d'Hesmond, de Vilmarest, de Saint-Omer; Bouclet-d'Hallewyn, de Ledquen (Marquise), et un Anglais récemment embarqué pour cette sainte croisade, Joe Hansom, le fils de l'architecte célèbre qui a bâti la cathédrale de Plymouth et l'église de Saint-François-de-Sales de Bréquerecque.

« M. Edgar de Chinot de Fromessent, dont les ancêtres figurent à toutes les pages de l'histoire de Boulogne durant les trois derniers siècles, s'est empressé de s'enrôler dans les zouaves pontificaux, dès les premières menaces de la récente échauffourée garibaldienne. »

On lit dans l'*Union Franc-Comtoise* :

Le dévoûment se produit en Franche-Comté d'une manière admirable, et ce n'est pas seulement le dévoûment des dons, c'est aussi celui des personnes. Nous recevons communication par Mgr l'archevêque de la lettre ci-jointe, que lui a adressée M. Gabet, notaire et maire de Damprichard ; elle est trop belle pour ne pas l'insérer :

A Son Éminence Mgr le cardinal-archevêque de Besançon.

« Monseigneur, mon fils Joseph, porteur de la présente, répond à votre appel et va s'engager au service de la cause la plus haute, la plus sainte et la plus précieuse en ce monde.

« La volonté de Dieu soit faite. Je suis obligé de faire un des plus grands sacrifices. Mais c'est avec espérance, et l'espérance est ce qu'il y a de plus doux, c'est le bonheur.

« C'est donc aujourd'hui un des plus beaux jours de ma vie.

« Je lui donne et nous lui donnons tous notre bénédiction, et formons les vœux les plus ardents pour la réussite certaine de la cause de Sa Sainteté le Pape Pie IX.

« Il vous demandera votre bénédiction aussi. Ah! daignez la lui accorder, et l'accorder aussi à son père et à toute sa famille, s'il vous plaît.

« Je suis, avec un profond respect, de Votre Éminence, le très-humble, très-dévoué et très-fidèle serviteur,

« Gabet,

« *notaire et maire de Damprichard.*

« Damprichard, 3 novembre 1867. »

— On lit dans la *Semaine religieuse de Nantes :*

« Une lettre nous apprend l'abjuration de M. Harding, Anglais protestant, habitant la ville de Guérande. Cette touchante cérémonie a eu lieu, au milieu d'une assistance nombreuse et recueillie, dans l'antique sanctuaire de Notre-Dame-la-Blanche. Lorsque notre nouveau converti, suivi de sa femme et de ses neuf enfants, s'est approché pour la première fois de la Table sainte, la plus profonde émotion s'est emparée de tous ceux qui étaient venus s'édifier à ce spectacle, si propre à ranimer et à consoler leur foi. Le fils de M. Harding vient de partir pour s'engager dans les zouaves pontificaux. »

— Le R. P. abbé de la Trappe d'Aiguebelle a désigné cinq de ses novices pour faire partie de l'armée pontificale. Ces braves jeunes gens, dit l'*Echo de Fourvière*, sont partis dans le plus grand enthousiasme.

Un jeune séminariste de Mende, M. l'abbé Cevenne, est

parti pour Rome, afin de revêtir le costume de zouave pontifical. Il est tout fier d'aller combattre pour la bonne cause et d'aller offrir son bras et son sang, s'il le faut, au digne représentant de Jésus-Christ sur la terre. Plus tard, quand l'orage se sera dissipé et que des temps meilleurs auront lui sur l'Église, l'intrépide zouave redeviendra l'élève du sanctuaire, si une mort glorieuse et ambitionnée par les grands cœurs ne l'a pas mis en possession de la couronne due à son dévoûment.

L'Alsace catholique

On lit dans l'*Univers* du 4 janvier 1868 :

« On nous écrit de Strasbourg que la lettre circulaire du 8 novembre de Mgr Ræss, évêque de Strasbourg, à l'occasion de l'Encyclique du 17 octobre 1867, a produit l'effet que nous en attendions : l'Alsace catholique s'ébranle, et, de tous les points de ce vaste diocèse, n'en déplaise aujournal le *Temps*, accourent à Strasbourg un grand nombre de volontaires pour l'armée pontificale. Déjà, nous sommes heureux et fiers de le dire, le nombre des volontaires alsaciens, partis depuis le 8 novembre, s'élève à deux cent trent-neuf.

« Tous sont animés des meilleurs sentiments, ils n'ont tous qu'un désir : mourir pour la cause de l'Église et la défense du Saint-Siége. Nous avons entendu sortir de la bouche de l'un d'eux, à qui l'on faisait comprendre qu'en s'engageant il ne recevrait aucune prime, ces belles paroles : « Vous m'offririez mille francs, que je ne les accepterais « pas; je pars pour soutenir la cause de ma religion. »

« Un autre, dont on cherchait à ébranler la résolution et le courage par la représentation des dangers auxquels il allait être exposé, répondit avec vivacité : « Je ne crains « rien de tout ce que vous me dites; le Saint-Père est menacé, il lui faut des défenseurs, je pars. »

« A Strasbourg, à la gare du chemin de fer, un gendarme s'approche d'un groupe de volontaires, et leur adresse la parole en ces termes : « Où allez-vous? — A Rome. — A « Rome! dit le gendarme étonné; mais on a dû vous donner « une forte somme d'argent? — Non, non, répond un des « volontaires : ici, nos vies ne sont pas si chères; mais, là-« bas, nous les ferons payer bien cher. »

« A ceux qui ont eu le triste courage de jeter l'insulte à la face de ces nobles jeunes gens, nous leur demandons si les mercenaires ont coutume de proférer de telles paroles.

« Le départ de nos volontaires est des plus touchants et ne ressemble en rien à celui d'un grand nombre de recrues de notre armée, d'ordinaire si bruyant. Calmes, comme il convient à des braves, ils partagent les dernières heures qu'il leur reste à passer au foyer paternel, entre Dieu et leurs familles. C'est au pied des autels, au Dieu des armées qu'ils demandent le courage et la force nécessaires pour marcher sur les traces de cette vaillante armée pontificale dont les prodiges de valeur ont naguère excité l'étonnement et l'admiration du monde entier.

« Qu'il nous soit permis de rapporter ici un passage d'une lettre qui nous a été adressée des environs d'Altkirch (Haut-Rhin). On y verra les excellents sentiments de nos volontaires :

« On a bien voulu me permettre de passer le dimanche « dans ma famille. J'ai été témoin de tout ce que je vais « vous dire.

« Le matin, mon frère a reçu les Sacrements de Pénitence « et d'Eucharistie avec beaucoup de dévotion; il a passé la « journée dans des entretiens affectueux et gais, et l'a ter-« minée en faisant la prière du soir, en commun, avec toute « la famille.

« Il m'a répété plusieurs fois qu'il partait avec bonheur, « et que la crainte d'y laisser la vie ne l'attristait nullement. « Ceci m'a donné beaucoup de consolation.

« Il reçut avec les embrassements de ses parents leur bé-
« nédiction, et partit avec une grande sérénité d'âme.

« Va, lui cria sa mère en le suivant des yeux remplis de « larmes, va, mon fils, c'est pour une bonne cause; marche « avec courage dans ce chemin de l'honneur. »

« Puisse le cri de cette mère être entendu de beaucoup de cœurs! Puisse-t-il susciter encore de nombreux courages! »

Le Canada français

Le Canada français et catholique a l'honneur de compter plusieurs de ses enfants parmi les défenseurs du Saint-Siége. L'un d'eux, M. Alfred Larocque, ayant été blessé, l'appel suivant fut aussitôt adressé aux *catholiques canadiens* et publié dans les journaux du pays :

« *Catholiques canadiens*, — Si vous le voulez, dans quelques semaines 300 des vôtres seront des zouaves pontificaux et feront route vers la Ville Éternelle. Ces 300 hommes n'oublieront pas qu'ils sont et catholiques et Canadiens, et, comme leurs ancêtres, ils sauront, au besoin, donner leur sang pour une cause sainte.

« Un Canadien, soldat du Pape, vient d'être blessé, que 300 le remplacent! Canadiens, le voulez-vous? »

Le journal *le Nouveau Monde* nous apprend que « la ques-« tion des *zouaves pontificaux* s'est emparée avec une « grande force de l'opinion catholique à Montréal. » Il ajoute : « Tout ce que la vieille France a légué aux Canadiens de foi catholique, de valeur chevaleresque et d'esprit guerrier s'est réveillé, dans ces jeunes cœurs, avec une énergie qui rappelle le mot chrétien de *Dieu le veut* des Croisés. Un nombre assez considérable de jeunes gens des mieux posés sont venus inscrire leurs noms sur la liste ouverte aux bureaux du *Nouveau-Monde*, offrant au Pape leur argent et leurs bras. »

Le mouvement est général, et il répond ainsi aux perfides insinuations de ceux qui ne veulent y voir qu'un acte d'opposition au gouvernement français et une manœuvre de ce qu'ils appellent les anciens partis. En Europe, ce sont tous les pays qui tiennent à être représentés à Rome ; les États-Unis d'Amérique ont eux-mêmes envoyé des volontaires au Pape (1), et, comme le dit le *Nouveau Monde*, « le Canada tient à être aussi représenté dans cette glorieuse armée chrétienne que la grande cause de l'Église réunit aujourd'hui de tous les points du monde dans Rome. »

Les Zouaves hollandais

Il y a un mois, se présentait au comité un jeune marin d'origine hollandaise, né à Batavia et qui avait passé toute sa vie en mer. Il n'avait été élevé dans aucune religion ; mais, d'après ce qu'il avait entendu dire du Pape, il se sentait enflammé d'amour pour lui, il voulait le servir et d'abord entrer dans la religion catholique. Instruit et préparé par un zélé Religieux hollandais, il a reçu le baptême et il est parti enthousiaste et heureux. Pie IX n'aura pas de soldat plus dévoué.

Les *Études* contiennent dans le numéro de décembre un article sur les *zouaves hollandais de l'armée du Pape*, que nous avons lu avec un vif intérêt. Le P. Marquigny, l'auteur de cet article, rappelle que c'est le 8 décembre 1866, jour

(1) M. le général de brigade Caroll Tevis, de l'armée du Nord des États-Unis, est parti de Paris pour Rome, où il va s'engager comme simple soldat. M. Caroll Tevis est sorti de l'école militaire de West-Point, et il a gagné son grade dans la dernière guerre des États-Unis, qu'il a faite tout entière.

Il a annoncé à son passage que plusieurs de ses collègues, catholiques comme lui, se préparaient à suivre son exemple.

A présent, la Révolution peut tuer les « mercenaires du Pape ; » il y en aura longtemps.

où Pie IX annonçait l'intention de décerner un culte solennel aux martyrs hollandais de Gorkom, que commença en Hollande la pacifique agitation qui, en dix mois, allait donner à Rome 1,224 soldats. Un seul diocèse, celui-là seulement qui a pour évêque le promoteur de la cause de canonisation des martyrs de Gorkom, c'est-à-dire le diocèse de Harlem, a fourni 639 volontaires.

Jong, un des héros des récents combats, qui a abattu tant de garibaldiens avant de tomber, est devenu populaire en Hollande. Trois autres Hollandais ont été tués à Monte-Libretti, et huit y ont été blessés.

La première victime qui ait eu l'honneur de donner sa vie, au nom de la Hollande, pour la cause du Pape, fut Heykamp, d'Amsterdam. Les trois soldats de la compagnie du capitaine Legonidec, blessés à Bagnorea, étaient Hollandais.

On a dit au dernier congrès de Malines, font remarquer les *Études*, que les familles patriciennes de Hollande, fidèles au catholicisme, s'étaient vues obligées de s'exiler successivement, et qu'aujourd'hui, à cause de cela, il n'y a guère dans les Pays-Bas de noblesse catholique. Voici qu'une noblesse nouvelle se lève des rangs du peuple, noblesse qui n'est inférieure à aucune autre, et que les plus anciens blasons ne valent pas toujours.

Une centaine de Hollandais sont tombés, morts ou blessés, au champ d'honneur; plus de trois cents les ont déjà remplacés. Le dimanche 24 novembre, la rade de Rotterdam, la seconde ville du royaume, aux deux tiers encore protestante, offrait un spectacle solennel et saisissant. Environ cent cinquante volontaires allaient quitter le port; vingt mille spectateurs étaient là ; on se disait adieu, on pleurait, on chantait de joie.

En montant sur le bateau, les volontaires entonnent le chant national et crient : « Vive Guillaume III ! » Cette manifestation patriotique électrise la foule ; un moment elle se sent toute catholique et répond : « Vive Pie IX! » Les noms du Pape et du roi de Hollande se mêlèrent dans une acclamation immense (1).

(1) Au dernier congrès de Malines, en 1867, M. l'abbé Brouwers a présenté un vivant et éloquent tableau de l'état du catholicisme en Hollande. Les jansénistes ont presque disparu. Comme nombre, ils sont aux catholiques ce que 1 est à 371. Les Hollandais ne sont plus un peuple de protestants. Le roi Guillaume III est juste et bienveillant envers tous ses sujets : aussi les catholiques sont-ils tous dévoués à son trône. Le mal vient d'ailleurs. Ce que le protestantisme a commencé par le fer et le feu, il l'a continué *légalement*. C'est dans la bourgeoisie que le catholicisme est fort surtout.

« La Société de Saint-Vincent de Paul a obtenu la personnification civile. Les catholiques ont leurs cimetières particuliers, et jamais on n'a tenté de les violer. Ce sont les évêques qui ont réglé l'administration des biens ecclésiastiques, et on a donné force de loi à leur règlement. Dans les prisons, on ne distribue de viande aux prisonniers ni le vendredi ni le samedi, là où il y a des catholiques.

« Le libéralisme, comme en Belgique, veut s'emparer de l'enfance par ses écoles. Des deux calices de l'Église, le plus précieux sera vendu plutôt que de subir ce malheur.

« La vie intérieure de l'Église se développe et s'affermit. Le récent Concile provincial a été un événement capital, et Rome l'a approuvé et loué sans réserve. Une foule d'ordres religieux, même les jésuites, sont établis sur le sol hollandais.

« Quant aux œuvres, les chiffres parlent plus haut que toutes les paroles pour attester le dévoûment et la générosité de nos frères du Nord.

« Quoi de plus admirable que les zouaves pontificaux envoyés par la Hollande? Dans ce pays on aime peu le métier des armes. Mais Pie IX demandait des novices du martyre, et il en a été envoyé du seul diocèse de Harlem, 639! En tout, 1,224 enfants de la Néerlande se sont enrôlés sous le drapeau du Saint-Siége. Les Français, habitués à vaincre, sont cette fois vaincus; mais ils voudront reprendre bientôt la première place.

« Des chiffres encore montrent le merveilleux accroissement du nombre des églises catholiques. Et c'est l'art chrétien qui a présidé à ces édifications.

« Un seul journal catholique, le *Tyd*, a réuni dès la première année plus de 400,000 francs pour les étrennes pontificales. »

Après ces détails si intéressants par eux-mêmes et si bien présentés, M. l'abbé Brouwers s'élève à des considérations éloquentes sur l'esprit général et les sentiments des catholiques hollandais, ainsi que de leurs journaux :

« Ils mettent leur gloire, dit l'éloquent orateur, à être dociles en toute chose aux enseignements du Saint-Siége. Ils rejettent toute doctrine, tout système, to te politique contraires à cet enseignement. Ils n'admettent

Combien ce dévoûment est beau

Les engagements et les départs des zouaves continuent, dit M. L. Veuillot. Ils sont nombreux, nous en connaissons de particulièrement sublimes : des frères qui suivent leurs frères déjà sous la croix ; d'autres qui vont remplacer un frère mort, d'autres qui, ayant déjà servi, ayant déjà versé leur sang, mais ne croyant pas avoir assez fait, puisqu'il leur reste quelque chose, le donnent de nouveau. De nobles enfants, devant qui s'ouvrait le plus beau et le plus doux avenir, abandonnent tout, prement le fusil de leurs mains que le travail pouvait non-seulement enrichir, mais illustrer, et des pères et des mères, après une vie de rudes labeurs auxquels la fortune n'a pas souri, portent à l'autel cette unique richesse, ce dernier lambeau de leur cœur, car Dieu leur a déjà beaucoup demandé, et ils n'ont rien refusé.

Le monde ne voit pas ces choses, ou ne les voit qu'à travers un nuage qui lui en dérobe la beauté ; mais ceux qui les contemplent face à face, et qui pleurent, demandent à Dieu de pouvoir faire aussi quelque chose, et leur âme s'affermit pour jamais.

La charité chrétienne est inépuisable; mais la charité

nulle réserve, nulle interprétation particulière. Ils veulent la liberté telle qu'elle est définie au Vatican, telle que l'Encyclique et le *Syllabus* la règlent. (*Vifs et enthousiastes applaudissements.*) Ils veulent le progrès comme le Pape le veut, et pour le trouver, c'est vers Rome qu'ils se tournent, comme l'héliotrope se tourne vers le soleil. C'est la vérité qui donne la vraie liberté. »

Ce grand langage de la foi, cette expression ferme, claire, chaleureuse du devoir des catholiques, cet hommage rendu si haut et si nettement à l'Encyclique et au *Syllabus*, acceptés tout entiers dans leur esprit comme dans leur lettre, ont produit sur l'assemblée une profonde impression. Les cris de *Vive Pie IX ! Vive le Pontife-Roi ! Vive l'Encyclique !* éclatent de toutes parts. Le discours de M. l'abbé Brouwers a été sans contredit l'un des plus éloquents et des meilleurs, mais aussi l'un des plus applaudis de la session.

française ressemble à l'armée de notre pays : elle n'est jamais prise au dépourvu ; elle n'est jamais à bout de ressources, même et surtout dans les moments les plus difficiles. Voilà ce qui s'appelle invinciblement des hommes de cœur. Ils sacrifient tout pour rester fidèles à ce principe de la France monarchique : l'honneur, et ils vont se faire tuer pour une idée.

Ils ne sont pas de leur époque, c'est possible ; mais on accordera, du moins, que, par ce temps d'affaiblissement moral, ils donnent un exemple qui ne sera jamais trop contagieux. Pour nous, nous ne pensons pas qu'il y ait pour une famille chrétienne une plus noble illustration que celle qui est acquise ainsi au prix du sang le plus pur et le plus généreux. Est-ce que ce n'est pas là la véritable et sainte origine de la noblesse ? On avait dit que les grandes familles avaient besoin d'offrir au monde l'exemple de la réparation et du dévoûment : en vérité elles ne font pas défaut aujourd'hui à leur illustration d'autrefois. Que les autres classes de la société les imitent !

» Ah ! disait un vénérable curé des environs de Bordeaux, les zouaves, je les considère comme voués au martyre. » Ce bon prêtre pleurait d'attendrissement en causant avec eux : il s'informait de leur nationalité, de leur famille, leur demandait depuis combien de temps ils servaient, s'ils étaient heureux. Citer quelques-unes de leurs réponses, c'est faire le plus bel éloge de ce corps d'élite.

La création des zouaves pontificaux comptera parmi les plus pures et le plus illustres gloires de notre époque. Au milieu d'une société que le matérialisme le plus abject et le plus grossier envahit chaque jour de plus en plus, en présence de tant de trahisons et tant de lâchetés, c'est un spectacle singulièrement fortifiant pour l'âme chrétienne que celui de cette petite armée si dévouée et si généreuse dans son dévoûment. A voir l'ardeur chevaleresque et la foi sublime de ces jeunes gens, on se croirait transporté aux temps des croisades, et l'on remercie Dieu de pouvoir être témoin d'un si grand et si noble exemple (1).

— Les zouaves du Pape ne sont point des soldats ordinaires qui servent un homme ou une idée passagère dans l'espoir d'une distinction. Tant s'en faut. Le dévoûment le plus désintéressé les a conduits jusqu'à Rome, le dévoûment les y fera rester.

Oui, ces enfants, ces héros s'appellent les défenseurs de la cause catholique ; ils représentent l'univers chrétien. Originaires de la Hollande, de la Belgique, de la France (nous sommes au troisième rang), de l'Angleterre, de l'Italie, de l'Amérique, la plus cordiale fraternité règne parmi eux. Ils se connaissent, ils s'aiment avant de s'être rencontrés. Des soldats qui saluent le prêtre avec un œil limpide

(1) Ce qui distingue ces généreux enfants de la France, accourus spontanément, librement et volontairement à la défense d'une cause que les passions antireligieuses et révolutionnaires, coalisées avec les rancunes démocratiques et les aspirations césariennes, ont cherché et en partie réussi à rendre impopulaire, c'est la simplicité et en même temps l'étendue du dévoûment.

Ils forment une légion sacrée qui ne sera pas une des moindres beautés du pontificat de Pie IX, une des moindres illustrations de l'histoire de notre temps, de notre temps dont les ombres épaisses feront mieux ressortir aux yeux de la postérité ces clartés catholiques.

Or, les engagements ne donnent lieu à aucune prime. La solde est la même que dans l'armée française, ainsi que les règlements administratifs et disciplinaires. Il faut, avant de partir, être décidé à accepter toutes les exigences de la vie militaire la plus rude et la plus exposée, sans espérer aucune pension de retraite ni aucune gratification ; les limites d'âge sont au minimum dix-huit ans et au maximum quarante. Un dévoûment sans limite à l'Église et au Saint-Siége peut donc seul expliquer les nombreux engagements qui se font chaque jour dans l'armée pontificale.

Et remarquez que ces volontaires n'ont en perspective ni la gloire ni les distinctions. Ils se vouent à une besogne ingrate, à des travaux obscurs. Tenir garnison dans quelque bourgade perdue de la campagne romaine, et, dans le cas d'une attaque de l'ennemi, courir à travers les quelques lieues carrées de l'État pontifical, puis tenter l'assaut périlleux de quelque *rocca* perdue dans les montagnes de la Sabine, et, pour couronnement, recueillir les sarcasmes des beaux-esprits.

et une figure radieuse, cela se voit encore en France, mais à Rome cela se voit toujours.

O nobles rejetons des plus grandes familles, vous avez de la naissance, de la fortune, un avenir brillant qui vous attend. Tout cela est mis de côté pour servir le Chef visible de l'Église !

Qu'espèrent-ils donc en agissant de la sorte ? Faire un rempart de leurs corps au Pontife vénéré dont le règne sera immortel à cause des tribulations qui l'ont assailli. Tous ont juré de mourir pour la cause du Pape. Plusieurs accomplissent leur serment dans les salles d'un hôpital où la fièvre les consume, dans les eaux du Tibre où on les précipite, sous le couteau d'hommes soudoyés, quand le soir ils s'égarent seuls dans les rues.

Il n'y a pas une contrée qui ne soit représentée dans l'armée du Saint-Père. Cela est sans doute voulu de Dieu, afin que l'humanité, avec la diversité de ses races, ait le mérite d'être aussi *témoin* de Jésus-Christ, de participer à la défense de son vicaire, et de sauver ainsi, à Rome, l'honneur du monde et l'intérêt de la civilisation chrétienne.

Nous ne parlerons pas de l'Europe : toutes les nations, sauf la Russie, — nous le craignons pour elle, — ont des soldats sous la bannière de l'Église. Mais l'Asie, l'Afrique, l'Amérique, l'Océanie, les Iles fournissent au seul régiment des zouaves leurs représentants. L'Asie, en effet, a envoyé un Indien, le prince Rosamy ; l'Afrique, un Éthiopien ; les deux Amériques ont envoyé des sujets des latitudes les plus opposées, depuis le Canada jusqu'au Pérou ; l'Océanie a envoyé un jeune homme transporté brusquement de l'état sauvage à la dignité humaine, et aujourd'hui sergent ; Saint-Dominique, l'île de la Réunion, Haïti, des enfants de couleur appartenant à des familles de condition. N'est-ce pas là un signe admirable de l'universalité de la cause du Pape et un gage certain de la victoire de cette cause ?

Que faut-il penser, d'ailleurs, de l'enthousiasme des catholiques et de l'accueil que leur fait le grand Pape Pie IX ? Disons-le : L'Église, étant dans la nécessité d'affirmer son pourvoir temporel par la force, va sans nul doute rassembler autour de son Chef Visible les éléments que l'Esprit de Dieu suscite parmi les nations. Et nous aurons le bonheur de voir à Rome une armée catholique ayant le caractère particulier qui convient à la Foi catholique. En dépit d'obstacles de toute sorte, de luttes violentes contre la Révolution, des prohibitions possibles des gouvernements, des contradictions qu'elle trouvera en elle-même, peut-être, cette armée sera organisée. Elle aura ses héros et ses martyrs ; elle constituera peut-être un de ces ordres chevaleresques qui ne furent pas une des moindres gloires du temps passé, mais un ordre en harmonie avec les mœurs et les idées de notre siècle, dans lequel la démocratie semble devoir tout absorber, pour qu'à un jour donné l'Église, soumettant cette démocratie, la délivre du joug révolutionnaire et lui impose la forme chrétienne.

Bénédiction de Pie IX à son armée

Le Saint-Père a fait la réponse suivante aux officiers de son armée qui étaient venus, le jour de sa fête, le 27 décembre 1867, lui offrir leurs hommages :

« La force, quand elle est armée pour détruire, quand elle porte la ruine là où règnaient l'ordre et la paix, alarme justement l'Église, qui prie Dieu d'éloigner d'elle un tel fléau ; mais quand la force s'arme pour maintenir le bon ordre menacé d'être abattu, quand elle se lève pour soutenir les droits de la justice divine, et se pose devant les factieux, les rebelles, les barbares, réunis pour combattre tout ce qu'il y a de plus saint au monde, elle mérite alors que tous les hommes la remercient, elle a droit à toute leur gratitude.

« C'est vous, messieurs qui êtes aujourd'hui cette force, et c'est pourquoi vous devez être bénis de tous. Ce fer que vous portez à votre côté, vous l'employez non à détruire, mais à conserver, et si vous l'avez tiré pour frapper le rebelle, l'injuste, le criminel, c'est comme auxiliaires de la Providence, comme défenseurs du droit de tous. Persévérez et vous arriverez certainement au but. Soyez d'accord entre vous, comme le sont les éléments de la création qui, bien que divers entre eux, concourent tous à une seule et unique fin.

« Marchez toujours, dans cette même affection que vous n'avez cessé de montrer pour la foi de saint Pierre ; la foi, unie aux œuvres, fait resplendir la vie militaire, et, grâce au dévoûment du soldat, les familles vivront tranquilles dans leurs foyers, les magistrats administreront en toute sécurité la justice, et nous-mêmes nous pourrons jouir de la paix de l'univers.

« Dieu veuille confirmer ma parole et vous bénir, afin que vous soyez par votre constance les modèles de vos familles, de vos concitoyens et du monde entier.

« Je vous bénis aussi dans vos parents, je vous bénis dans vos biens, je vous bénis enfin pour cette patrie céleste où il nous sera donné de jouir éternellement de la souveraine félicité. »

CHAPITRE IV

LES NOUVEAUX CROISÉS

Quand on voit tous ces nobles jeunes gens quitter famille, patrie, bien-être pour s'enrôler dans l'armée du Pape, on se croirait au temps des croisades. Quel spectacle! quel élan! Ah! le duc Jacques de Fitzjames avait bien raison de le dire, et sa parole est restée; elle restera éternellement vraie: « La France est toujours la grande France! » Qui donc prétendait qu'elle était devenue indifférente, sceptique, voltairienne, et qu'elle ne savait plus porter que des couronnes de fleurs? Chateaubriand, d'un cœur si français, la jugeait mieux quand il écrivait: « Sonnez de la trompette, et vous trouverez la France à cheval. »

Oui, il suffit de lui montrer la croix pour que la nation très-chrétienne sente se réveiller dans son cœur sa vieille devise: *Gesta Dei per Francos*. Oui, c'est Dieu qui agit par elle; c'est Dieu qui la conduit, c'est Dieu qui la pousse. Tandis que les bandes révolutionnaires, enflammées de toutes les mauvaises passions, se ruaient en avant en criant: « A Rome! à Rome! » des voix catholiques leur ont répondu de ce côté-ci des Alpes: « Oui, à Rome! A Rome! à Rome pour soutenir ce que vous voulez renverser! à Rome pour défendre ce que vous attaquez! à Rome pour mettre des poitrines françaises entre les ennemis de l'Église et l'auguste Pie IX! »

C'est comme une nouvelle croisade! Les mères qui disputent leurs enfants aux guerres qu'elles détestent, *detestata matribus bella*, enrôlent elles-mêmes leurs fils pour cette guerre sacrée. Elles savent que l'Église aussi est une mère. Que parle-t-on de ces femmes spartiates qui offraient leurs enfants à la patrie? Il n'est pas besoin de remonter le cours de l'histoire et de réveiller les échos de l'antiquité pour rencontrer cette merveille. La mère des Machabées est retrouvée; elle est ici, elle est là, elle est partout. Elle excite ses fils à combattre le bon combat; la veuve décroche, en Vendée et en Bretagne, le mousquet suspendu à la muraille, et elle dit à l'aîné des orphelins: « Si votre père était là, il partirait; partez, mon enfant. Allez où serait allé votre père. Que Pie IX vous bénisse, et que Dieu vous ramène! Vos sœurs et moi, nous vous attendrons en priant pour vous. »

Et de tous côtés on part, on va grossir le bataillon sacré (1). Ceux qui ne peuvent donner leur sang donnent leur or. Avec quel élan la souscription pour la défense de la Papauté a été ouverte et soutenue. L'argent arrive comme un cours d'eau que chaque jour de nouveaux affluents vienent grossir. Le denier de la veuve et l'obole du serviteur s'y rencontrent avec l'or du riche, comme le sang du paysan, de l'ouvrier, se mêle dans cette croisade nouvelle avec le sang de nos vieilles races. C'est l'égalité de l'héroïsme et du dévouement devant la croix de Jésus-Christ.

Les familles chrétiennes tiennent à honneur d'être repré-

(1) On envoie de Palerme à l'*Italia militare* la statistique officielle des réfractaires, déserteurs et individus sous le coup d'un mandat d'arrêt, appartenant à la circonscription de l'île, qui ont été pris ou qui se sont présentés pendant le mois d'août dernier. Il en résulte que, comme au 31 juillet il y avait 10,640 individus à arrêter dont 385 seulement ont pu être pris, au 31 août il demeurait encore à arrêter 10,344 individus ainsi classés: réfractaires, 8,653: déserteurs, 879; mauvais sujets sous le coup d'un mandat d'arrêt, 812. Rien ne saurait mieux témoigner à la fois de l'impuissance de la force publique et de la répugnance de la population à accepter le joug du gouvernement italien.

sentées à Rome dans cette circonstance solennelle. Ah! jeunes gens! jeunes gens! vous mettez de la joie et de la fierté dans le cœur de vos pères. Ils vous diraient volontiers comme Joseph de Maistre à son fils Rodolphe : « Revenez ou emmenez-moi avec vous! » Mais ils ne songent pas à vous retenir. Ils vous approuvent, ils vous envient, ils vous admirent. C'est un si grand bonheur pour un père que de pouvoir admirer son enfant (1)!

Parmi toutes ces jeunes têtes, ces têtes blondes et brunes, apparaissent çà et là quelques têtes blanches ou chenues. L'enthousiasme et le dévoûment sont de tous les âges. C'est ainsi qu'on a vu partir pour Rome le noble et chevaleresque duc de Luynes, qui est allé mettre aux pieds du Pape sa vie comme sa fortune. J'aime à voir à nos grandes races cette chaleur contre laquelle le poids des années ne peut rien, cet élan que rien n'arrête, et à la nouvelle de l'acte de dévoûment du noble duc de Luynes, je me suis rappelé ce roi de Bohême dont parle Chateaubriand, et qui, sachant que son gendre le roi de France était en guerre avec l'Anglais, partit avec six de ses chevaliers, et vint de-

(1) La conduite des chemises rouges fait ressortir la fidélité des soldats du Pape.

Menotti Garibaldi, commandant en chef des bandes révolutionnaires qui ont envahi les États-Romains, a publié un ordre du jour qui deviendra célèbre.

Le voici, d'après la *Gazette du Midi* :

« Messieurs les officiers sont responsables du service et de la discipline de leurs soldats. Un corps composé de vingt hommes, choisis et commandés par le sous-lieutenant Oreste Zannetti, sera destiné à empoigner tous ceux qui pourraient abandonner leur compagnie, afin que par un conseil de guerre ils soient sévèrement punis et même fusillés. Ceux qui parviendront à éluder la vigilance de leurs supérieurs seront publiquement couverts d'infamie et déclarés devant l'Italie vils et traîtres par la voie des journaux. »

Ainsi, ces bandes garibaldiennes qu'on disait composées de volontaires poussés par l'ardeur de leur patriotisme, se débandent et fuient. Pour les retenir dans les rangs, pour les décider à se battre, pour empêcher leur désertion, il a fallu qu'on prît contre eux des mesures draconiennes. Qu'est donc devenu cet élan enthousiaste dont on a fait tant de bruit?

mander sa place au combat, afin de férir un bon coup d'épée dans la mêlée, « et, estant aveugle, continue le chroniqueur auquel Chateaubriand emprunte ce récit, fist attacher son cheval aux chevaux de ses chevaliers, et ainsi s'en allèrent au plus fort de la meslée, et si avant y entrèrent qu'au lieu d'un coup le roi en férit bien vingt, et fut trouvé sur un monceau de morts, la face tournée à l'ennemi, l'épée au poing et le front toujours menaçant (1). »

Voici comment l'éloquent évêque de Versailles apprécie cet élan merveilleux :

« Que dire de ces soldats du Christ qui nous ravissent en admiration et qui étonnent leurs ennemis par la générosité de leur dévoûment et par la grandeur de leur courage! Oui, ces jeunes gens d'élite qui tiennent l'épée uniquement pour la vérité et la justice, et qui consacrent les plus belles années de leur vie à la défense du Saint-Siége, nous consolent de toutes les bassesses, de toutes les trahisons, de toutes les félonies dont nous sommes témoins. En se couvrant d'une gloire impérissable, ils creusent un sillon lumineux où d'autres sauront les suivre. Il y a plus de deux mille ans, quelques hommes de la nation juive s'immortalisèrent par leur valeur dans les combats qu'ils soutinrent pour leur patrie et pour leur religion. Il y a six siècles, des armées chrétiennes s'ébranlaient dans toutes les parties de l'Europe pour porter la guerre au sein du mahométisme, et pour arracher le tombeau du Sauveur à la profanation des infidèles. Nous le disons avec bonheur, le sang des Machabées, le sang des croisés du moyen âge, coule dans les veines des héros dont nous parlons; et ces héros, qui égalent leurs ancêtres en bravoure, les surpassent si l'on fait attention à la différence des temps. L'appellation de *Maréchal de la Foi* a donné un lustre particulier à l'une des familles les plus distinguées de France. Il y aura quelque chose de

(1) A. Nettement.

semblable pour tous ceux qui sont accourus, pour tous ceux qui accourront au secours du Pape contre les barbares de la civilisation. Ils seront bénis de Dieu et des hommes, et ils rapporteront à leurs familles des titres de noblesse que la postérité ne désavouera pas. »

Nous voyons dans ces jeunes soldats immolés pour la plus grande des causes, non pas les soldats très-vaillants des combats vulgaires, mais de nouveaux et glorieux Machabées qui ont livré leur âme au péril, afin que les choses sacrées et la loi principale qui soutient toutes les autres et protége la société tout entière, demeurassent debout. Oui, nous pouvons le redire avec un légitime orgueil, puisqu'ils étaient partis en grand nombre des rivages de notre France, ils ont couvert toute leur nation d'une gloire incomparable. On a dit avec raison et justice de ce pays de France qu'il sent bien le charme exquis des grandes choses. Il vient de le prouver encore une fois au monde catholique par cette légion de braves, sortis des rangs de la noblesse et du peuple, qui se sont élancés à la défense du domaine de saint Pierre, envahi par les descendants très-directs d'Attila. On les a vus, ces admirables soldats du Pape et de la France, dans la fleur la plus aimable de leur jeunesse, attester que le pays de Charlemagne et de saint Louis, qui envoyait jadis ses preux mourir pour délivrer le tombeau du Christ, n'a pas épuisé encore tout ce généreux sang, puisqu'il s'en est trouvé pour arroser le tombeau des Apôtres. Ceux-là ne se sont point appuyés uniquement sur le nombre de leurs chars et la rapidité de leurs coursiers : *Hi in curribus et hi in equis* ; mais bien plutôt sur le nom du Seigneur : *Nos autem in nomine Domini;* et c'est pour cela qu'ils ont vaincu, et c'est pour cela que l'univers entier les acclame. « Aux yeux des insensés, ils ont paru mourir, disent encore nos saints Livres; mais leurs âmes sont dans la main de Dieu, et le tourment de la mort ne les touche pas. » Leur trépas a été estimé une affliction par les cœurs faibles; le glorieux chemin par lequel ils semblent s'être dérobés à jamais à nos regards a paru les conduire à l'extermination; mais eux, ils sont dans la paix, et leur espérance est pleine d'immortalité. Désormais les collines de Monte-Rotondo et les plaines de Mentana, rajeunies du souvenir des monts Gelboë, seront célèbres dans les fastes de l'Église; la rosée céleste descendra plus que jamais sur elles, parce qu'elles ont vu tomber pour la cause du droit et de l'honneur les nouveaux vaillants d'Israël et les descendants des croisés.

F. B.

Lettre pleine de foi

Les *Annales d'Orléans* publient une lettre admirable de dévoûment et de foi, écrite par l'un de nos plus honorables compatriotes à un ecclésiastique d'Orléans, à l'occasion du départ de son second fils pour les zouaves pontificaux. Nous reproduisons cette lettre, non sans avoir rappelé que l'aîné des deux fils est depuis longtemps auprès du Saint-Père, après avoir renoncé à une brillante position et à un avenir qui s'annonçait sous les plus heureux auspices.

« Marseille, 5 novembre 1867.

« Mon cher ami,

« Nous avons reçu de Paul quelques mots écrits à la hâte. Depuis quinze jours ses compagnons et lui ne s'étaient pas déshabillés; ils avaient été dirigés sur Monte-Rotondo pour secourir la garnison assiégée. Arrivés trop tard, et craignant d'être coupés par les garibaldiens, ils s'étaient repliés sur Rome, et ils étaient rentrés après une marche forcée de dix-huit heures sans manger; là, ils avaient campé sur la place de Saint-Pierre, et le 31, après l'arrivée d'une brigade française, on les lançait de nouveau dans la Sabine, à la recherche de Garibaldi, qu'on supposait être dans les environs de Monte-Rotondo. Édouard a été rejoindre la semaine passée son frère aux zouaves. Depuis longtemps ce cher enfant nous demandait d'aller s'engager à Rome. Nous le lui avions toujours refusé à cause de la faiblesse de sa santé. Pour le distraire de cette idée, je l'avais envoyé passer quelques jours à Paris. Tout d'un coup, il y a huit jours, il nous arrive inopinément à dix heures du soir; il nous annonce qu'on lui a dit à Paris qu'il n'était pas trop tard encore pour voler au secours du Saint-Père, qu'un bateau allait partir dans quelques heures, et qu'il venait nous supplier de ne plus s'opposer à son départ. Je combattis de nouveau sa résolution et lui refusai mon consentement; le pauvre enfant me promit d'un air désolé de se soumettre, lorsque sa mère me dit : « Laissez-le partir; cet enfant a « toujours été si pieux, si prudent, si soumis à nos moindres « volontés, et il insiste depuis si longtemps ! La volonté de « Dieu exige de nous ce nouveau sacrifice; faisons-le gé« néreusement, et si nous ne pouvons être martyrs par le « corps, comme le seront peut-être nos pauvres enfants, « soyons martyrs par le cœur. » Cet héroïsme de dévoûment me désarma; je n'examinai pas si ce courage de ma pauvre femme n'était pas plus généreux que réfléchi, je cédai. Nous nous embrassâmes tous en pleurant, et quelques heures après Édouard, heureux, calme et serein, partait pour Rome.

« Adieu, mon cher ami; pardonne-moi d'être venu te faire part de toutes mes sollicitudes : mon anxiété est si grande que je cherche de tous côtés des prières pour mes pauvres soldats et pour leur mère, et j'étais sûr qu'en m'adressant à toi, tu ne les refuserais pas à ton vieil et toujours dévoué ami. « A. DE M. »

Un zouave de quinze ans.

D'une lettre écrite de Rome par un des correspondants de la *Foi picarde* nous extrayons le passage suivant, qui ne sera pas sans intérêt pour nos lecteurs :

«... C'était la veille de la Saint-Pierre; beaucoup de curieux se promenaient dans la vaste basilique, cherchant à mesurer de l'œil les prodigieux préparatifs de la solennité J'aperçois des personnes agenouillées autour de la Confession; plus loin, trois religieuses françaises en oraison (Mme Alphonse et deux de ses filles), un soldat qui lit à genoux son chapitre de l'*Imitation*. Sur la droite, le costume d'un zouave arrête mon regard. « Tenez, fis-je au vénérable ec« clésiastique, mon voisin, voici *un enfant* déguisé en dé« fenseur du Pape; il a tout au plus quinze ans.— Bonjour « mon enfant. — Bonjour, monsieur le curé. — Mais vous « êtes bien jeune pour porter l'uniforme militaire. — On « m'a reçu par privilége. » Je reproduis, pour l'édification de vos lecteurs, le récit intégral :

« J'ai seize ans, et je ne suis zouave que depuis quatre jours. Un vœu m'a conduit ici. Mon père, incrédule renforcé, vivait, depuis cinquante ans, en dehors des principes religieux. Comme il était depuis longtemps malade, ma pieuse mère, une sainte (à ces mots, un cercle humide parut autour des yeux de l'enfant), demandait instamment sa conversion: mes deux petites sœurs priaient aussi pour la même fin, et moi, depuis deux ans, j'avais promis au bon Dieu de me faire zouave du Pape, si mon père avait une mort chrétienne. Son grand âge, ses infirmités nous faisaient trembler car il résistait toujours à la grâce. Depuis quinze jours toutefois, il laissait approcher de lui un vieux prêtre; on causait de chose et d'autre, et le malade acceptait des bonbons. Mon père se montrait reconnaissant à l'égard de son visiteur, mais il l'avertissait à l'avance qu'il ne se confes serait jamais. Nul besoin d'espérer. « Je veux qu'on me « laisse mourir tranquille, je n'ai pas besoin de prêtre pour « mourir; pas de grimaces devant moi. » Les prières de la vertueuse famille, le sacrifice renouvelé du fils aîné opéraient sourdement avec une efficacité visible. Or, la veille de la mort, l'ecclésiastique vient, selon son habitude; il s'arme de courage, entame une conversation sérieuse; puis avec une douceur apostolique: « Mon ami, voulez-vous « faire un acte de contrition de toutes les misères de votre « vie? » Alors le malade se dresse, les yeux hagards. « Com- « ment? cst-ce que vous m'auriez confessé? — Oui, Mon- « sieur T... — Quoi! ce n'est pas plus difficile! Attendez, « j'ai encore certaines choses qui me gênent. » Il recommence une confession dans les dispositions les plus chrétiennes.

« L'absolution changea cet homme; l'après-midi il priait, il parlait de son bonheur, il mêlait ses larmes aux larmes de sa femme et du vénérable prêtre. Sur sa demande, le saint-viatique, l'extrême-onction lui furent apportés. Ce n'est point tout; le lendemain arrive son fils, qui avait quitté le collége dirigé par le religieux de Saint-Bertin. « Mon en- « fant, mon Gustave, dit le père en l'embrassant, je connais « tes désirs de servir dans l'armée pontificale; fais-moi un « plaisir: quinze jours après ma mort, pars et deviens « zouave. » Quinze jours plus tard, l'enfant interrompait ses études (il était en troisième); il partait sous la conduite de Mgr Lequette. L'évêque d'Arras eut audience du Souverain-Pontife. Après avoir déposé les vœux de son diocèse, il dit: « Très-Saint Père, permettez-moi de vous présenter un ca- « deau que vous envoie une pieuse mère de famille : ce ca- « deau, c'est son jeune fils qui veut servir dans votre armée.» A cette vue, Pie IX ému sourit comme il sait sourire: « Mais, « mon enfant, vous êtes trop jeune; personne n'est accepté « s'il n'a dix-sept ans. » Et l'enfant de répondre, un peu déconcerté: « Saint-Père, qu'au moins je vous serve parmi vos

« valets. » Fut-il compris? Oui, car le Pape comprend par faitement le français. « Allons, nous ferons une exception.

« L'enfant est zouave; il reste au dépôt, caserne Sain Calixte; il porte fièrement son arme défensive.

« Cette histoire vous touche-t-elle? Une chose me remu plus profondément: c'est la cause sacrée qui donne nais sance à des sacrifices si héroïques. Car j'ai cité un trait; il en a des centaines. F. Griez. »

Noble père, noble enfant

Quoi de plus touchant que le trait suivant emprunté à l *Chronique religieuse*, redigée par le père même des deu zouaves dont il est question dans ces lignes :

« Il y a peut-être un peu d'orgueil paternel dans la re production des lignes suivantes; mais nos lecteurs l'excu seront facilement et nous sauront gré, nous le croyons, d ne point passer sous silence un fait qui nous touche de près Voici donc ce que nous lisons dans une lettre adressée d Rome à l'*Univers*:

« Au moment où j'écris, un zouave, Joseph Benezet, d Toulouse, entre chez moi.

« — Je viens prendre congé de vous, me dit-il. Ma com pagnie est envoyée à Monte-Rotondo, où elle va rejoindr la cinquième du deuxième bataillon qui s'est si bravemer battue à Monte-Libretti.

« Joseph Benezet, que j'avais toujours vu doux et tran quille comme une pensionnaire, porte la tête haute, n'e plus embarrassé de ses longs bras, serre la poignée de so sabre, a l'œil fier et brillant.

« — Mais, mon ami, j'ai vu votre excellent père il y a que ques jours. Il pleure votre frère Ernest, mort du choléra l'hôpital d'Esprit. Le cœur de votre mère trouve peut-êt que c'est assez d'avoir donné un fils au Saint-Siége, et je suis chargé de supplier le colonel de vous laisser retourner en France.

« Or le jeune zouave n'entend pas de cette oreille.

« — Et l'honneur, et la gloire, et le ciel! s'écrie-t-il.

« Il est transformé.

« — Je pars dans un instant, adieu. Je suis avec mon sergent de Montbel, qui est revenu prendre son poste. On se battra demain à Monte-Rotondo; peut-être attaquera-t-on Nérola, où est le gros de l'invasion. Et vous voudriez que je songeasse à rentrer en France! Mais ce serait déserter. Aux zouaves on ne déserte pas, on n'est pas prisonnier. On meurt, ou l'on est vainqueur. »

Admirable lettre écrite par un noble cœur

Veut-on savoir quelle grandeur d'âme et quelle noblesse de cœur la foi chrétienne est capable d'inspirer à un jeune homme, qu'on lise la lettre suivante, écrite de Paris, le 15 novembre, par le fils de M. le juge de paix de Melun :

« Mes chers parents, cette lettre vous apprendra quelque chose que ma dernière tendait à vous faire pressentir : je pars prochainement pour Rome. C'est une résolution d'une portée sérieuse et profonde ; je l'ai prise sans être influencé par personne, et je l'ai mûrie en face de Dieu. Aussi, j'attends votre acquiescement généreux. Le spectacle des héroïques efforts de la petite armée romaine avait bien de quoi soulever l'enthousiasme ; néanmoins, ce n'est pas cela qui m'entraîne aujourd'hui ; c'est la lecture de la *Cité de Dieu*, de saint Augustin. Ce beau livre a fait de mon enthousiasme une connaissance calme et indélébile, il m'a découvert le vrai sens de la vie chrétienne et son vrai but, avec le seul moyen d'y parvenir, qui est le sacrifice. A Rome, le sacrifice offre tous les traits de la souveraine beauté. Celui qui s'offre, non-seulement élève son âme bien haut, mais fait une œuvre d'apostolat réel. Il a l'indicible honneur de porter la vérité vivante : s'il tombe, cette vérité s'échappe avec un merveilleux éclat de toutes parts et féconde ce qu'elle touche; ses quelques derniers morts ont suscité un bien immense. Vous regarderez toutes les considérations que je vous offre, mes chers parents, d'un œil ferme et dévoué; le rôle de tout jeune catholique est de s'affirmer courageusement; il est bien de commencer sa vie propre par l'adhésion à la protestation commune; cela, j'espère, inclinera pour toujours ma vie du bon côté.

« Dans votre milieu recueilli, rempli naturellement d'idées chrétiennes, vous ne savez pas quelle force il faut pour affronter Paris. Vous ne pouvez vous figurer la multitude de ceux qui se perdent, et la rapidité avec laquelle on s'engloutit. Le plus affermi ne peut répondre de lui; j'en ai des preuves douloureuses. Mettez en regard cette existence de danger moral avec le danger physique de Rome, et vous aurez l'exacte portée de ce que je fais.

« Ah! ne croyez pas qu'il n'y ait point de frémissement en moi, à la pensée de vous quitter. Dieu m'a donné l'amour de ma famille, toujours très-vif et très-consolateur. Je vous prierai seulement de faire attention que l'absence du corps n'est rien. Celui-là seul qui s'isole de cette circulation de foi et de charité, caractère essentiel de la famille catholique, qui ne voit en elle qu'un bien-être relatif, celui-là se peut dire absent. Lorsqu'il y a communauté de sacrifice, à l'heure où Dieu mortifie pour faire vivre, la véritable union se décèle. Il faut remercier à genoux ce grand maître de la mort et de la vie, celui qui peut tout et sait tout rendre avec usure; car toute demande de sacrifice est un cachet d'élection. »

Un bel exemple

On nous communique une lettre qui peint dans un seul ces vertus de tous qu'on a pu admirer déjà dans les martyrs de Castelfidardo et dans les martyrs des derniers combats. Un jeune homme, presque un enfant, déclare, en apprenant l'invasion garibaldienne, qu'il veut partir. « Je ne puis plus supporter le repos, dit-il, quand je pense que je suis utile à Jésus-Christ dans son Vicaire. » Et, la veille de son départ, il disait encore à sa tante, qui lui tient lieu de mère : « Assurez-moi que si la tante se désole de mon départ, la chrétienne se réjouit de ma résolution ; dites-moi que vous approuvez le parti que je prends. Dès mon enfance, j'ai pris l'engagement de servir l'Église, et plus que jamais je veux me consacrer à elle. »

Et les parents se montrent dignes de leurs enfants; leur cœur est déchiré, mais ils consentent au sacrifice. La race des vieux chrétiens n'est pas éteinte. Il y a des prières, il y a des sacrifices, il y a des dévoûments : ce sont là les conditions du salut; le salut viendra, et ceux mêmes qui aujourd'hui s'irritent contre les défenseurs de l'Église et du Saint-Siége, reconnaîtront en eux les sauveurs de la société chrétienne et de la civilisation.

Un séminariste devenu soldat du Pape

Montmorillon, 8 octobre 1867.

« Mes chers parents,

« Je vous écris pour vous demander une grande grâce. Je vous en supplie, ne me la refusez pas. Le Saint-Père est, comme vous le savez, en ce moment-ci en butte aux plus infâmes trahisons. Vous savez cela mieux que moi. Le temps passe et de gros nuages s'amoncellent sur la tête de notre vénéré Pontife. Vous avez déjà sacrifié un de vos fils, Augustin, mon frère, pour la défense de la sainte cause, je vous en prie, permettez-moi de l'aller rejoindre et de mettre, moi aussi, le faible secours de mes bras au service du Saint-Père. Je vous en serai toujours reconnaissant. Ne croyez pas que je veuille abandonner tout à fait le séminaire. Oh ! non, jamais je n'ai eu cette pensée. Je sens trop bien que le bon Dieu m'appelle à l'état ecclésiastique, pour vouloir quitter la maison où je goûte avec tant de bonheur les éléments de cette sainte vocation. Oui, si le bon Dieu m'accorde encore de vivre après les funestes événements qui menacent, je reviendrai au séminaire. Je vous en prie donc, mes chers parents, accordez-moi ce que je vous demande. Répondez-moi poste pour poste et ne me laissez pas dans l'inquiétude.

« Adieu, mes chers parents, je vous embrasse bien tous et vous prie de croire plus que jamais à mon affection sincère pour vous.

« Votre fils qui vous aime et vous aimera toujours.

« Joseph D***.

« Ne croyez point que c'est un coup de tête, non, j'y ai mûrement réfléchi. J'ai obtenu le consentement de M. Arignon. Je vous en prie, donnez-moi le vôtre. Hâtez-vous, car le temps presse, et si vous tardez il pourrait bien être trop tard. Si d'ici dimanche je n'ai point de réponse, je penserai que vous y consentez. Adieu, adieu. Je vous embrasse tous. »

Ah ! nous pouvons répéter, avec un écrivain catholique, que nous assistons à un spectacle magnifique. Tandis que des missionnaires s'en vont, de plus en plus nombreux, jusqu'aux extrémités du monde, continuer le sanglant apostolat des premiers siècles, des chrétiens non moins intrépides et en plus grand nombre encore s'enrôlent dans une milice volontaire pour défendre l'indépendance du vicaire visible de Jésus-Christ.

Rien de pareil ne s'était vu depuis l'époque où l'Europe se levait en masse pour arracher la Terre-Sainte aux infidèles. On a beaucoup plaisanté depuis quelque temps sur les fils des croisés; on les a appelés des mercenaires; on vient de les voir à l'œuvre, ces fils des croisés : oui, mais les fiers barons du moyen âge partaient avec leurs vassaux : c'étaient des capitaines qui menaient des hommes d'armes à leur suite. Leurs descendants ont eu de plus grands sacrifices à faire. Jeunes, habitués aux douceurs d'une position aisée et quelquefois opulente, ils ont échangé ces douceurs contre la vie monotone de la caserne, obéi à ceux qui, hors de là, eussent été leurs inférieurs; puis, le jour du danger venu, ils ont combattu avec vaillance et versé leur sang, animés de la même foi qui fit les martyrs.

On disait le catholicisme expirant; déjà on ne comptait plus avec lui ; on avait attaqué la divinité de son fondateur proclamé un droit nouveau et une morale indépendante : on cherchait la religion des temps à venir; et voilà que le catholicisme se lève plein de vie et qu'à la grande stupéfaction de ceux qui prédisaient sa fin, il s'affirme par des actes qui proclament sa perpétuelle jeunesse. Car les multitudes aussi applaudissent, et si elles ne versent pas leur sang, elles versent leurs aumônes et leurs prières pour la défense du Père commun des fidèles. Il n'est pas jusqu'aux artisans, jusqu'à ceux qu'on nomme de nos jours prolétaires, qui ne se cotisent pour offrir leurs épargnes comme un tribut de filial dévoûment.

M. de Maistre a écrit quelque part que, s'il connaissait le nombre des vocations au sacerdoce parmi les familles nobles de l'Europe, il prédirait l'avenir; c'est que le sacerdoce est un sacrifice fait à la cause de Dieu. Mais, donner ses enfants pour conserver au Souverain-Pontife son indépendance est un sacrifice aussi, fait non par les familles nobles seulement, mais par toutes celles que la vertu et l'intelligence ont classées dans un rang élevé.

Nous n'avons pas l'intuition de M. de Maistre, pour prévoir les événements futurs; mais, quand on est témoin de si grandes choses, on peut espérer que la Providence réserve encore à son Église d'heureux jours.

Courage et valeur des soldats du Pape

Les soldats du Pape! ces mots autrefois ne frappaient pas l'imagination, n'excitaient pas l'admiration; ils sont devenus aujourd'hui synonymes de dévoûment, de courage, de sacrifice; ils représentent la foi, l'honneur, les sentiments généreux, la piété filiale des catholiques. Ah! ne disons pas trop de mal d'un temps où la plus sainte des causes rencontre de si nombreux serviteurs qui souffrent volontairement pour elle, lui donnent tout, jusqu'à leur sang (1)!

Sans doute nos épreuves sont grandes, et nous coudoyons les desseins pervers; mais il faudrait remonter aux vieux siècles pour trouver un spectacle comparable à ce qui nous touche et nous ravit aujourd'hui. C'est que, de toutes parts, se fait sentir un besoin de justice, une lassitude de triomphes iniques; c'est que le souffle chrétien a réveillé les âmes et

(1) On lit dans la *Semaine* d'Arras :

« On en riait, il y a quelque vingt-cinq ans, quand il s'agissait d'une poignée de Suisses, de vieillards, dont l'unique fonction était de monter la garde au Vatican, et l'on renvoyait aux *soldats du Pape* le jeune homme timide qui craignait la poudre et la pluie. Les temps ont changé. L'Empereur offre ses félicitations au Saint-Père sur la valeur de ses troupes, et la Révolution a tremblé devant les « mercenaires du Pape. » Écoutez plutôt comme on en parle aujourd'hui :

« Les événements — dit le *Figaro* — dont le petit État-Romain vient « d'être le théâtre ont mis en relief l'excellente organisation, le courage « et l'ardeur de la petite armée pontificale. Sur tous les points, les sol- « dats du Pape ont tenu tête victorieusement aux bandes envahissantes, « et les ont délogées des positions qu'elles avaient réussi à occuper. »

que la force catholique devient la grande force de ce temps.

Jadis, les malheurs de Jérusalem redits aux foyers de nos pères attendrissaient les cœurs et enfantaient les héros; maintenant, les malheurs du Pape sont l'entretien des familles, et font naître les résolutions sublimes. Les projets vaillants ne se laissent retenir ni par les douceurs de la maison, ni par les plaisirs que procure la fortune, ni par l'enchantement d'heureuses destinées qui s'entr'ouvrent; la joie de se dévouer l'emporte sur toutes les joies, et les séductions du péril sont plus puissantes que toutes les autres. Ce sont là de saintes merveilles; elles s'inscriront en lettres ineffaçables au front de l'époque où nous sommes et seront sa gloire. Heureuses les familles qui auront fourni leur contingent à cette légion thébaine de la Papauté! Quelle page dans leurs archives! quels titres de noblesse! quels titres devant Dieu et devant les hommes! Ceux qui restent ne sont pas moins touchants que ceux qui partent; cette croisade a son budget; on voit chaque jour dans les colonnes des journaux religieux de quoi il se compose.

Les dons ont leur élan, et la générosité est magnifique. On se prive, on économise, on fait des sacrifices. Des enfants et des jeunes filles se cotisent pour l'équipement et l'entretien d'un défenseur du Pape; tous les âges et toutes les conditions ont été vus à l'œuvre dans ce grand et religieux effort, et le zouave pontifical est l'expression armée de ce beau mouvement des âmes.

Ne séparons point ici ceux qui sont si étroitement unis sous les mêmes étendards. Les troupes du Pape, soit qu'elles s'appellent zouaves ou légion d'Antibes, soit qu'elles viennent de notre patrie, de la Belgique, de la Suisse ou de l'État pontifical, ont un droit égal à nos hommages. Si les soldats du Pape diffèrent de langue, ils ne diffèrent pas d'intrépidité; et de même que les missionnaires aux pays lointains, quelle que soit leur patrie, marchent d'un pas égal vers l'immolation, ainsi les défenseurs du Saint-Siége, malgré leurs origines différentes, se montrent admirables parce qu'ils ont tout quitté, admirables dans la discipline et devant l'ennemi.

Que leur campagne a été rude dans ces dernières semaines! Que de nuits sans sommeil et de jours sans repos! S'ils n'avaient eu affaire qu'aux bandes garibaldiennes, leur besogne n'eût été ni longue, ni ardue; mais ils se sont trouvés en présence d'une complicité qui organisait et multipliait les agressions, en présence d'armes perfectionnées et de combattants éprouvés. L'armée italienne, qui avait mission d'empêcher de passer, ouvrait ses rangs et fermait les yeux; elle faisait plus encore, elle se débandait au profit de l'invasion, et les sentinelles faisaient cause commune avec l'ennemi.

De là, pour les soldats du Pape, un surcroît imprévu de difficultés et de périls; avec quelle vaillance ils en ont triomphé! Le monde le sait aujourd'hui. Ces combattants d'hier ont été solides comme des vétérans, et plus les flots de l'invasion montaient, plus les sentiments héroïques leur montaient au cœur. Les blessés sont restés debout tant qu'ils ont pu tenir un fusil, et les morts se sont endormis en murmurant des prières. Tombés pour une sainte cause, ils sont martys, car ce n'est pas le tout de mourir, il faut mourir pour la justice, et ce n'est qu'à ce titre-là qu'on est martyr.

N'avez-vous pas remarqué, parmi tant de récits qui chaque jour nous arrivent, le récit de cette marche d'un de nos bataillons de zouaves, allant à la rencontre de l'ennemi, et se confessant chemin faisant? Pressés d'aller au combat, ils n'avaient pas le temps de se mettre à genoux pour avouer leurs fautes et en être absous, ils se confessaient en s'avançant à pas rapides vers le danger, et la bénédiction qui purifiait leur conscience doublait leur courage. Nos adversaires en riront : nous leur souhaitons d'avoir, aux approches de leur trépas, la paix profonde de ces zouaves réconciliés avec Dieu aux approches du péril (1).

Les soldats du Pape, quoique inférieurs en nombre, ont tenu tête à toutes les forces de l'invasion; ils ont sauvé Rome malgré les attaques du dehors et malgré les perversités inhumaines dirigées contre eux au dedans par une poignée de vils stipendiés. Ils ont tenu bon jusqu'à l'arrivée de notre armée, et nos soldats reconnaîtront aisément, à leur vaillance, des enfants de la France parmi les défenseurs du Saint-Siége, qui nous sont particulièrement chers (2).

Quelques silhouettes de soldats du Pape (3)

Encore un préjugé dont il faut revenir. Garibaldi se vantait de les chasser de Rome « à coups de crosse de fusil ; » ils l'ont attendu à la baïonnette, un contre dix. Il n'est plus possible aujourd'hui de rire des soldats du Pape, et sa

(1) La *Gazette* de Marseille rapporte ce fait édifiant :

« Un vicaire de notre ville était accosté l'autre jour, dans la rue Paradis, par un jeune homme très-distingué, qui, paraissant à la portière de sa voiture, pria très-poliment l'ecclésiastique de prendre place à ses côtés, ayant une petite communication à lui faire. En même temps le jeune homme à la physionomie franche et ouverte déclinait son nom et son but : « Je suis le comte de *** ; je pars ce soir pour Rome, pour « défendre le Saint-Père dans l'armée pontificale. Seriez-vous assez « bon, monsieur l'abbé, pour m'entendre en confession? » L'abbé, profondément ému, ne pouvait se refuser à une telle demande. Le temps pressait : il réconcilie dans la voiture le héros chrétien, appelle sur sa tête des bénédictions justement méritées, et le quitte en enviant son sort. Pour voler à la défense du Saint-Père, le comte de *** laisse un père déjà âgé, trois sœurs encore jeunes, et il n'y a que trois mois qu'il a perdu sa mère. Quel sublime sacrifice ! »

(2) M. Poujoulat.

(3) Nous empruntons les portraits suivants à un journal rédigé par des libres penseurs qui ne sont pas toujours justes envers Rome. Ces appréciations n'en auront que plus de valeur. Nous y avons ajouté quelques notes.

petite armée, bon gré mal gré, commande le respect. Il est vrai que le Français a passé par là. Oui, il y a là du Français à forte dose, et le zouave d'Afrique reconnaît son cliché dans le zouave pontifical ; seulement on trouve ici un peu moins de diablerie que là.

Nous ne connaissons pas tous les officiers de l'armée romaine, et nous ne pourrions les photographier tous ici ; mais quelques noms ont été plus souvent prononcés en ces derniers temps ; nous pouvons du moins crayonner plusieurs physionomies qui nous sont familières.

Le général Kanzler. — C'est le pro-ministre des armes. Le général Kanzler est Badois, et n'a pas encore atteint la cinquantaine. Il ne paye pas de mine, surtout quand il est vêtu en pekin. On le savait brave ; à Ancône, commandant les forts extérieurs et plusieurs redoutes importantes, il avait donné des preuves de la plus brillante valeur. C'est lui qui, lorsque Lamoricière exprima l'avis de continuer la défense, dans un conseil d'officiers réunis dans une casemate labourée par les bombes, répondit au nom de tous que le général en chef pouvait compter sur eux à la vie et à la mort.

Il eut l'honneur de repousser les dernières attaques tentées par l'ennemi, lorsque le drapeau parlementaire flottait déjà depuis plusieurs heures sur les bastions, et il fut admirablement secondé par le capitaine de Castella, aujourd'hui chef de bataillon.

Il a fait taire les envieux, et il montre aujourd'hui une activité et un sang-froid rares. Il est marié à une Romaine douée d'une âme virile, et qui saurait manier un revolver ; pour le quart d'heure, madame Kanzler s'est dévouée à soigner les blessés avec une Anglaise d'un grand cœur, madame Stones.

Le pro-ministre des armes a pour secrétaire M. le vicomte Charles de Saint-Priest (1).

LE COLONEL D'ARGY. — Il appartient à une bonne famille de l'Orléanais. Beau-frère du lieutenant général comte d'Aragon. Le vrai colonel français. Haute taille, prestance militaire, belle figure ; vit paternellement avec les officiers de la légion d'Antibes ; aime à répéter les paroles qu'il a entendues de la bouche de l'Empereur au moment où il accepta sa mission. Plein de confiance, fait peu de politique, ne plaisantera pas avec MM. les Italiens s'ils l'approchent de trop près.

LE COLONEL ALLET. — D'une famille suisse qui a donné bien du sang à la France, et qui a fourni un lieutenant-colonel à notre armée. Grand ; figure à la fois martiale et débonnaire, parole lente et calme. Je ne sais à quel corps il commandait à Castelfidardo, mais M. Becdelièvre raconte qu'il se trouva un moment presque seul à cheval sur un point du champ de combat, entouré de quelques officiers; ses soldats s'étaient éclipsés. Est-ce bien vrai?... M. Allet est aujourd'hui à la tête d'un des plus beaux corps d'élite que puisse présenter une armée, celui des zouaves. Il les traite en gentilshommes qu'ils sont ; hors de la caserne, où la dis-

(1) C'est le même général Kanzler qui avait envoyé à la légion romaine dirigée sur Nérola un ordre conçu en ces termes : « Deux compagnies « de la légion partiront ; elles battront les insurgés et rentreront à « Rome. » Et nous en sommes encore, au collége, à admirer les mots d'Épaminondas !

On écrivait de Rome :

« Ce matin, le ministre des armes a rapporté de l'audience de Sa Sainteté sept cents décorations et grades pour la petite armée pontificale, et une plaque en diamants que Pie IX a voulu attacher lui-même sur la poitrine du vainqueur de Mentana, qui peut à juste titre se glorifier d'avoir sauvé l'autorité temporelle du Saint-Siége d'une épouvantable catastrophe, et d'avoir remporté une palme qu'il ne fut pas donné à l'immortel Lamoricière de cueillir.

cipline est justement maintenue, on n'entretient plus que des rapports de courtoisie et d'aménité.

Les Charette. — Des six petits-neveux du général vendéen, cinq sont à Rome ; ce sont MM. Athanase, Ferdinand, Alain, Urbain et Armand. Le sixième, Louis de Charette, qui a porté aussi le harnais pontifical, est marié avec mademoiselle de Goyon-Matignon ; il est demeuré en Bretagne pour perpétuer le nom, si ses frères sont fauchés.

Le baron Athanase de Charette, lieutenant-colonel du régiment des zouaves, a environ trente-cinq ans. De taille au-dessus de la moyenne, très-blond, le visage frais et coloré, l'air franc, tant soit peu fier, mais affable, il a de la ressemblance avec un auguste exilé. Il est superbe à cheval. Du courage d'un Charette, on n'en parle pas. Il fut blessé à Castelfidardo. Comme les guerriers antiques, il avait ouvert la mêlée par un combat singulier entre les deux fronts d'armée, combat dans lequel il appliqua un magnifique coup de sabre à un officier piémontais qu'il reconnut alors pour un de ses camarades de l'Ecole militaire de Turin. Il a servi chez le duc de Modène.

Marié avec mademoiselle de Fitz-James, il est demeuré veuf avec deux enfants. Vrai grand seigneur, bien que les Charette fussent avant notre révolution de simples petits gentilshommes, il tient table ouverte chez lui. Il ne thésaurisera pas, quelles que soient les positions où puisse le conduire la fortune. M. le comte de Chambord l'appela un jour « son meilleur ami. » Ah! si le Pape avait beaucoup de soldats de cette trempe (1) !

(1) Voici un extrait de la lettre écrite de Rome, le 20 novembre 1867, par le R. P. Vincent-de-Paul à un de ses amis de Nîmes :

« Je viens de dire ma messe dans une toute petite église : à mon action de grâces, je m'aperçus que j'avais pour voisin un uniforme de zouave. C'était le lieutenant-colonel de Charette. Il me dit bonjour de ce ton dégagé et ouvert dont il ne se départit jamais et se mit à prier. Il y a deux jours,

Ferdinand Charette, vigoureux Breton, bronzé, fortement charpenté, était officier dans un des bataillons étrangers du roi de Naples. Pendant le siége de Gaëte, il passa dans l'artillerie comme lieutenant. En entrant dans les zouaves, il a déclaré qu'il n'accepterait aucun grade, pas même celui de caporal.

Un instant, au pied de la Vigna Santucci, que défendent les garibaldiens, les balles pleuvent si dru que les zouaves paraissent déconcertés. Aussitôt le lieutenant-colonel Athanase de Charette s'élance. Il agite le bonnet rouge d'un chef garibaldien qu'il a mis hors de combat :

En avant, les zouaves ! s'écrie-t-il, ou je vais me faire tuer sans vous.

Les de Charette sont des héros. L'héroïsme est leur naturel et les enveloppe comme un vêtement. Encore qu'ils aient la même foi vive, le même élan irrésistible, ils sont divers. Ferdinand ne ressemble pas à Athanase ; Alain ne tient

dans une fête magnifique donnée par les officiers de l'armée française, il a été traité en héros, en triomphateur, et personne ne paraissait jaloux !

« Douze ou treize jours avant, il restait plusieurs heures sous un feu meurtrier qui criblait de balles son pauvre cheval. Entre la victoire et la fête brillante, je le vis pleurer longtemps dans le petit oratoire qu'il a fait creuser aux catacombes de Saint-Laurent, entre deux cercueils, ceux de deux frères, ses compagnons d'armes, dont il avait fait déposer les restes, provisoirement, auprès de sa jeune femme qu'il a perdue.

« Tout ce qui est grand et beau s'allie dans cette nature si noble ! Voilà le moule où il faut se couler pour reformer une jeunesse chrétienne et française. Ah ! si la jeunesse de France pouvait comprendre tant de grandeur et mépriser tous ces amoindrissements auxquels la réduisent tant de préjugés trompeurs de notre époque ! »

A l'affaire de Nérola, l'intrépide Charette, après avoir battu, comme on le sait, les garibaldiens, a provoqué Menotti à un combat singulier, pour en finir d'un seul coup : mais le fils de l'*illustre ganache* a refusé, prétextant qu'il ne voulait pas se battre avec un étranger.

Le Pape, dit une correspondance romaine adressée au *Journal de Bruxelles*, voulant reconnaître le courage de M. de Charette, lieutenant-colonel des zouaves, qui a eu un cheval tué sous lui à Nérola et un autre à Mentana, lui a envoyé par un de ses camériers participants, Mgr Talbot de Malahide, une magnifique peau de léopard.

ni d'Athanase ni de Ferdinand. Chacun est lui-même. Les romans de l'ancienne chevalerie ont cherché à peindre des caractères héroïques, mais ils restent très au-dessous de la réalité, de cette réalité vivante que suscite à cette heure le péril de l'Eglise. C'est aux légendes des premiers âges du christianisme, c'est à la vie des saints, c'est aux fastes des légions romaines converties par les Apôtres qu'il faut demander des gestes pareils à ceux dont nous sommes témoins.

Alain de Charette, capitaine aux zouaves, a épousé dernièrement Mademoiselle de Bourbon-Busset: il a échancré sa lune de miel pour retourner plus vite à son poste.

Urbain de Charette a passé, comme Ferdinand, une grande partie de son adolescence chez S. A. R. Madame la duchesse de Berry; il a servi ensuite chez le duc de Modène et chez le roi de Naples. Aide-de-camp, pendant le siége de Gaëte, du général Riedmatten, commandant supérieur du front de terre. A Rome depuis quelques semaines seulement.

Armand de Charette n'a jamais été militaire; il s'est engagé dernièrement lorsque les événements se sont aggravés. Héritier de la duchesse de Narbonne, il doit avoir 250,000 ou 300,000 fr. de rente; c'est un de ces *mercenaires* qui ne voudrait pas de tel général piémontais pour cirer ses bottes.

M. DE BOURBON-CHALUS. — Le comte de Bourbon-Chalus commandait les guides de Lamoricière; il est maintenant attaché à l'état-major. C'est un rude poignet; je plains le garibaldien qui passera à sa portée. C'est à lui que le général Brignone disait, le soir de Castelfidardo: « Vraiment, Messieurs, à lire vos noms, on croirait lire une liste d'invités aux fêtes de Louis XIV. » C'étaient là ceux que M. Cialdini, l'ancien gendarme à la solde des christinos, appelait élégamment « un ramassis d'ivrognes étrangers. »

L'aîné des fils de M. de Bourbon-Chalus, étant encore au

collége de Vaugirard, sollicitait depuis longtemps déjà de son père la permission de s'enrôler parmi les zouaves; cette permission lui a été enfin accordée comme une récompense, lorsqu'il a eu passé ses examens et obtenu son grade de bachelier (1).

M. de Bourbon-Busset, frère de M. de Bourbon-Chalus, cherchait, il y a peu de jours, à réunir un millier de volontaires français pour les conduire à Rome.

M. DE CHRISTEN. — Agé d'une trentaine d'années, il a déjà conquis la renommée. Chef de bandes royalistes dans les Abruzzes, condamné aux galères par les incorruptibles magistrats du royaume d'Italie, objet des sympathies de toute la presse française, gracié enfin sur la demande de notre diplomatie, le comte Théodule de Christen reparaît sur la scène quand Pie IX appelle des défenseurs.

Figure douce et rêveuse, petites moustaches blondes, chevelure soignée, taille mince et assez élevée : tournure de flâneur. Je l'abordai un jour de février 1861 dans les rues de Rome. Il me dit qu'il allait faire une apparition dans les Abruzzes, où se trouvait encore sa colonne forte de 500 hommes. Deux jours après, je le rencontre de nouveau, cheminant dans le Corso, les mains dans ses poches :

« Eh bien ! Christen, lui dis-je, vous n'êtes donc pas parti ? — Je suis revenu, me répondit-il, et je rapporte même un petit souvenir de mon excursion. » Il me montra un léger paquet qu'il tenait sous le bras ; c'était un joli guidon enlevé aux Piémontais. Sa plus brillante affaire dans les

(1) M. de Bourbon-Chalus fils, caporal aux zouaves, se jette avec sept ou huit compagnons d'armes au milieu du feu des garibaldiens et se bat avec une énergie et un sang-froid admirables ; mais il ignore qu'il y ait en cela le moindre mérite. Il est brave, comme son père, parce qu'il est brave. Survient un capitaine français conduisant sa compagnie en bon ordre :

« Très-bien, Monsieur, dit-il à Bourbon-Chalus. Quand on se bat ainsi, on est digne de prendre la droite partout. Venez avec nous.

Abruzzes fut celle de Banco : sans canons, il repoussa plusieurs assauts de la division de Sonnaz, eut son sabre brisé par un boulet, prit plus de fusils aux Piémontais qu'il n'avait lui-même de soldats, et capitula, non-seulement avec les honneurs de la guerre, mais en emportant les armes conquises.

M. de Christen appartient à une excellente famille de la Franche-Comté; il fut orphelin de bonne heure. Il a fait la campagne de la Crimée comme sous-officier. Il allait prendre, l'an dernier le commandement d'un corps de volontaires reconnu par l'Autriche, pour revoir de près ses bons amis les Italiens, quand la paix fut signée à l'improviste. L'invasion du territoire romain lui permettra peut-être de régler cette vieille dette.

Son grade de colonel ne l'a pas empêché de s'offrir comme simple volontaire ; on lui a confié la direction d'une patrouille nocturne, composée exclusivement de princes romains et de gentilshommes français, et une des portes de Rome les plus exposées. Celle-là sera bien gardée (1).

Le duc de Lorges. — Parmi les familles illustres du diocèse d'Orléans qui se sont dévouées à la défense du Pape, nous devons mettre au premier rang la famille de Lorges. Tout le monde sait déjà quelle part glorieuse M. Augustin de Lorges, vicomte de Durfort, eut dans l'immortel combat de Castelfidardo; mais ce qu'on ignore et ce que, pour l'édification de tous et pour l'honneur de la noblesse orléanaise aussi bien que dans l'intérêt d'une grande et sainte cause, il importe de ne pas laisser secret, c'est que, parmi les volontaires groupés autour de Pie IX à l'heure du péril, Orléans comptait M. le duc de Lorges.

Malgré ses cinquante-six ans, M. le duc de Lorges n'a pas hésité à tirer de nouveau cette épée qui fut autrefois si

(1) Don Carlo.

glorieuse dans la guerre d'Espagne et dans celle d'Alger. Le duc de Lorges, on le sait, alors aide-de-camp de son beau-frère le duc d'Escars, s'est couvert de gloire dans nos combats les plus sanglants et les plus décisifs, et son nom fut plusieurs fois mis à l'ordre du jour. Toutefois, Pie IX, qui connaît et aime particulièrement M. le duc de Lorges, et qui apprécie tout ce que son dévoûment a de chevaleresque, craignant, et non sans raison, que le volontaire bientôt sexagénaire, malgré son grand courage, ne pût emboîter le pas toujours si rapide de ses jeune zouaves, lui dit, mais en souriant : « Je réserve mes braves pour ma défense personnelle; vous combattrez l'ennemi, mais lorsqu'il arrivera aux portes de Rome. »

Depuis lors, M. le duc de Lorges, volontaire dans la garde qui fait les patrouilles de Rome, passe ses nuits et ses jours l'arme au bras, veillant à la sûreté du Pape. Il y avait cinq nuits qu'aucun homme de sa compagnie n'avait eu un seul instant de repos, quand les bombes *Orsini*, lancées par les garibaldiens, rendirent le poste des gardiens du Vatican ni moins fatigant, ni moins périlleux que celui des martyrs de Monte-Rotondo et des héros de Tivoli (1).

Les soldats du Pape peints par eux-mêmes

On a dit avec raison : le style est l'homme. Mais c'est surtout dans le laisser-aller d'une lettre, dans cette causerie intime et familière avec un ami que l'on se montre tel qu'on est.

(1) De généreux chrétiens, qui voudraient coopérer de leur personne à la défense du Saint-Père, et qui ne peuvent s'engager, soit à cause de leur âge, soit par d'autres raisons, partent pour Rome à leurs frais, et vont se présenter au marquis Patrizzi pour être admis dans les rangs de la garde civique récemment formée autour du Souverain-Pontife. Nous croyons savoir que cette nouvelle forme de dévoûment est vue avec plaisir à Rome et sera accueillie avec empressement.

Nous avons donné plusieurs lettres de zouaves pontificaux ayant pris part aux derniers combats. Celle qui suit a été écrite par un nouvel enrôlé, fils d'un médecin des plus distingués ; elle montrera que les jeunes gens qui vont combler les vides faits par les balles garibaldiennes sont à la hauteur de leurs anciens :

« Eh bien! chère maman, j'ai endossé l'uniforme. J'en suis enchanté, et n'ai qu'un regret, mais bien profond: celui d'être arrivé trop tard et de n'avoir pu être à Mentana...

« En attendant, nous autres zouaves, nous sommes prêts à marcher avec plaisir ou à rester en garnison, si les circonstances l'exigent. Avant tout, la tranquillité du Saint-Père est ce qu'il y a de préférable, mais ce sera bien dur de revenir en France sans avoir vu le feu...

« Hier, pour la première fois depuis bien des jours, j'ai pu me déshabiller; jusque-là nous couchions sur la paille, dans les corridors d'un couvent. Aussi il me semblait entrer dans le paradis lorsque je me suis glissé entre deux toiles grises sur un lit que j'avais essayé de dresser. Vous ririez si vous nous voyiez manger à la gamelle, *astiquer* nos cuirs, les mains noircies par le cirage au delà du poignet, frotter nos guêtres, nettoyer nos cuivres; tous les agréments du métier! Par-dessus le marché, *l'as de carreau*, un sac de 60 livres à porter, et huit heures d'exercices par jour. Le matin, la lune nous voit défiler en colonne sur le pont Sixte, et nous diriger, à une demi-lieue, sur l'emplacement destiné aux exercices. A dix heures l'on revient, et pour faire passer la soupe que l'on avale, on a la distraction d'éplucher les pommes de terre pour le *rata* du soir. A midi sonnant, on retourne à l'exercice, et à quatre heures rentrée à la caserne. Liberté de sortir de quatre à sept, heure à laquelle il faut être présent à l'appel. A huit heures, tout le monde ronfle, et d'aplomb, je vous assure, car la fatigue est individuelle. Du reste, pas une plainte, pas un murmure; tout le monde est gai, content, résolu; et cependant il y a, pas loin de moi, tels et tels qui ne sortaient pas de chez eux sans que leur domestique ne leur offrît leur chapeau et leur canne, et qui ont presque autant de centaines de mille livres de rentes que de perles à leur couronne. C'est admirable, je vous assure, de les voir peler leurs pommes de terre en riant et donner l'exemple aux autres. J'ai pour voisin, par exemple, un certain M. de Costa de Beauregard, jeune homme d'une affabilité exquise et d'une exactitude militaire parfaite; il était lieutenant de vaisseau, décoré de la Légion d'honneur. Ce Costa donc, de la vieille famille de Savoie si connue, a donné sa démission, et il est là simple soldat, faisant corvées et gardes, et donnant l'exemple à tous...

« Je vous rapporte ce fait, entre tant d'autres, comme un de ces dévoûments VÉRITABLES dont je suis témoin et en même temps dont je suis confondu, et aussi pour que vous puissiez affirmer sur la foi d'un témoin oculaire, certes bien désintéressé par sa condition, que si un certain nombre des jeunes gens qui sont ici appartiennent par leur nom à la vieille France, ils sont venus à Rome par dévoûment au Saint-Père. Ils donnent, par leur courage à supporter les obligations mesquines et dures de la vie de garnison, un noble exemple d'abnégation dont la France peut être bien fière. Tout cela ne peut servir qu'à amoindrir beaucoup les quelques sacrifices que j'ai faits en venant ici; mais je le constate à leur honneur et par amour de la vérité...

« Je ne puis me consoler de n'avoir pas eu l'honneur de prendre part à la lutte; j'en pleure en vous écrivant. Serons-nous utiles plus tard, nous autres de la dernière heure? Je l'espère. Au moins la vie que nous menons, les ennuis inconnus, l'obéissance passive, les dégoûts, les petites souffrances de chaque jour acceptées volontairement pour le Saint-Père et la cause qu'il représente, valent bien, dans une balance impartiale, les dangers du champ de bataille.

Or, nous tous sans exception, grands, moyens et petits, nous sommes venus faire quelques sacrifices pour la défense de la vérité. Notre but est donc rempli ; nous sommes contents, et de regrets, il n'y a pas à en avoir... »

Les nobles défenseurs de la Papauté méritent assurément d'être honorés de toute manière. Leur dévoûment, comme leur courage, ne connaît pas de bornes, et ils sont disposés à accepter tous les sacrifices et toutes les fatigues, de quelque nature qu'ils puissent être. Ainsi, en ce moment, ils supportent sans se plaindre la nécessité de n'avoir qu'un peu de paille pour se refaire, durant la nuit, des durs travaux et des longues insomnies qu'ils ont endurés durant ces derniers temps. Les casernes étant insuffisantes pour loger tous les soldats qui se trouvent en ce moment à Rome, on s'est vu contraint de jeter de la paille dans les corridors et dans les grandes salles des couvents et des monuments publics et d'y caserner les troupes. Malgré cette dure privation de lit, surtout dans la saison actuelle, la petite armée pontificale est pleine d'activité et d'ardeur, fière des choses glorieuses qu'elle vient d'accomplir et pleine d'impatience de continuer son œuvre ; car elle sent, comme tout le monde, que la Révolution ne se tient pas pour vaincue, qu'elle se réorganise de nouveau et qu'elle essaiera une fois de plus, et avant peu, de se ruer sur les États de l'Église.

Les bandits garibaldiens d'après nature

Voici la lettre d'un zouave qui nous fait le portrait des garibaldiens. On pourra juger d'après cette pièce où se trouve l'honneur et quels sont les mercenaires.

Voici cette pièce :

« Pas l'ombre encore de la plus petite émeute. La Révolution en guenille ou en uniforme en a la rage dans le cœur

Elle fait des efforts prodigieux pour en avoir seulement un petit semblant. Rien ne lui réussit. Vraiment la Providence s'en mêle. Tous les jours les plans sont éventés, les émissaires sont arrêtés et coffrés. Même attitude partout dans la province, dans les localités les plus mal notées. Rien de ce que l'on craignait n'arrive. Les espérances sont dépassées. Vous savez ce que je pensais, ce à quoi je m'attendais.

« Eh bien! j'ai peine à en croire mes yeux et mes oreilles. Je vous pardonne votre incrédulité. Si je n'étais pas sur place, j'aurais bien de la peine à admettre seulement la moitié de la réalité. Oui, nos espérances, nos désirs sont dépassés. De trahisons, nulle part; de défections, nulle part; de soulèvements, nulle part. Partout des populations calmes, tranquilles au moins, ou prêtant un concours actif aux troupes pontificales. Enfin, je le vois par les journaux de France, la vérité a fini par se faire jour, on sait à peu près maintenant à quoi s'en tenir.

« Autant de mensonges que de mots dans les bulletins des victoires garibaldiennes; la vérité est que les prétendus insurgés n'ont tenu nulle part, et ce ne sont pas seulement les zouaves qui ont été ce qu'ils devaient être : toutes les troupes pontificales, toutes, entendez-vous, ont fait admirablement leur devoir. J'ai entendu des zouaves même regretter de voir que l'on parlait d'eux plutôt que de leurs camarades. Les soldats romains, comme la légion d'Antibes, n'ont rien laissé à désirer. Les Romains ont été d'un élan admirable à Bagnorea, et le détachement de la légion d'Antibes, qui se trouvait à Nérola, a montré une vigueur dont tout Français doit être bien fier. Les *antibiens* qui formaient l'avant-garde ont fait de nombreux prisonniers.

« Ceux-ci s'attendaient à être fusillés. Ils se sont jetés à genoux, demandant grâce. Puis, lorsqu'ils ont été rassurés sur leur sort, ils disaient : « Mais qui êtes-vous donc? Vous n'êtes pas zouaves, vous n'êtes pas Italiens? — Nous sommes les soldats de la légion d'Antibes! — Les soldats de la légion! Mais ce n'est pas possible; on nous avait dit que vous étiez pour Garibaldi et que vous passeriez de notre côté à la première rencontre! — Passer de votre côté! canaille! Eh bien! oui. Nous voilà avec vous et nous ne vous lâcherons pas; mais plus d'insultes, autrement, malheur à vous! » La plupart de ces misérables ont été indignement trompés. Quelques-uns, émerveillés du courage et de la générosité de nos soldats, leur demandaient de les enrôler parmi eux pour combattre à leurs côtés pour le Pape.

« L'un d'eux avouait avoir tiré sept fois sur M. de Charette. « Heureusement, ajoutait-il, je l'ai toujours manqué; c'est un homme que j'admire! — Misérable! disait Mgr Bastide au chef Moroni, de quel droit tirez-vous sur nos soldats et venez-vous nous faire la guerre? — Ah! si je suis coupable, il y en a bien d'autres aussi coupables que moi. — Mais quel mal vous a fait le Pape? n'est-il pas votre père à tous, le meilleur des souverains? — Ne nous parlez plus de souverains; nous ne voulons plus ni Pape, ni roi, ni empereur, mais la république universelle. »

« Il y a plus de 500 prisonniers au château Saint-Ange. Depuis hier, on cherche à les moraliser par des exercices spirituels.

« Les bandes garibaldiennes ont commis bien des atrocités. Elles ont indignement traité M. de Quélen, un saint et brave zouave mort à Monte-Libretti. Généralement cependant, les blessés restés prisonniers quelques heures entre leurs mains ont été humainement traités. »

Le chef des garibaldiens se nomme le comte Valentini, Napolitain, et sa bande est presque toute composée de gens appartenant au royaume de Naples.

C'est un homme hardi, à la tournure herculéenne, au visage militaire : il tient à la fois du reître et du gentilhomme.

« Si tous mes hommes, disait-il à nos officiers, étaient comme celui-ci, comme celui-là, comme tel autre (et il désignait divers de ses soldats), et comme moi, vous ne seriez pas entrés dans le fort. Le reste est un tas de canailles qui aime à tirer à couvert.

Les vrais mercenaires

Des renégats de profession, prêts à vendre leur conscience au plus offrant; d'infâmes politiques qui ont trahi tous les gouvernements assez dupes pour les employer ; des hommes qui portent si bien sur leur front l'empreinte de tous les vices que l'hypocrisie ne peut plus y trouver de place ; des misérables, enfin, qui ont atteint les derniers degrés de la honte et du cynisme, — ont osé traiter de *mercenaire* l'élite de la jeunesse catholique de la France et de la Belgique (1)!

(1) Au Corps législatif, le saint-simonien Guéroult, ayant appelé *mercenaires* les soldats pontificaux, a provoqué de vives réclamations. M. Thomas Kercado a fait entendre ces graves paroles : « Les volontaires qui sacrifient généreusement leur repos, leur jeunesse et même leur vie, pour la défense de l'ordre universel, dont la Papauté est la représentation suprême, ne sont pas des mercenaires, mais des héros. »

Le *Journal officiel de Rome* affirme que la prime offerte aux volontaires garibaldiens est de 50 fr. par engagement, et, de plus, 2 fr. par jour, à partir de leur entrée au corps. — On sait que le chef des chemises rouges est très-grassement rétribué, et que dans les pillages il ne manque pas de se faire la part du lion.

Un officier d'artillerie de l'armée pontificale écrit, dans une lettre, citée par la *Voix de Notre-Dame de Chartres*, janvier 1868 :

« Garibaldi avait promis à ses soldats le *saccage de Rome pendant trois* « *heures*, avec recommandation surtout de *n'épargner aucun prêtre*, et, « nouveau Lucifer, son cri de guerre était : *Vive l'enfer !* »

On lit dans la correspondance de Rome du *Clocher :*

« Passant ensuite à ces amas de poudre et d'armes qui ont été introduits clandestinement à Rome, M. Bérard nous donne des détails que la *Presse* a déjà reproduits et conclut comme il suit :

« Certes, ces approvisionnements homicides ne témoignent pas des sentiments pacifiques de la secte, mais ils sont, au contraire, la confirmation du funeste projet d'extermination révélé par les conjurés eux-mêmes, où 9,000 victimes, désignées à l'avance, devaient être massacrées. Plusieurs personnes de ma connaissance, de ma famille même, ont eu entre leurs mains le plan tout dressé de cette sanglante exécution, où le domicile de chaque proscrit se trouvait indiqué à l'encre rouge. »

Un zouave pontifical, en garnison à Tivoli, un *mercenaire*, qui, pour voler au secours du Saint-Père, a quitté son château et sa noble famille, adresse à ces *obscurs blasphémateurs* la pièce suivante, remplie d'une juste indignation :

Mercenaires, dit-on, nous sommes mercenaires,
Nous nous donnons au plus offrant!
Nous vendons pour de l'or les larmes de nos mères,
Et notre vie et notre sang!

Pour de l'or, accourus sous la même bannière,
Du Levant et de l'Occident,
Descendants des croisés ou fils de la chaumière.
Nous combattons au même rang!

Pour de l'or, oubliant l'orgueil de ta naissance
Et le repos de ton foyer,
O riche, viens ici promettre obéissance
A l'enfant de ton métayer.

Pour de l'or, renonçant aux récoltes prochaines,
A ta montagne, à ton vallon,
De ta charrue aimée abandonnant les rênes,
Laboureur, quitte ton sillon.

Mercenaires, nous tous! Si nous quittons la France,
C'est que l'or a bien son attrait!
Nous souffrons au départ... C'est pour la récompense.
Nous mourrons... mais c'est à prix fait.

Oui, nous avons touché, comme le prix d'un crime,
Tant par jour et tant par combat...
On a calculé tout, sans oublier la prime.
Depuis les morts de Mentana!

Non, c'est assez de raillerie!
Nous savons que la calomnie
C'est la flèche de l'insensé,
Qu'on nous décoche sans adresse
Et comme un trait qui se redrese
Contre celui qui l'a lancé.

Sachez-le, notre récompense,
C'est Dieu même que nous servons ;
C'est ce Dieu qui tient la balance;
Il a promis... nous attendons.

CHAPITRE V

CAMPAGNES DES SOLDATS PONTIFICAUX CONTRE LES BRIGANDS GARIBALDIENS

Nous avons esquissé le portrait des soldats du Pape et de leurs nobles chefs aussi distingués par leur naissance et leurs qualités que par leur courage. Avant de les mettre en présence des bandits garibaldiens, nous devons crayonner aussi les allures des chemises rouges et du *héros* des deux mondes si digne d'être à leur tête.

Les soldats de la Révolution

L'armée, ou plutôt les bandes garibaldiennes, se composent de l'écume de tous les pays que les tempêtes révolutionnaires ont jetée sur la malheureuse Italie. Un journal qui a souvent insulté l'Église et ses ministres, le *Figaro*, nous a fourni à ce sujet des aveux précieux. Il constaté qu'un quart de l'armée garibaldienne était composée de Français, d'Allemands et d'Américains; un autre quart avait été fourni par l'armée régulière. Ce contingent avait déserté avec ses papiers en règle (1). L'armée de Garibaldi est donc le résidu

(1) On lit dans l'*Union* :
« Nous avons reproduit, d'après une correspondance florentine du *Temps*, trois ou quatre des documents qui exposent au grand jour la complicité du gouvernement italien dans la dernière expédition garibal-

de la Révolution universelle, se ralliant, avec la complicité du gouvernement italien, à la voix de Mazzini, derrière le panache de Garibaldi. On ne le trouve pas toujours, ce panache-là, sur les sentiers de l'honneur.

On écrit de Rome au *Pays* :

« Le train par lequel je suis venu de Florence à Rome était rempli de garibaldiens, venus de Mentana à la station centrale d'Empoli, et retournant de là à leurs foyers respectifs. Je les ai vus de près et je puis vous assurer que ce sont de piètres soldats, donnant une triste opinion du chef qui les commande. La majeure partie d'entre eux se compose de pauvres à peine vêtus et couverts de loques. Beaucoup n'ont pas même la traditionnelle chemise rouge, sont sans souliers et vivent de charité. J'en ai vu plusieurs qui n'avaient certainement pas plus de quatorze ans.

« Durant tout le voyage, ils n'ont cessé de proférer des

dienne. Nos lecteurs se rappellent que M. Rattazzi, ayant mis au défi le cabinet Menabrea de publier ces révélations, celui-ci déposa les pièces secrètes, dont la Chambre ordonna l'impression. Nous doutons qu'on ait tout imprimé. Mais la collection des documents, tels qu'ils nous sont livrés, est encore très-considérable ; elle comprend une centaine de dépêches. Les journaux les plus intelligents de la révolution italienne expriment de vifs regrets qu'on en soit venu à ces divulgations, et le *Diritto* déclare qu'elles sont « un scandale » et « une honte. » Mais un scandale et une honte de plus ou de moins ne font pas compte pour l'Italie.

« On lit dans ces documents : « Recommander de sauver soigneusement les apparences, » disait un télégramme que nous avons cité. Les apparences mêmes ne furent pas sauvées. »

Après avoir cité un grand nombre de ces pièces, l'*Union* ajoute :

« Est-il nécessaire maintenant de commenter ces documents? N'est-ce pas le plus formidable dossier que l'on pût dresser contre le gouvernement italien ; et ce gouvernement lui-même s'est chargé de ce soin? Jamais accusé de cour d'assises fut-il condamné sur preuves plus accablantes?

« Le *Diritto* conclut de cette publication que « désormais la bonne « foi italienne vaudra juste la bonne foi grecque. » Nous savions cela bien avant les révélations qui viennent d'être publiées. Mais que dire des ménagements pour un gouvernement capable de faire tout ce qu'on a vu par ces documents? »

imprécations contre la France ou de chanter l'hymne de Garibaldi. Quand, aux stations, ils apercevaient des prêtres, ils criaient à tue-tête : « A bas le Pape, les Prêtres, les « Frères! »

Les garibaldiens forment un ramassis étrange de tout ce que le délire et l'impiété d'un peuple, dans des jours d'égarement, peuvent susciter d'êtres abjects, audacieux, prompts à tous les crimes, à toutes les vengeances, mêlés à des hommes d'élite pervertis, livrés à un idéal politique absurde, et résolus à tout tolérer pour arriver à la réalisation de cet idéal.

Le voyageur qui parcourt l'Italie a rencontré des milliers de ces hommes qui s'appellent garibaldiens — Quels hommes! grand Dieu! Leur seule vue fait peur. Le plus grand nombre s'est affublé de hardes et de guenilles dérobées aux marchands de fripes de Milan ou de Florence. Quelques-uns sont sans chaussures et presque sans vêtements.

On reconnaît à leur langage, comme à leur tournure, des désœuvrés, des habitués de la rue, des gens sans profession et sans foyer. Naturellement toute cette plèbe italienne a été heureuse de rencontrer un Garibaldi. Le prophète lui promet Rome! Rome avec ses palais de marbre, ses vierges d'or, ses statues d'argent, ses couvents et *leurs trésors.*

Le service que les garibaldiens voulaient rendre à Rome, c'était de la délivrer de ses richesses. Ainsi, l'emprunt dernièrement contracté à Londres par les fils de Garibaldi a été stipulé « remboursable en *objets d'art*, après la prise de Rome » par le fameux chef de bandes.

Personne aujourd'hui ne l'ignore, les garibaldiens sont de vrais pillards. On ferait des volumes en racontant leurs rapines. Citons-en quelques preuves.

Exactions des brigands garibaldiens à Viterbe

Il faut que l'on sache comment se comportent ces hordes de *Peaux-Rouges*, comme les appelle justement l'evêque de Rhodez.

Un habitant de Viterbe écrit ce qui suit à l'un de ses amis; ces détails, que nous empruntons à la *Gazette du Midi*, complètent ceux que nous avons donnés précédement:

« Nous avons eu à Viterbe, pendant deux ou trois jours, un triste essai du gouvernement garibaldien, auquel l'arrivée des troupes françaises a heureusement mis fin. Sous le titre d'*emprunt national*, les chemises-rouges ont extorqué des sommes considérables.

« A la Quercia (Notre-Dame du Chêne), couvent de Dominicains situé à 2 kilomètres de la ville, et où se trouve l'un des sanctuaires de la Vierge les plus vénérés d'Italie, les garibaldiens ont imposé une taxe de 35,000 fr. En réalité ils ne trouvèrent que 2,000 fr. d'argent à leur disposition; mais ils s'en dédommagèrent en prenant toute la provision de blé et les cinq chevaux qui servent aux Frères pour la culture. Si l'huile et le vin furent épargnés, c'est que le temps manqua aux garibaldiens pour les transvaser. Les religieux de ce couvent durent, en outre, supporter la présence de ces pillards et leur fornir de bons dîners avec la meilleure qualité de vin qu'il fut possible de trouver dans la ville. Le pauvre procureur P. Aicordi eut jusqu'à 230 garibaldiens à sa table, et il dut les pourvoir tous en abondance de pain, vin, poulets, etc. Un Père et deux convers faillirent être tués par quelques-uns de ces misérables, en colère et peut-être ivres. Les balles sifflèrent à leurs oreilles, mais ne les atteignirent pas.

« Au monastère de Sainte-Rose, situé dans l'intérieur de la ville, les garibaldiens, non contents de prendre de force 10,000 francs sur lesquels cette nombreuse communauté devait vivre pendant longtemps, osèrent violer la clôture et parcourir tout le monastère, sous prétexte de s'assurer s'il ne s'y trouvait point des dépôts d'armes cachés. Heureusement ils manifestèrent l'intention de ravir jusqu'à l'urne précieuse où le corps de sainte Rose de Viterbe se conserve encore intact depuis des siècles. Je dis *heureusement*; car, ce projet à peine soupçonné, le peuple courut aux armes, et, par ses menaces, obligea les profanateurs à renoncer à leur entreprise et à évacuer le monastère.

« Le peuple de Viterbe, à l'exception de quelques hommes livrés à la secte révolutionnaire, s'est conduit d'une manière digne d'éloges, et Dieu, de toutes ces tristes choses, a retiré certainement sa gloire; car les garibaldiens se sont enfuis de Viterbe, emportant avec eux l'exécration de tous les citoyens, non-seulement de ceux qui s'étaient toujours montrés pour le Saint-Père, mais de ceux-là mêmes qui s'intitulaient *libéraux*, et qui, en trois jours, ont eu le loisir d'étudier de près comment les ennemis de la Papauté entendent et respectent la vraie liberté. »

— Un autre correspondant donne le détail suivant des contributions levées par les garibaldiens à Viterbe :

« On entendit vociférer la parole « contribution; » le même soir, une commission d'officiers se portait à la caisse Camerale et enlevait 6,000 écus (l'écu est de 5 fr. 35 c.).

« Le lendemain, Fondi partait pour Orvieto, où il allait mettre en sûreté cette somme volée; il revenait à Viterbe dans la nuit, et le matin suivant, il prenait de nouveau dans la susdite caisse 5,500 écus. Ensuite, les officiers du prodictateur passèrent successivement à toutes les autres caisses : Macinato, timbre, sel et tabac, etc., puis en vinrent à la commune et à la province, qu'ils imposèrent pour 80,000 francs. Mais cette taxe n'eut pas d'effet, le grand député brigand Acerbi (*sic*) ayant dû écouter les représentations de ceux qui lui dirent que la commune déboursait plus de 400 écus par jour pour l'entretien de sa bande.

« Dans le même temps, on imposait l'évêque pour 8,500 écus romains, les frères Duchène pour 3,000 écus, les frères Grodi pour 4,000 le monastère Sainte-Rose pour 2,000, et ainsi de suite, toujours avec la menace de fusillation, de pillage, etc. La soldatesque commettait sur ces entrefaites des vols de toutes sortes, si bien que le pays tremblait à chaque instant que cette troupe d'assassins ne mît à sac toutes les maisons. De tout l'argent volé précité, la bande n'a pas touché un sou, et ce butin fut seulement divisé entre les chefs, c'est-à-dire Acerbi, Clerci, les deux frères Nizzardi, un certain Sadova et quelques autres.

« Ce qui se faisait ici par ordre d'Acerbi se faisait également par son ordre dans toute la province, où il avait expédié divers détachements de sa troupe. » — *A. Dubarry.*

Le *Journal de Rome* donne les détails suivants sur les faits de Castiglione et de Cervara :

« Du côté de Subiaco, nous avons à déplorer de semblables menaces et excès. Après les grandes secousses par lesquelles nous venons de passer, de tels faits empêchent naturellement le rétablissement de l'ordre et de la tranquillité, ainsi que la population le désirerait.

« Le 12 courant, la commune de Cervara a été envahie par 50 individus sous les ordres d'un nommé Fontana. Ces hommes avaient fait partie des bandes garibaldiennes sous les ordres du fameux Antinori; ils ont enlevé et emmené avec eux dans les montagnes limitrophes, outre un jeune garçon nommé Pietro Nocenti, MM. Giovanni Pellegrini, secrétaire communal, et Massimo Rossi, propriétaire, demandant pour la rançon de ces derniers la somme de 8,000 écus. »

Mais voici qui peint mieux ces hommes. Je donne la parole au journal l'*Etendard :*

« Dans la nuit du mercredi au jeudi, elles se portèrent aux environs d'Orte, laissèrent le convoi entrer en gare, se ranger le long de la voie, puis sautèrent immédiatement sur les deux employés, les deux courriers, qui étaient occupés à descendre leurs valises des wagons-poste et les firent prisonniers.

« Dans le même temps, d'autres escouades de chemises-rouges s'emparaient des stations des chemins de fer qui sont au-dessus et au-dessous d'Orte.

« Les valises postales sont, vous le savez, fermées à clef et munies de cadenas; ne pouvant ouvrir ces valises, les garibaldiens les déchirèrent et dépouillèrent les correspondances devant et dedans la station. Ils prirent connaissance de toutes les lettres, qu'ils mirent en morceaux ou qu'ils gardèrent ensuite, selon qu'elles leur parurent bonnes à conserver, entre autres du paquet contenant les lettres assurées. Ces lettres étaient au nombre de neuf; on a retrouvé une partie de l'enveloppe de l'administration des postes de Paris qui les enfermait; elles contenaient plusieurs milliers de francs en billets de banque. »

En somme, et quoi qu'en disent les feuilles garibaldiennes, mazziniennes, les chemises-rouges, à part quelques exceptions, ne le cèdent en rien aux Cosaques.

Nous assombririons trop notre récit si nous disions les violences faites à la propriété, à l'honneur, à la vertu, à la pudeur, à la foi des sujets pontificaux par les hordes garibaldiennes. Le journal officiel voile lui-même ces actes, et les fidèles font monter vers le ciel l'encens de leurs prières. Pour essayer de tromper l'opinion, Garibaldi a fait fusiller, à Monte-Rotondo, trois ou quatre misérables : sacrifice détestable, mais dont les grands criminels sont coutumiers. Que leur importe la vie des comparses obscurs de ces scènes monstrueuses?

Forfanterie et lâcheté des garibaldiens.

Égayons-nous un instant en parlant tout à la fois de la

forfanterie et de la lâcheté de ces misérables qui n'ont pas même les défauts de leurs qualités, et qui sont aussi lâches que fiers (1).

On lit dans le *Genova :*

« Qu'ils viennent, les Français! Napoléon veut attacher son propre cadavre, pour le galvaniser, au cadavre putréfié du pouvoir temporel! Eh bien! soit. L'Italie respire à cette heureuse nouvelle; l'Italie hâte de ses vœux la venue des aigles impériales françaises pour les saluer... à coups de canon et de baïonnette! Aigles bâtardes, venez donc; les aigles latines sont prêtes à vous fêter avec les ailes de César, avec les griffes de Camille, avec le poignard de Jean de Procida... »

On écrivait de Rome, le 23 octobre 1867, au journal *le Monde*, les lignes suivantes, sur un exploit des garibaldo-Piémontais :

« Un officier français de la légion d'Antibes, M. le lieutenant Eschmann, blessé grièvement à Nérola, fut mis dans une voiture pour être transporté à Rome. Il était accompagné d'un soldat sans armes et d'une respectable dame anglaise qui s'est faite l'infirmière des défenseurs du Pape. Arrivé au pont de Correse, il fallut, pour prendre la seule route carrossable qu'il y eût, passer, pendant quelques minutes, sur le territoire italien. Un poste de soldats l'aperçut et accourut aussitôt avec l'officier qui le commandait. Au lieu de respecter un blessé et une femme, cet homme à épaulettes injuria, de la manière la plus indigne, M. le lieutenant Eschmann, lui enleva son épée, la brisa, dit-on, et laissa ses soldats lui voler sa montre, sa bourse et divers petits objets que les voyageurs avaient avec eux. Bien plus, ayant appris qu'il était sous les ordres du colonel d'Argy, il

(1) A Viterbe, les *Volontaires du héros de Marsala* ont chargé de chaînes d'humbles et inoffensifs religieux. Ils les ont traînés devant leur ligne de bataille, afin d'éviter de cette manière les balles papales, ou, peut-être, afin d'empêcher les soldats pontificaux de se défendre.

lui dit : « Quand vous reverrez votre colonel, dites-lui qu'il nous tarde bien de l'avoir entre les mains afin de pouvoir, avec sa peau, faire des lanières pour fouetter les officiers et les soldats français. » Voilà ce qui se raconte, à la grande indignation de tous les hommes de cœur. Telle est la reconnaissance des militaires piémontais!

— De loin, les Garibaldiens menacent de tout engloutir, ils déclarent que pour avoir raison des soldats du Pape, ils n'ont pas même besoin de tirer l'épée et de faire le coup de feu, il suffit de la crosse de leur fusil. Mais quand ils tombent entre les mains de leurs adversaires, ils demandent grâce à genoux, au nom de la Madone, en montrant leurs chapelets et criant à tue-tête : Vive Pie IX. Dans la suite de notre narration nous en citerons plusieurs exemples.

On écrivait de Rome à la date du 18 octobre :

« Voici un fait qui vient de se passer non loin de Rome, à Subiaco, ville illustre par d'antiques souvenirs, surtout par ceux de l'ordre de Saint-Benoît.

« Pendant que les zouaves étaient allés, vendredi 11 octobre, relever à Cavara l'écusson pontifical, abattu par une bande garibaldienne, une nouvelle bande s'empara de Subiaco. Ecrasés par le nombre, les gendarmes pontificaux se renferment dans la citadelle. Le gouverneur et l'évêque sont faits prisonniers.

« L'évêque, homme de caractère tout apostolique, demeure dans son palais à la garde de cinq garibaldiens qui le menacent, l'insultent de mille manières.

« Tout à coup on entend un grand bruit : ce sont les zouaves qui reviennent. La lutte s'engage, le sang coule des deux côtés : il y a des morts et des blessés. Mais bientôt toute résistance devient inutile ; la valeur des soldats catholiques disperse les garibaldiens.

« Aux premiers coups de fusil, les cinq gardiens de l'évêque s'étaient mis à trembler. Tombant à genoux aux pieds de leur prisonnier, ils s'écrient :

« — Monseigneur, ayez pitié de nous ; sauvez-nous ! Nous sommes en vos mains... Ne nous livrez pas à ces braves zouaves !... Ils vont venir, croyant vous délivrer, et si vous ne nous mettez à l'abri, ils nous tueront !... Oh ! la vie ! Donnez-nous la vie !

« Le bon évêque sourit, les fait passer dans son oratoire, en ferme la porte, et met la clef dans sa poche.

« Les zouaves arrivent.

« — Monseigneur, victoire !... Les garibaldiens ont laissé trois de leurs morts sur le terrain ; plusieurs sont blessés, et nous tenons dix-sept prisonniers ! Votre Grandeur est libre !

« — Mes bons amis, je n'ai ni morts ni blessés, mais j'ai des prisonniers.

« — Où sont-ils ?

« — Ah ! doucement, ils m'appartiennent, et, ne vous en déplaise, je veux qu'ils soient libres.

« L'évêque alla ouvrir la porte et fit sortir les cinq hommes tout tremblants. Ceux-ci lui baisaient la main, s'agenouillaient, demandant sa bénédiction, admirant sa douceur évangélique.

« On devine le reste : les zouaves ont exécuté les désirs de l'évêque, et ont remis les cinq garibaldiens en liberté.

VIANELLI.

Impiété des Garibaldiens

Personne aujourd'hui ne l'ignore, c'est à l'Église que ces bandes sauvages ont déclaré une guerre à mort.

Mazzini (1) et Garibaldi ne s'en cachent pas. Ce dernier, en

(1) Mazzini, dans un manifeste, déclare : « La Papauté n'a plus de raison « d'être .. C'est un devoir, ajoute-t-il, de faire la guerre à la Papauté « même, et non point seulement au pouvoir temporel, car ce pouvoir, il

1867 écrit le 22 mai au colonel Chamber, en Angleterre: « Il y a des centaines d'années que votre brave et énergique nation a renversé le tabernacle de l'idolâtrie et du mensonge qui écrase encore l'énergie de notre belle patrie; nous suivrons bravement votre courageux exemple, et, à la place de l'impureté, de la misère et de la tyrannie, nous mettrons: la vraie religion de Dieu père, sauveur de tous, ainsi que la vraie fraternité des peuples libres. » Voilà le premier symptôme d'une vraie religion inaugurée par Garibaldi. (Rires. — Bruits.)

Il arrive à Genève le 8 septembre. Il adresse, du balcon de la maison Fazy, une allocution au peuple. « Ici, dit-il, vos ancêtres ont eu le courage d'attaquer cette pestilentielle institution qu'on appelle la papauté. » — Acclamations interminables, dit le bulletin. — « A vous, citoyens de cette cité de Genève devenue si magnifique, qui avez porté les premiers coups à la Rome papale, ce n'est pas aujourd'hui l'initiative que je vous demande; je vous demande de compléter l'œuvre de vos ancêtres. »

— Un journal italien, *Il Diritto*, s'exprime ainsi :

« Notre révolution tend à *détruire* la religion catholique. Elle doit la détruire, et ne peut pas ne point la détruire, sans se condamner elle-même à périr. » Est-ce clair?

— L'*Osservatore Romano* rapporte, d'après un témoin oculaire, les détails suivants au sujet des impiétés et des actes de vandalisme commis par les bandes garibaldiennes à Monte-Rotondo.

« Le 4, vers les onze heures, S. Exc. M. le général Kanzler, étant arrivé sur la place de l'église principale de Monte-Rotondo, fut invité par les habitants à entrer dans cette église, pour y voir les traces de la barbarie des hordes

« n'y aurait pas moyen de le refuser au représentant de Dieu sur la « terre. »

La chose est évidente : négation du pontificat, ce qui implique la négation du Christ, auteur de ce pontificat.

garibaldiennes que le peuple disait n'être ni des chrétiens, ni même des hommes, mais des démons incarnés, envoyés pour détruire la religion et la propriété.

« A peine entrés dans l'église, les officiers de l'état-major purent reconnaître qu'elle n'avait plus l'apparence d'un temple; tout ce qui en faisait l'ornement, images des saints, crucifix, candélabres, etc., en avait disparu. Tout était sali et plein d'une litière de paille, comme si des animaux immondes s'y étaient vautrés. Quand on pénétra dans la sacristie, on y trouva les armoires fracassées, comme par des voleurs qui auraient fait effraction pour piller la demeure d'un absent; plus un seul vase sacré, plus un seul ornement, tout avait été enlevé ou détruit; les caisses, les livres, les registres, gisaient au milieu, déchirés, souillés ou brûlés.

« Les saintes hosties consacrées avaient été enterrées. On a trouvé même sur divers prisonniers des débris d'encensoirs, des saints ciboires, et sur l'un d'eux le cercle de l'ostensoir où l'on place la sainte hostie, pour l'exposition du Saint-Sacrement. Les assistants ne pouvaient en croire leurs yeux et reculaient d'horreur. Il n'est plus un homme raisonnable, dans un parti quelconque, qui puisse encore désirer revoir une pareille race, marquant son passage par des actes d'un vandalisme sans exemple et qui, tout en prétendant marcher à une croisade moderne, sont réellement la honte du nom italien (1). »

Un trait spécial, dit le journal *le Monde*, caractérise les envahisseurs du patrimoine de Saint-Pierre : l'impiété.

(1) L'armée pontificale a vu les temples souillés. Une infernale rage s'y était assouvie sur tous les objets sacrés, sur les registres, les tableaux, les œuvres d'art, les livres de prières, les croix, les tabernacles, les vases de l'autel,... sur les saintes espèces elles-mêmes. Du milieu de ces sacriléges surgissent pourtant deux faits, étranges reflets de l'influence des arts. A Monte-Rotondo, les garibaldiens s'apprêtaient à fusiller une Madone dans l'église de San-Rocco.

— Non, s'écrie un artiste, cette image est belle; ce serait dommage.

Cela ne doit pas nous surprendre chez des ennemis du Saint-Siége. Nous disons qu'ils sont ennemis du Saint-Siége. Ils n'en veulent pas seulement à l'autorité civile du Pontife : la destruction de son autorité spirituelle est également le but qu'ils se proposent. Ils vont encore plus loin : le catholicisme leur inspire une haine sauvage qui se traduit par des actes révoltants. Un témoin oculaire nous transmet le détail de faits indescriptibles qui se sont passés dans l'église Saint-François, près Pérouse. Il nous est absolument impossible de les reproduire *in extenso*. Contentons-nous d'indiquer les autels dépouillés, les pierres consacrées horriblement profanées, les reliques foulées aux pieds, le tabernacle violé, des débris d'hosties dispersés dans la poussière, des crucifix écrasés, les images des saints mutilées. Et ce n'est pas le plus horrible. On assure que les auteurs de ces sacriléges ont en outre revêtu les habits sacrés et parodié le saint sacrifice, en vociférant, en guise et sur le ton de *Kyrie eleison*, les plus abominables outrages contre la personne de Jésus-Christ, mêlés aux cris de : *Vive Garibaldi ! vive la république !* La vengeance divine se serait signalée par un coup frappant : on aurait trouvé mort dans un caveau un garibaldien qui portait une étole au cou.

Mgr de Ségur, dans son récent opuscule sur les sociétés secrètes, fait cette révélation :

« A Rome, durant les troubles de 1848, on découvrit plusieurs réunions nocturnes, une entre autres au faubourg Transtévère, où les adeptes, hommes et femmes, se réunissaient pour célébrer ce qu'ils appelaient la messe du diable. Sur un autel orné de six cierges noirs, on déposait un ci-

Sarebbe peccato. Littéralement : *ce serait un péché.* La langue italienne met de ces délicatesses même dans la bouche d'un coquin.

— Eh bien, dit un furieux saisissant une de ces toiles qui servent aux processions : fusillons au moins la bannière de saint Roch.

Mais tout à coup un jeune homme de la bande s'élance :

— Je brûle la cervelle au premier qui la touche. Je suis artiste, moi, et cette toile est l'œuvre d'un maître.

boire. Chacun, après avoir craché sur le crucifix et l'avoir foulé aux pieds, apportait et mettait dans le ciboire une hostie *consacrée* qu'il avait été recevoir le matin dans une église ; puis commençait je ne sais quelle cérémonie diabolique qui se terminait par un ordre donné à tous de tirer le poignard, de monter à l'autel, de frapper le Saint-Sacrement à coups redoublés. La messe finie, on éteignit toutes les lampes...

« Cette secte infernale est passée d'Italie en France, où elle est constituée dans plusieurs grandes villes. « Chose horrible, dit Mgr de Ségur, chaque adepte, pour être agrégé, doit apporter, le jour de son initiation, le Très-Saint-Sacrement et le fouler aux pieds en présence de ses frères. »

On écrit de Florence à la *Correspondance générale* de Vienne:

« L'esprit garibaldien est indomptable. Dans une lettre d'un prisonnier de l'armée de Garibaldi, écrite de Cività-Vecchia, je lis ce passage :

« Quand nous étions au fort Saint-Ange, le Pape eut l'idée de nous convertir. Il nous envoya plusieurs jésuites qui passaient pour avoir de l'éloquence. Deux fois par jour ils nous conduisaient à l'église du fort. Il fallait entendre quatre sermons par jour (je dis quatre), sans oublier la messe et les litanies. Pendant trois jours cela put aller, mais bientôt notre patience fut à bout. Aux litanies, au lieu de répondre : *Ora pro nobis*, nous répondions : *Vive Garibaldi! vive Menotti! vive l'Italie!* Les plus renforcés en rouge criaient : *Mort au Pape! Nous partons, mais nous reviendrons!*

« Les jésuites perdaient la tête devant tant d'impiété ; ils dirent que nous étions des pénitents endurcis, incorrigibles; ce fut alors qu'on nous envoya à Cività-Vecchia, d'où, l'un de ces jours, nous serons rapatriés. »

Le chef des chemises rouges

Nous avons esquissé en quelques mots les *qualités* qui distinguent les bandes de Garibaldi composées, dit la *Correspondance de Rome*, d'une partie de la jeunesse italienne pervertie, de l'écume de la populace des villes, des voleurs des campagnes, des suppôts de la police, des condamnés en rupture de ban ou délivrés par la Révolution. Une masse épaisse de pauvres diables, d'étudiants, d'artistes, de paysans, illusionnés ou mourant de faim, pâtissait et suivait forcément l'impulsion donnée par les officiers tirés de l'armée régulière, officiers plus haineux de Dieu et de la société que tous les autres, et partant plus méprisables. Sur leurs épaules, indignes d'un uniforme, la chemise rouge a été un vêtement d'hypocrisie dont ils comptaient se dépouiller le lendemain (1).

Voici comment prophétisait le journal *la Finance*, de Bruxelles, avant la déroute de Garibaldi. Elle se fondait, il faut le dire, sur ses nombreuses disparitions, aussitôt que la fortune lui était contraire.

« ...... Ce n'est pas tout, disait-elle; ce prétendu démocrate, ce bandit, ce policier *touche depuis sept ans ses appointements de général* avec une parfaite régularité. Il joue au Cincinnatus, et ce Cincinnatus de barrière dépense la liste civile d'un roi. Non content de son traitement de géné-

(1) Nous lisons dans une correspondance de Rome :

« Je me trouvais l'autre jour dans un café, et j'entendis quelques émeutiers rappeler avec plaisir les trésors de Rome : « Ah! disait un de ces « individus, si nous pouvons arriver à mettre le pied dans la Ville éter- « nelle, gare aux prêtres, gare aux riches! Deux heures de temps nous « suffiront. Quand je fus à Naples, en 1860, j'avais peu d'expérience, car « j'étais encore trop jeune; mais maintenant je sais ce qu'il y a à faire. « Les leçons que j'ai reçues en 1860 me suffisent; allons, camarades, à « Rome, à Rome! » Tel est le noble but que se proposent tous ces individus : voler et puis voler! »

ral, ce comédien, ce pitre sanglant dévore par année plusieurs millions de fonds secrets. Partout où il passe, lui et les siens banquettent, mais ne payent pas. On paye pour eux quand ils sont partis. En vérité, ce sera une honte pour l'histoire de ce temps que l'auréole faite à ce bandit ridicule. Mais ce qui fait venir le rouge au front d'un Français, c'est de penser qu'il y a des Français qui osent opposer platoniquement un tel misérable au glorieux drapeau de la France.

« On ne sait, en vérité, s'il faut avoir pitié ou se moquer de ces courtiers de la gloire garibaldienne. Garibaldi, un soldat! Allons donc, à quels soldats de France ferez-vous accroire cela? Ils n'ont jamais vu que l'opposé de sa figure! Avec Garibaldi, quatre soldats français et un caporal suffisent. Le reste devrait être l'affaire d'un juge d'instruction chargé, pour la plus grande édification des crédules admirateurs de ce personnage, de faire une enquête sur les moyens d'existence de ce Monsieur, depuis qu'il trouble l'Europe.

« Ce que nous osons imprimer aujourd'hui, il y a cinq ans que tous les honnêtes gens de l'Europe le pensent et le disent en petit comité; mais les honnêtes gens s'imaginent niaisement que M. Garibaldi est une idole. Un compère, oui; une idole, non. Une seule question suffit... De quoi vit M. Garibaldi, depuis six ans, et comment peut-il dépenser 500,000 fr. par an et quelquefois 2 millions? Sur quels fonds secrets touche-t-il cet argent?

« Espérons que lorsque nous écrirons notre prochain résumé, nos braves soldats en auront fini avec ce Fra-Diavolo de bas-étage.

« Avant (certaine) publicité à vingt millions d'exemplaires de la vie du héros Garibaldi, ce nom n'était connu de nos paysans que comme celui d'un misérable qui avait insulté la France, et qui n'avait pas même su mourir pour la défense du drapeau que la Révolution lui avait confié. »

Voici comment un des légionnaires français fait prisonnier à Monte-Rotondo fait, dans une lettre adressée à sa mère le 5 novembre, le portrait du fameux flibustier :

« L'attitude et l'accoutrement de Garibaldi sont loin de ressembler à ceux qu'on lui prête sur les gravures. Pour moi, il m'a fait l'effet d'un vieux marchand de friperies. Il était perché sur une bête de l'Apocalypse dont on aurait pu facilement compter les côtes à trente pas. Il a une figure rouge et assez commune, la barbe grise, courte et raide, ce qui ne l'embellit pas. Son accoutrement se composait d'une vieille paire de souliers noués avec des cordons usés, un mauvais pantalon gris, un petit paletot gris râpé, le tout surmonté d'un chapeau gris crasseux, qui bien sûr n'en était pas à son premier été. Tel est le portrait de Garibaldi lorsque je l'ai vu sur son perchoir. »

Le courageux et éloquent évêque de Nîmes dépeint, à son tour, Garibaldi qui n'est pas plus beau au moral qu'au physique; nous citons :

« Ce qu'il y a d'admirable, c'est la flexibilité complaisante avec laquelle ce *général illustre*, ce *héros des Deux-Mondes*, ce *Messie*, ce *dieu*, ce *quelqu'un* sublime, se prête aux rôles divers, mais toujours honteux, qu'on lui fait jouer au nom de l'Italie. On lui dit : blasphème, et il blasphème: rugis, et il rugit; bats-toi, et il se bat; marche en prison, et il y va ; maudis le Pape, et il le maudit; exècre la France, et il l'exècre; fais le républicain avec Mazzini, et il est républicain; glorifie et couronne Victor-Emmanuel, et il fait l'un et l'autre. Protée méprisable! Stupide jouet de toutes les ambitions et de toutes les perversités qui le flattent! Pitoyable vanité qui s'imagine ne s'inspirer que d'elle-même, et qui, dans les différentes scènes plus ou moins ridicules ou sanglantes qu'elle exécute, n'a pas d'autre mérite que de monter et de parader sur les tréteaux, au signal du gouvernement italien qui la tient à la chaîne, et la lance ou la ramène, suivant les conseils ou les besoins de sa propre haine contre Rome! »

Dans le chapitre où il est question du combat de Mentana, nous ferons ressortir la lâcheté de ce forban qui se met à l'abri avec ses deux fils, pendant que ses soldats se faisaient tuer (1).

On le voit, le général est en tout digne de la bande qu'il commande : — *Formosi pecoris custos, formosior ipse.*

Exploits des garibaldiens dans Rome.

En mettant sous les yeux de nos lecteurs les faits et gestes de ces bandits, nous leur donnerons aussi les pièces justificatives des portraits que nous avons tracés.

Commençons par le point culminant de la Ville Éternelle. Pendant la nuit du 22 octobre, une patrouille fut assaillie au Capitole par une bande de deux ou trois cents hommes, qui firent feu sur elle, et, néanmoins, lâchèrent pied au premier signe de résistance. C'étaient les porte-drapeaux de l'Italie rouge qui s'en venaient sournoisement planter là leur étendard. Manière antique, comme vous savez, de sommer les vingt-cinq tribus romaines de prendre immédiatement les armes pour procéder à l'asservissement du monde.

La porte Saint-Paul est escaladée de nuit et franchie par une masse de garibaldiens qui ont ordre d'aller dans la ville prendre l'initiative d'un soulèvement général. Le Saint-Père, averti de cette tentative et comprenant le danger qui s'y rattache, dit à ceux qui veillaient près de lui : « Sarebbe

(1) Nous lisons dans une correspondance du *Monde* :

« Garibaldi, qui s'est trouvé à Mentana et à Monte-Rotondo, s'est retiré de l'un et de l'autre lieu, pour se mettre en sûreté, bien avant la fin du combat. Aussi, nos soldats français, à qui ce procédé prudent ne va guère, ont-ils déjà affublé d'un sobriquet le héros de Marsala. Le 1er de ligne l'appelle le général *Fiche le camp*, et le 2e de chasseurs à pied le général *Fuit toujours.* »

Ainsi Garibaldi, qui voulait chasser le catholicisme de Rome, y a été baptisé. Il ne s'attendait pas à ce châtiment.

« bene che meditassero l'agonia di Nostro Signor Gèsu « Cristo! » Il vaudrait mieux qu'ils méditassent l'agonie de Notre-Seigneur Jésus-Christ!

Pourquoi n'avait-on pas dit au Saint-Père que les zouaves étaient là!

Bientôt, on attaque Rome de tous les points. A la Porte du Peuple, pendant la nuit, une décharge soudaine, partie du coin de la villa Borghèse, met le désordre parmi les ouvriers qui travaillaient à la barricade, et blesse un jeune garçon de treize à quatorze ans.

Sur le fleuve, une barque s'avance lentement, à la faveur des ombres, elle porte une vingtaine des principaux chefs, bien résolus, cette fois, à se mettre à la tête des conjurés de l'intérieur; mais ils sont découverts et pourchassés (1).

Arrivons à l'affaire du 25 octobre, à la Lungaretta, la plus grave à mon avis. On vint dénoncer à la police que dans la maison du n° 92, elle trouverait un arsenal complet d'armes et de bombes Orsini; on y dépêche quelques gendarmes et plusieurs zouaves, qui, d'abord, sont accueillis par une décharge qui leur arrive des fenêtres du second étage. A ce

(1) Une feuille de Paris, peu favorable à la papauté, *la Liberté*, a publié de Rome des correspondances garibaldiennes qui contiennent parfois des aveux bons à noter. Elles disaient, au sujet de la tentative nocturne du 22 octobre : « L'affaire a été chaude. Les troupes, bien postées d'ailleurs et à l'abri, n'ont eu, paraît-il, qu'une dizaine de morts et de blessés; mais les pertes des *insurgés* sont grosses; les traces de sang laissées dans les endroits où ils ont paru l'indiquent. On a relevé hier matin, de la Peschiera au Forum, huit cadavres, dont l'un portait une chemise rouge; dans l'après-midi, on en a trouvé un même nombre, du Colisée à la porte Saint-Paul. Quant aux blessés, on suppose qu'ils dépassent cinquante. Le nombre des prisonniers est de 100. Les garibaldiens étaient 400; ils s'étaient assuré, à prix d'argent, le concours de 200 Romains, repris de justice pour la plupart, plus enthousiastes du pillage de la ville que de l'unité de l'Italie, et qui s'enfuirent comme de vils coquins en jetant leurs armes, lorsqu'ils entendirent siffler à leurs oreilles les balles des pontificaux. Le *Journal de Rome* annonce même, et je le crois volontiers, que quand ces misérables se trouvèrent cernés par les troupes, ils se précipitèrent à genoux, demandant grâce et criant : *Viva Pio IX!* pour obtenir plus facilement merci. »

signal, un renfort de zouaves accourt du poste voisin. Les insurgés ouvrent alors un feu roulant auquel les nôtres répondent immédiatement. Bientôt ce simple engagement devient une bataille en règle, un véritable siége à faire. Toutes les fenêtres de la maison rebelle sont garnies de tirailleurs qui profitent parfaitement des avantages de leur position pour écraser les assaillants, d'autant que l'étroitesse de la rue, dans cet endroit, ne permet pas à ces derniers de diriger leurs coups. En ce moment, on vint proposer au capitaine des zouaves, à cet héroïque jeune homme qui, depuis, fut victime d'uue semblable attaque, M. Adeodat Dufournel, de prendre position dans la maison qui fait face à celle d'où part le feu. Un homme honnête et dévoué, M. Guillaume, directeur du Cirque-Olympique, ouvre lui-même cette maison et indique aux zouaves le lieu où ils doivent se placer. Cette tactique réussit.

Le feu de l'ennemi cesse, et il ne s'agit bientôt plus que de pénétrer dans la maison.

Deux gendarmes pontificaux et les zouaves, après quelques efforts, parviennent à briser la porte ; on entre, on monte en tumulte ; mais, du haut de l'escalier, les insurgés font sur les assaillants une décharge générale et désespérée qui, heureusement, passe au-dessus de leurs têtes et n'en atteint aucun. « Feu ! » s'écrie alors le capitaine des zouaves. Trois des insurgés tombent, et le reste fuit en désordre.

— On en tua treize à coups de fusil ou de baïonnette. Parmi ceux-ci se trouvait le *Brillante* du Cirque-Olympique, la perle des comiques, dit-on, qui depuis quelques jours, dans les représentations du Cirque, ne cessait de provoquer le rire de la foule par un certain flou-flou de son cru, dont la terminaison était : A *Serristori*, à *Serriistoriii!* Cette mimologie, comprise seulement d'une partie des spectateurs, ne manqua pas de l'être par tout le monde après la destruction de la caserne.

Il y avait dans cette maison des femmes et une quarantaine d'hommes qui eussent subi probablement le sort des prisonniers sans l'énergique intervention du capitaine Dufournel, qui se contenta de les envoyer en prison. On trouva là un amas considérable d'armes et de munitions de guerre, on y trouva aussi une table abondamment servie en mets et vins de choix.

En pénétrant dans une chambre contiguë, les zouaves trouvèrent deux hommes agenouillés qui récitaient à haute voix leur chapelet; ces deux *saints* personnages avaient malheureusement les mains noires de poudre et les poches pleines de capsules. On les fusilla sans miséricorde.

Il y avait là, aussi, un vieillard à barbe blanche, vieux Nestor du crime, qui se montra si pur de conspiration, si resplendissant d'innocence, qu'on lui fit grâce, même de la prison. Le vieux monstre était tout simplement le Méphistophélès de la bande.

Pendant cette rafle intérieure, d'autres zouaves, au dehors, suivaient à la piste un frère fuyard qui enjambait les toits pour gagner une maison voisine où plusieurs de ses complices avaient déjà, évidemment, cherché un refuge. On découvrit, dans ce nouveau repaire, une masse d'hommes et de femmes qui tombèrent à genoux.

Il y a quarante-quatre prisonniers. Sur ces quarante-quatre, trente-neuf s'étaient cachés dans les combles. Quand les soldats se sont présentés, ils étaient tous à genoux.

— Ayez pitié de nous! — Ne nous tuez pas! — Pardon! au nom de Pie IX!

Au nom de Pie IX! Cette invocation est allée au cœur des soldats catholiques.

— Relevez-vous, misérables, et vivez, a dit un zouave.

— On nous a trompés indignement, on nous a enivrés. — On nous a dit, en nous envoyant à Rome, que la population serait avec nous. — On nous a dit que ce soir les bras de 5,000 Transtévérins aideraient les nôtres, et que nous pillerions la ville de Rome.

Ces trente-neuf assassins ont été sauvés.

La magnanimité du soldat catholique est égale à son courage.

Des armes en quantité, une caisse de bombes Orsini, des piques ayant à leur extrémité de grands coutelas de boucher, des revolvers, de l'or, des billets de la Banque italienne ont été saisis.

Pendant tout le temps qu'a duré l'action, la foule des Transtévérins criait : *Bravi gendarmi! Bravi zouavi! Forte! Forte! Uccideteli!* Braves gendarmes! Braves zouaves! Fort! Fort! Tuez-les!

Un garibaldien s'était réfugié dans les lieux d'aisances; un jeune zouave enfonce la porte et le garibaldien décharge sur lui son revolver, saute par la fenêtre et va tomber dans une vasque pleine d'eau, où on a retrouvé ce matin son cadavre. Le zouave n'était que légèrement atteint.

Pendant ce combat, un zouave qui avait laissé en son pays une fortune de 300,000 fr., était assassiné dans la rue. Deux monstres, après l'avoir frappé de plusieurs coups de poignard, lui ont enfoncé dans le corps sa propre épée (1).

Plans incendiaires des brigands

La police a découvert tout le plan de l'insurrection du 22. Toutes les casernes *et même le château Saint-Ange* devaient être minés; on devait attaquer tous les postes militaires et ne pas même *respecter le Vatican;* des barques devaient introduire des hommes et des armes en quantité par le Tibre; tous les soldats pontificaux étrangers devaient être massacrés. C'est ce plan infernal qui a reçu à peine un commencement d'exécution.

(1) Correspondance de Rome du journal *le Clocher.*

On écrit de Rome, le 21 novembre, à l'*Agence Bullier* :

« Le secrétaire d'Etat possède un plan trouvé dans les papiers de M. Marangoni, arrêté à l'hôtel de la *Minerve*, papiers qui, on ne sait trop pourquoi, ne furent examinés qu'après l'émeute.

« Sur ce plan, les édifices minés sont marqués en rouge ; une ligne noire indique, au contraire, ceux qui ne devaient être que saccagés par les révoltés. Le tracé rouge est surtout prononcé à l'endroit du palais de Monte-Citorio, siége de la police, des tribunaux et du ministère de l'intérieur. Une ligne rouge part de là et traverse le palais Chigi. Le grand et affreux travail des mines destinées à faire sauter en l'air une quantité considérable d'édifices avait été commencé dès le mois de juin, époque à laquelle beaucoup de conspirateurs, l'affluence des pèlerins aidant, s'introduisirent dans la Ville Éternelle et trouvèrent des complices parmi les nombreux mariniers de Rome.

« Un hasard providentiel limita l'explosion de ces mines à la caserne Serristori, mais on est saisi d'effroi en considérant le plan qui se trouve chez le cardinal Antonelli, et en pensant aux épouvantables ravages qui seraient résultés si, dans le réseau si vaste et si compliqué qu'on y aperçoit, des barils de poudre avaient pu être partout introduits, ou si le feu avait été mis à toutes les mines chargées. A l'aide du plan en question, on en découvre, dit-on, de nouvelles. Avant-hier une perquisition a été faite au palais Colonna pour s'assurer de l'existence de la mine qui devait faire sauter en l'air l'ambassade de France.

« Ce plan, j'écris ceci en frémissant d'indignation, était rédigé..... EN FRANÇAIS.

« On n'avait le temps de rien prévenir. Le complot, venu du dehors et sur lequel on comptait si bien à Florence que les journaux arrivés ce matin l'annonçaient comme réalisé, le complot, dis-je, était en voie d'exécution.

« En effet, à six heures, on frappait à la porte de l'hôpital militaire du Saint-Esprit.

« — Qui vive? demandait une voix de l'intérieur.

« — *Amici.*

« — Qui, *amici?*

« — *Amici veri* (amis vrais).

« Le soldat de garde ouvrait, et une vingtaine de misérables se jetaient pêle-mêle sous le portique ; l'un saisissait le garde à la gorge, les autres s'emparaient de quatorze fusils servant aux infirmiers, et montaient rapidement le grand escalier... *Ils allaient assassiner les blessés.*

« Par bonheur, la porte qui ferme les grandes salles où sont ces blessés était close. Les infirmiers, entendant un bruit d'armes, refusent d'ouvrir et tiennent ferme. L'un d'eux feint de commander le feu et agite les chaînes de la porte. Les héros italiens décampent.

« C'est quelques minutes après qu'un bruit formidable ébranle tout le Borgo, le Vatican, les grands hôpitaux des aliénés, du Saint-Esprit et militaire, le quartier de la Lungara, et brise sur la place Scossa Cavalli toutes les vitres, secoue les murs du palais et répand partout la terreur.

« Un baril de poudre, placé dans un égout au-dessous de la caserne des zouaves, à Serristori, avait fait sauter les quatre étages de l'aile droite de cette caserne.

« La Providence n'a pas voulu que l'exécrable forfait fût entier : elle a épargné ces nobles et valeureux fils de l'Europe chrétienne.

« Les zouaves étaient en expédition à la porte Saint-Paul et faisaient des patrouilles sur divers points de la ville.

« Mgr de Mérode, dont le zèle apostolique égale le courage, a passé toute la nuit sur le lieu du désastre. Les RR. PP. de la *Civiltà cattolica* y étaient aussi. Un d'entre eux me rapportait un trait que vous ne lirez pas sans sentir des larmes mouiller vos yeux.

« Tandis qu'on travaillait à relever les matériaux entassés, on a cru entendre des gémissements. Les ouvriers se sont arrêtés et une voix a crié :

« — *Pietà! ajuto!* Pitié! au secours, je meurs.

« On ne distinguait rien avec le regard, mais le Jésuite, croyant reconnaître un de ses pénitents, a demandé :

« — Est-ce toi, Poggi?

« — Oui.

« — Eh bien, mon doux fils, fais ton acte de contrition. Je vais t'absoudre et t'ouvrir, sinon l'abîme où ils t'ont mis, au moins les portes du ciel.

« Et au milieu d'un silence profond, on a entendu la voix du pauvre musicien réciter en italien l'acte qui commence par ces mots :

« — Dio mio, per esser voi somma bontà e perchè vi amo « sopra ogni cosa, mi pento e mi dolzo di vero cuore di avervi « offeso e propongo fermamente, etc. »

« ... Je viens de recueillir les récits les plus émouvants. J'ai visité la maison des Pères de la *Civiltà*, où les portes ont été arrachées, les fenêtres brisées, d'énormes barres de fer tordues. Je suis allé à l'hôpital, ai parlé aux blessés, contemplé en pleurant les cadavres.

« L'Italie révolutionnaire déploie, dans les crimes que lui fait accomplir sa prétendue rage d'unité, une lâcheté, une bassesse, une férocité qui la mettent au ban du monde (1). »

Conduite inqualifiable du prince de Galles

Il convient de le dire hautement, les révolutionnaires ita-

(1) D'après un bulletin du comité belge des enrôlements, la catastrophe de la caserne de Serristori, qui sauta dans la nuit du 22 octobre, a causé les pertes que voici : 20 morts, dont 11 Italiens, 7 Français, 1 Suisse et 1 Belge : le zouave Frédéric Cornet, de Namur; 11 blessés, dont 3 Français, 7 Italiens et 1 Belge.

liens mettent dans leurs crimes une bassesse, une lâcheté infernales. Leur poignard vous frappe dans l'ombre, par derrière. Ils jettent nuitamment, dans un égout, un baril de poudre et font sauter une caserne. Afin de mieux trahir, ils revêtent l'uniforme du zouave; habillés en gendarmes, ils font des perquisitions politiques, volant et arrêtant des honnêtes gens. Les bombes les plus meurtrières et que la police pontificale saisit en si grand nombre ces jours-ci, portent un nom qui à lui seul dit toute la noirceur de ces assassins : *bombes Orsini.*

— On écrit à l'*Echo de Fourvière :*

« Le vandalisme irréligieux des barbares garibaldiens est allé bien au delà de toutes les horreurs auxquelles ils nous avaient habitués.

« A Monte-Rotondo, comme à Viterbe, rien de ce qui est sacré n'a été épargné : églises, chapelles, couvents, tous les lieux affectés à la religion ont été dévastés. Un zouave blessé et fait prisonnier raconte les étranges vexations qu'il a eu à subir pendant les huit jours qu'il est resté au pouvoir de ces brigands. On lui refusait un verre d'eau, on lui crachait au visage, on lui jetait de la boue.

« Nous serons demain à Rome, lui dit-on; nous jetterons ton Pape dans le Tibre.

« — Ce n'est pas assez, criait un garibaldien, nous le brûlerons sur la place Saint-Pierre. »

L'admirable dévoûment des volontaires pontificaux étrangers et indigènes fait pousser des cris de rage à la Révolution, qui connaît désormais la valeur de leur courage et de leur fidélité. Aussi a-t-elle recours de nouveau aux moyens les plus abominables pour les séduire ou pour les vaincre. Il y a quelques jours, on cherchait à acheter à prix d'or une intelligence chez les zouaves; une autre fois, on a essayé d'en empoisonner plusieurs en leur offrant à boire chez un marchand du vin dans lequel on venait de jeter du poison.

Dans divers endroits on a recommencé à leur jeter des bombes ou à les frapper isolément, le soir, à coups de couteau. Enfin, un brave zouave hollandais fut abordé, dans une auberge de la place Postèse, par un individu qui lia conversation avec lui, sortit en même temps que lui et lui fit accepter un cigare. Sitôt après son départ, le zouave s'empressa de l'allumer; mais il n'avait pas savouré quelques bouffées de tabac qu'il tombait comme foudroyé et sans connaissance. Il était victime de la lâcheté la plus odieuse : on l'avait empoisonné.

On le voit, il faut remonter aux plus mauvaises époques pour trouver de pareils forfaits, qui ont provoqué la juste indignation, non pas seulement des catholiques, mais de toutes les âmes honnêtes révoltées par de si abominables excès.

Pourquoi faut-il que nous ayons à signaler ici une scandaleuse exception qui a révolté tous les hommes d'ordre qui ont conservé quelques notions du droit des gens :

On a vu le prince de Galles, héritier présomptif de la couronne d'Angleterre, ne pas rougir de témoigner ses sympathies aux brigands garibaldiens en souscrivant publiquement en leur faveur pour une somme considérable, pendant qu'un grand nombre de pauvres Irlandais meurent de faim (1).

(1) On mande de Florence : « Le prince de Galles a souscrit pour 100 liv. st. en faveur des garibaldiens blessés. » (*Gazette de Turin.*)

— Voici des paroles bonnes à recueillir d'un orateur anglais : « Toute l'Angleterre, depuis le prince de Galles et l'archevêque de Cantorbéry jusqu'au dernier des citoyens, exprima sa « sympathie » à Garibaldi, quand il vint ici après la réussite de son expédition de pirate en Sicile et à Naples.

« Mais toute l'Angleterre s'unit contre les fenians qui attaquent l'Irlande et le Canada. Il en est de même de nos frères anglo-saxons des États-Unis. Ils sont pleins d'indignation contre tout État étranger qui prête secours aux rebelles du Sud, mais ils traitent les aventuriers fenians à peu

Le même jour où les journaux annonçaient cette souscription, nous lisions dans l'*Univers* les lignes suivantes :

« Après leurs processions pacifiques, les fenians ont recommencé leurs tentatives sanglantes. Le 13 décembre, dans le quartier de Clerkenwell, un baril de poudre, amené près de la prison où le fenian Burke est détenu, et placé contre le mur, a fait sauter ce mur et sept ou huit maisons situées vis-à-vis. Deux hommes et une femme ont péri; une autre femme et deux enfants n'ont point été retrouvés. Près de cinquante personnes ont dû être transportées à l'hôpital dans un état presque désespéré. Cet horrible massacre prouve combien le mal est profond. *L'Angleterre, qui a tant aidé les révolutionnaires à l'étranger, subit à son tour aujourd'hui les conséquences des doctrines qui ont renversé déjà tant de trônes.* Qui sait si, pour avoir raison de ce mal qu'elle se vantait de ne pas connaître tout en l'infusant aux autres, l'Angleterre ne sera point obligée de sacrifier ses traditionnelles libertés ? »

On parle d'un plan général d'attaque contre les arsenaux, qui aurait été découvert par la police. On a constaté que des barils chargés de poudre avaient été introduits dans les

près comme lord Palmerston traitait « les touristes anglais du mont Etna. » (*The excurtionists to Mont Etna.*)

« Nous avons donc deux poids et deux mesures, une pour nous et l'autre pour nos voisins.

« A l'étranger, par exemple, l'insurrection doit être approuvée en tout lieu et en toute circonstance. Aider de telles insurrections par des hommes et de l'argent est louable, lorsque cela se fait hors de l'Angleterre ; et si un gouvernement empêche ses sujets d'aider de la sorte, c'est une violation qui mérite l'indignation de « tous les vrais amis de la liberté. »

« Mais si cette insurrection est contre l'Angleterre, elle doit être extirpée *pour le bonheur même des insurgés;* et tout étranger qui lui donne aide et secours, ou tout sujet anglais qui prend les armes en Angleterre, doit courir la chance d'être pendu.

« Partout où la religion chrétienne est quelque chose de plus qu'un vain nom, elle établit le précepte d'or, de faire aux autres ce que nous voudrions qu'ils nous fissent. Cette règle est aussi bien applicable aux États qu'aux individus. »

égouts qui pénètrent au cœur de la capitale, et, suivant toute apparence, ils devaient être employés à faire sauter, soit les prisons qui contiennent les prisonniers fenians, soit d'autres édifices publics.

On voit que les fenians ont mis à profit les leçons qui leur ont été données par ces garibaldiens qui ont reçu les encouragements de la haute aristocratie anglaise, et qui ont exécuté leurs entreprises avec les fonds recueillis à Londres. Ces excellents Anglais, qui ont, sans doute, applaudi à la destruction de la Serristori, dans laquelle cinquante zouaves ont trouvé la mort ou reçu des blessures; qui auraient applaudi encore davantage à l'exécution complète du plan de ces libérateurs, qui avaient organisé un système général de mines, à l'aide desquelles on aurait fait sauter les principaux édifices de Rome, paralysé l'énergie de ses défenseurs et rendu possible la réalisation des projets de massacre et de pillage qui devaient inaugurer l'émancipation de ce peuple opprimé, s'indignent et se lamentent des attentats semblables dirigés contre leur métropole par le fenianisme exaspéré.

A leur point de vue égoïste, ils ont, certes, raison; mais ne doivent-ils pas s'imputer en grande partie à eux-mêmes les malheurs qu'ils déplorent? En encourageant les exploits des garibaldiens, n'ont-ils pas justifié ceux des fenians, qui ne sont ni plus ni moins coupables que les chemises rouges, dont ils suivent l'exemple, dont ils mettent en pratique les procédés de destruction et de mort? Pourquoi ce qui, aux yeux de nos voisins, est juste à l'égard de la Papauté ne le serait-il pas à l'égard du gouvernement, des institutions et des villes du Royaume-Uni?

Nous qui détestons et condamnons toutes les violences, toutes les perfidies et toutes les iniquités auxquelles la politique sert de prétexte, nous avons le droit de flétrir le fenianisme comme le garibaldisme, ces deux frères jumeaux de la démagogie européenne. Mais les Anglais s'abusent et tombent dans une choquante inconséquence lorsqu'ils s'indignent de voir commettre chez eux les attentats auxquels ils s'associent par leurs souscriptions, lorsque d'autres pays en sont victimes (1).

— Au reste on a prouvé dernièrement, à l'aide des documents les moins irrécusables, que depuis huit ans et plus la Grande-Bretagne s'est constamment efforcée de faire cause commune avec les ennemis acharnés de la cour du Vatican; une note rappelle la protection accordée à Garibaldi en Sicile et dans le Napolitain; elle montre les officiers et les matelots de la flotte anglaise allant à la chasse à l'homme avec les chemises rouges contre les bourboniens; elle n'oublie aucun grief: ni les passeports fournis aux meneurs du parti d'action, ni les subsides donnés à Garibaldi, ni aucune des choses qui ont rendu, jusqu'à présent, sinon tout, du moins une bonne partie de Royaume-Uni, complice des effervescences garibaldiennes.

Le Saint-Siége a tenu, lui, une conduite différente vis-à-vis de l'Angleterre : au lieu d'encourager les fenians, il les a au contraire excommuniés, et a écrit à leur sujet une lettre encyclique aux évêques anglais pour conjurer ceux-ci d'user de leur influence apostolique sur leurs fidèles

(1) On lit dans le *Diplomatic Review* un article intitulé : *Fenians et Garibaldiens, ou le nouveau Code de loi internationale :*

« Il n'y a pas longtemps qu'un certain nombre d'hommes, dans une rue populeuse de Manchester, attaquèrent une voiture de police, déchargèrent des revolvers pour effrayer les passants, tuèrent l'agent de police et délivrèrent deux des prisonniers. Les prisonniers délivrés étaient les chefs du mouvement fenian, c'est-à-dire, ils étaient engagés dans une lutte pour délivrer « d'un joug étranger une nationalité opprimée. » Vers la même époque, Garibaldi quittait son île pour envahir le territoire du Pape. » Quant à lord Stanley, il faudra sans doute que les fenians, réunis aux terribles et mystérieuses associations ouvrières enveloppant aujourd'hui la Grande-Bretagne tout entière, brûlent les châteaux et les palais de l'aristocratie anglaise pour lui apprendre ce que c'est que le Pape en ce monde. Si la leçon est rude, l'aristocratie anglaise pourra du moins se rendre le témoignage qu'elle l'a bien méritée !

afin de les faire rentrer dans le devoir. Cette encyclique existe en effet, mais elle n'a pas été publiée.

— On écrivait dernièrement de Rome à l'*Univers :*

« On s'entretient beaucoup à Rome du langage tenu par lord Clarendon. Cet homme d'Etat se serait montré sympathique pour le gouvernement du Saint-Père et aurait témoigné combien on était reconnaissant en Angleterre de la conduite du Saint-Siége dans la question du fenianisme. On sait avec quelle énergie le clergé catholique le combat en Irlande. A Rome, quelques Irlandais, égarés par leurs sentiments patriotiques, avaient projeté une espèce de manifestation de deuil, à l'occasion des exécutions qui ont eu lieu en Angleterre : on s'est hâté de les expulser de l'armée pontificale. »

Que tous les hommes qui ont conservé les notions de l'honneur et du droit apprécient la conduite des deux gouvernements et disent de quel côté on respecte les lois de la justice !

Ordre du jour du colonel des zouaves

Nous citerons, d'après les rapports officiels et les correspondances particulières, les plus beaux faits d'armes des soldats du Pape qui, par leur valeur et leur beau courage, ont fait l'admiration du monde entier.

Voici d'abord l'ordre du jour adressé au régiment des zouaves pontificaux par le colonel Allet. C'est un excellent résumé de tout ce qu'ont fait ces braves volontaires pendant quarante-cinq jours de luttes continuelles et de victoires glorieuses :

« *Ordre du régiment du* 9 *décembre*.

« Officiers, sous-officiers et soldats !

« Vous venez de traverser deux mois de fatigues et de

dangers avec une énergie dont votre chef est fier de vous rendre le témoignage.

« Au premier jour de cette lutte impie que la force révolutionnaire engageait contre le droit le plus auguste, ceux mêmes qui vous connaissaient calculaient avec angoisse les péripéties de ce combat inégal. Honneur à vous ! Vous avez dépassé les espérances de vos amis et les craintes de vos ennemis.

« L'invasion garibaldienne a trouvé partout les baïonnettes des zouaves, et si les balles ont traversé vos poitrines, nulle part elles ne vous ont fait reculer d'un pas ; tous, vous avez eu votre part dans cette lutte glorieuse. Les compagnies qui sont restées à Rome, en butte aux plus atroces moyens de destruction, ont contribué à maintenir la tranquillité, comme celles qui dans les provinces d'Acquapendente et Subiaco ont défendu presque seules soixante lieues de frontières. Du 22 septembre au 3 novembre, que de dates à mettre sur votre drapeau !

« Le 30 septembre, le lieutenant Jacquemont rencontre avec trente-six hommes de la 3e du 1er quatre-vingt-six garibaldiens à Canino et les met en fuite. Le 3 octobre, le lieutenant Guérin, alors sergent-major, avec vingt-cinq zouaves de la 4e du 1er, protége seul la retraite d'une compagnie de ligne près de Bagnorea. Le 4 octobre, le sous-lieutenant Burdo, avec trente hommes de la 3e du 1er, lutte pendant trois heures contre une troupe supérieure, au pont d'Ischia ; le même jour, le même officier défend avec quarante-cinq hommes la ville de Valentano contre des forces cinq fois supérieures.

« Le 5 octobre, Bagnorea est enlevée, le capitaine Le Gonidec, les lieutenants Wyart, Jacquemont et Mirabal conduisent à l'assaut quatre-vingt-dix zouaves de la 3e et de la 4e du 1er, et emportent les positions dominantes.

« Le 13 octobre, les sous-lieutenants Joubert et Martini,

avec un détachement de la 4e du 1er, réoccupent Acquapendente.

« Le même jour, à Monte-Libretti, quatre-vingt-dix-sept zouaves de la 5e du 2e, sous les ordres de MM. Guillemin et de Quélen, attaquent les garibaldiens avec une vigueur telle, que l'ennemi, effrayé, évacue la ville la nuit même. Les deux officiers tombent glorieusement en tête de la troupe.

« Le 12 octobre, la ville de Subiaco est surprise; le lieutenant Deselée, avec trente zouaves, la reprend et tue de sa main le commandant ennemi.

« Le 18 octobre, le lieutenant Lallemand, avec quarante-cinq zouaves et dix-sept gendarmes, occupe Orte.

« Le 18 octobre, le lieutenant-colonel Charette et le commandant de Troussures enlèvent la position redoutable de Nerola; les 1res du 2e et du 1er, et la 5e du 2e bataillon y ont une part glorieuse.

« Le 19, le capitaine du Couëssin, avec sa compagnie, rejette les garibaldiens dans Farnèse; le sous-lieutenant Dufournel meurt percé de treize coups de baïonnette.

« Le 22, la caserne Serristori saute, ensevelissant de nombreuses victimes; le soir même, le capitaine du Beau, avec la 2e du 2e, saisit, hors de la ville, sous Saint-Paul, un vaste dépôt d'armes et un nombreux conciliabule de sectaires.

« Le 24, les capitaines de Saisy, Vinay, Dufournel, avec quatre-vingts hommes du dépôt et de la 3e du 2e, enlèvent de vive force, dans la Lungaretta, l'infernal laboratoire d'où sortaient la plupart des bombes qui ont effrayé Rome.

« Le 24, Viterbe est attaqué par huit cents chemises rouges; le lieutenant Lallemand, avec soixante zouaves, prend une part énergique à la défense. L'ennemi est repoussé.

« Le 30 octobre, les avant-postes garibaldiens sont en face de Ponte-Nomentano, la 3e du 1er, la 3e et la 6e du 2e forcent les tirailleurs ennemis à se replier jusqu'au Casale dei Pazi, qui est occupé le lendemain.

« Le même jour, le capitaine adjudant-major Dufournel tombe frappé d'une balle dans les rues de Rome et meurt, comme son frère, avec cette intrépidité que nous étions habitués à admirer.

« Le 3 novembre enfin, à Mentana, le régiment tout entier est réuni sous mes ordres, et j'ai pu moi-même admirer dans son ensemble cet élan, ce courage indomptable dont chaque fraction du corps donnait depuis un mois tant de nobles exemples !

« Tout ce qu'on pouvait attendre des cœurs les plus énergiques, vous l'avez fait ! Et à la dernière heure de cette lutte de quarante-cinq jours sur le champ de bataille que vous veniez de joncher de cadavres, l'armée française, ce juge incorruptible de la valeur, s'est trouvée là pour applaudir à la vôtre et vous rendre un témoignage incontestable.

« Des pertes douloureuses ont accompagné le succès ; le capitaine de Veaux et vingt-trois de nos camarades sont morts à Mentana; nos blessés emplissent les hôpitaux. Mais leur sang a coulé pour la plus noble des causes.

« De tels sacrifices sont les souvenirs les plus précieux d'un corps militaire ; ils auront pour conséquence de ramener à la cause du Saint-Père les sympathies et un respect qui assurent son avenir.

« Soldats !

« Tout n'est pas fini ! de grands dangers menacent encore l'Église ; rappelez-vous que vous n'êtes pas seulement au régiment quelques milliers d'hommes réunis coude à coude vous représentez, dans le monde, un principe, le principe de la défense volontaire et désintéressée du Saint-Siége Vous êtes le noyau autour duquel se grouperont au moment du péril les prières, les secours, les espérances du monde catholique.

« Soyons donc les vrais soldats de Dieu ; vous n'avez pas seulement des devoirs, vous avez une mission : vous n'arri verez à la remplir que par l'union, par la discipline, par la conduite, l'instruction militaire.

« Un troisième bataillon vient d'être formé; vos cadres, en s'étendant, vous assurent une plus large part d'action dans les luttes à venir.

« Nous y marcherons ensemble, au cri de :

« Vive Pie IX!

« Le colonel commandant du régiment,

« Signé : ALLET. »

Nous suivrons l'ordre indiqué dans cet admirable rapport qui a été justement admiré.

Victoire de Bagnorea

Les trois positions où se retranchèrent d'abord les garibaldiens furent : Bagnorea, Monte-Libretti, Nerola. Il fallut les reprendre, et elles furent reprises.

A Bagnorea, une colonne de trois cents hommes, soldats de la ligne et zouaves, lancée contre une garnison de cinq cents garibaldiens, aborda l'ennemi à la baïonnette, le débusqua de ses ouvrages avancés et, l'ayant refoulé dans la ville, elle se préparait avec quelques coups de canon à donner l'assaut, quand les habitants, impatients d'échapper à un joug odieux, ouvrirent les portes. Ce succès a préservé la province de Viterbe. Vainement les garibaldiens ont-ils tenté plus tard de s'emparer de Viterbe même. Ils ont été repoussés; la retraite volontaire des pontificaux, rappelés à Rome par un plus grand péril, leur a seule permis d'y pénétrer un instant sans combat, et maintenant que les pontificaux reprennent le terrain abandonné, les habitants de Viterbe ne se contentent pas, comme ceux de Bagnorea, d'ouvrir leurs portes, ils prennent les armes pour chasser les envahisseurs.

— Nous lisons dans une correspondance de l'*Union :*

« Les troupes pontificales, parmi lesquelles on ne saurait faire aucune exception, — ce qui est un grand sujet de désappointement pour les révolutionnaires, qui avaient compté sur la défection d'un bon nombre d'entre elles, — les troupes pontificales sont animées de la plus grande ardeur, et considèrent comme une excellente fortune les occasions qui les mettent en présence des chemises rouges. Quand une bande est signalée sur un point, c'est à qui fera partie des détachements désignés pour aller à sa rencontre et la combattre.

« L'élan de nos zouaves est admirable, et n'est surpassé que par l'ardeur de leur foi. Voici quelques détails qui vous prouveront qu'ils se montrent aussi robustes chrétiens qu'intrépides soldats, et en même temps, à quel point la Providence veille d'une manière spéciale sur eux.

« Les troupes qui ont attaqué Bagnorea et l'ont si rapidement et si brillamment enlevée aux garibaldiens, n'ont eu que six blessés. Beaucoup parmi les zouaves ont eu leurs habits lacérés, percés par les balles sans qu'il en résultât la moindre blessure pour eux. L'un d'eux cependant fut frappé à mort ; il eut la poitrine entr'ouverte, une côte et l'épine dorsale brisées. Le malheureux, ou plutôt le fortuné, aurait dû rendre le dernier soupir au bout de quelques heures. Il vécut cependant trois jours.

« L'excellent et admirable aumônier des zouaves, qui se trouvait à Rome, s'empressa, à la nouvelle de l'affaire sanglante de Bagnorea, de partir, emmenant avec lui un Hollandais, Père de la Compagnie de Jésus. Arrivé à Viterbe, on lui apprit que le blessé mortellement avait expiré depuis la veille, et on lui conseilla, au lieu d'aller à Bagnorea, de se rendre à Valentano, où se trouvait un détachement de zouaves susceptible de marcher à chaque instant à l'ennemi.

« Les deux aumôniers se mirent donc en route; mais, par une inspiration venue à l'un et à l'autre en même temps, au lieu de se diriger vers Valentano, ils furent à Bagnorea. Ils n'étaient pas encore descendus de voiture qu'on leur dit que le blessé n'était pas mort et qu'il attendait, avec une grande impatience, leur arrivée. On comprend l'empressement qu'ils mirent à se rendre près du cher blessé. Ils le trouvèrent dans l'état le plus pitoyable; mais heureux et content.

« Le R. P. Jésuite confessa le malade, en sa langue maternelle, et lui administra tous les secours de la religion. Quelques heures après, le jeune Hollandais, comme s'il n'eût attendu que la bénédiction du prêtre pour quitter la terre et s'envoler vers une vie meilleure, remit son âme entre les mains de son Créateur, avec une joie, un contentement, disons-le, avec un transport de bonheur, de donner sa vie pour l'Église, à tirer les larmes de tous les yeux des assistants, et à exciter une sainte envie dans le cœur de tous les camarades qui l'entouraient.

« De Bagnorea, les deux aumôniers, après avoir confessé le détachement de zouaves qui s'y trouvait, se rendirent à Valentano, où était campée une autre compagnie de zouaves, qui attendaient, avec impatience, quelques canons, de Civitâ-Vecchia, afin d'enlever la forte position de Farnèse où les garibaldiens s'étaient retranchés et fortifiés. A la vue des deux honorables ecclésiastiques, des *Evviva* s'élevèrent de tous côtés dans les rangs.

« Vivent nos aumôniers! voilà qui vaut mieux que tous les canons..., nous pouvons marcher hardiment à l'ennemi maintenant », entendait-on dire de tous côtés. C'est à peine si les aumôniers avaient pu trouver un lieu pour s'établir convenablement, que les zouaves les entouraient par douzaines, afin d'accuser leurs fautes et d'en recevoir l'absolution.

« Mais, au bout de quelques instants, on entendit sonner

le départ pour marcher contre une bande de garibaldiens qui se montraient dans le voisinage. « Allons, partez vite, leur dit l'excellent abbé Daniel; je vais vous suivre aussi loin que je le pourrai, et durant la route, nous ferons notre besogne. » On part, en effet, en trois petites colonnes, l'aumônier se tenait au rang de la dernière, et nos bons volontaires, ralentissant un peu le pas, venaient l'un après l'autre auprès de l'aumônier, qui les confessait et les absolvait au nom de Jésus-Christ. Tout cela se faisait en marchant et aussi régulièrement que possible.

« Mais voici que tout à coup la charge sonne et qu'on entend, au premier rang, des coups de fusil. Il restait encore une douzaine de zouaves qui n'avaient pu avoir leur tour près du prêtre. Mettez-vous à genoux, leur dit l'aumônier, faites un acte de contrition et je vais vous donner l'absolution à tous. Ces braves ne s'étaient pas encore relevés que l'aumônier était à la seconde colonne à exercer son saint ministère. De là, il passe, en courant, à la première, qui était directement engagée avec les garibaldiens. Les derniers rangs rejoignirent bientôt et se mirent en ligne; mais le combat dura peu. Les chemises rouges se replièrent et se retirèrent sur Ischia. Les zouaves, de leur côté, rentrèrent à Valentano. »

« Avant de partir, dit un autre correspondant, et après être arrivé à Bagnorea, le capitaine Le Gonidec, avec nous tous, s'est alimenté du pain des forts; voilà le secret de notre valeur.

« Tandis que je visais un capitaine garibaldien, je reçus une balle entre le canon et la batterie de mon fusil qui m'était destinée à la poitrine, précisément à l'endroit où je porte la médaille de l'Immaculée Conception, que l'auguste Pape et Roi, Pie IX, m'a remise de sa propre main. »

— Nous empruntons à l'*Espérance* de Nantes la lettre suivante, adressée par un zouave pontifical à sa sœur :

Bagnorea, 6 octobre 1867.

Ma chère sœur,

C'est avec joie que je t'annonce la belle victoire que nous venons de remporter sur les garibaldiens. Nous avons cherché une première fois à les repousser, mais nous n'étions que vingt zouaves, et nous avions à combattre trois cents chemises rouges. Le feu a duré une heure et demie ; nous les avons chargés à la baïonnette et nous leur avons tué onze hommes ; mais de nouvelles bandes nous ayant attaqués par derrière, nous avons été obligés de battre en retraite. Aucun de nous n'a été blessé ; ce qui a étonné tout le monde. Deux de mes camarades et moi nous avons reçu des balles dans nos vêtements ; c'est la sainte Vierge qui nous à protégés contre ces démons.

Trois jours après, le général Courlen est arrivé de Rome avec deux pièces de canon et vingt cavaliers. Nous sommes partis de Montefiascone à 7 heures du matin. Notre petite armée était composée de cent soixante-dix zouaves et de cent cinquante Italiens de la ligne. A onze heures, nous apercevions l'ennemi sur les collines qui entourent la ville.

. . . .

. . . .

Aussitôt on nous donne l'ordre d'attaquer. Nous avançons en tirailleurs, au pas gymnastique, à droite et à gauche. Les ennemis commencent à reculer et nous nous emparons de leurs positions.

A peine arrivés sur la hauteur, nous sommes assaillis par une grêle de balles. Nous n'avions rien pour nous abriter, et l'ennemi se cachait derrière les arbres... Nous nous élançons en criant : Vive Pie IX ! en avant les zouaves, à la baïonnette ! Nous mettons les chemises rouges en fuite et nous arrivons tous pêle-mêle dans les vignes, sous les remparts. Ne pouvant nous résister, les garibaldiens se réfugient dans un couvent et y transportent leurs blessés. Ils tirent sur nous du clocher et par les fenêtres, tellement que les balles faisaient tomber les feuilles de vigne sur nos têtes et labouraient la terre sous nos pieds.

Nous enfonçons les portes avec les crosses de nos fusils. Notre lieutenant, quoique blessé au bras, tient une hache d'une main et frappe à coups redoublés. Nous pénétrons dans une chambre, la baïonnette en avant. L'ennemi épouvanté jette ses armes en criant: Laissez-nous la vie, nous nous rendons. Dans notre fureur, nous voulions les tuer tous, malgré nos officiers qui nous disaient : « Ne leur faites pas de mal, ils sont à nous. » Dans ce couvent, nous avons pris 56 garibaldiens et plusieurs chefs.

Cependant la ville était au pouvoir des ennemis: il fallait la prendre d'assaut. Le commandant fait pointer contre la porte une pièce de canon. Trois brèches sont ouvertes. L'ennemi épouvanté s'enfuit. La population se met à crier: Vive Pie IX! vive les zouaves! On agite des mouchoirs blancs aux fenêtres et on court ouvrir les portes, en répétant le cri: Vive Pie IX ! Je n'ai jamais vu une chose plus touchante que notre entrée dans la ville. Les habitants nous serraient dans leurs bras et nous appelaient leurs libérateurs. Les femmes pleuraient de joie et remerciaient la Madone. Pendant le combat, qui a duré plus de quatre heures, elles priaient et demandaient pour nous la victoire.

Le bon Dieu les a écoutées, car les ennemis ont eu trente morts et cinquante blessés, nous leur avons fait cent trente prisonniers. De notre côté, nous n'avons eu que trois blessés; l'un d'eux est mort à midi. Il est bienheureux, je voudrais bien être à sa place ! Plusieurs de nos camarades ont eu leurs vêtements criblés de balles. Je t'assure que c'est vraiment miraculeux. Aussi nous sommes-nous empressés de nous confesser aujourd'hui et de faire une communion d'action de grâces, pour remercier Dieu de nous avoir protégés contre des ennemis si méchants et si nombreux. Ils étaient 708 ; nous n'étions que 340, et ils occupaient des positions très-fortes. Depuis huit jours, nous avons eu quatre combats, nous avons toujours battu l'ennemi, et nous n'avons eu qu'un mort et deux blessés.

De tous côtés les habitants du pays nous appellent pour que nous les défendions contre les chemises rouges... Si tu savais quels sacriléges les garibaldiens ont commis dans l'église du couvent des Bénédictins ! Ils ont brisé les autels, foulé aux pieds les saintes reliques et percé les statues à coups de baïonnette. Ils ont volé deux saints ciboires, saccagé le séminaire et fait brûler les registres de la ville et les armes du Saint-Père. Le drapeau de Victor-Emmanuel flottait à la place du drapeau pontifical.

Adieu, ma chère sœur, je me recommande à tes prières. Je donnerai volontiers ma vie, car j'en ai fait le sacrifice bien des fois, et je crois qu'elle est bien peu de chose en ce monde. Il est probable que, si les puissances étrangères n'interviennent point, plusieurs d'entre nous occuperont une place dans le ciel avant la fin de l'année. Oh ! que nous serons heureux de donner notre sang pour le Saint-Père et pour l'Église !

Les Garibaldiens à Acquapendente.

On écrivait de cette ville, le 4 octobre, à l'*Osservatore romano* les lignes suivantes :

« Bien que dans la journée du 29 septembre on eût eu connaissance qu'une bande de garibaldiens était entrée sur le territoire pontifical du côté des Grottes di Santo Stefano, personne ne s'en inquiéta dans notre ville et, dès le lendemain matin, un grand nombre d'habitants se répandirent dans la campagne pour procéder à la vendange de leurs vignes. Le syndic lui-même s'en fut à la campagne ave toute sa famille. Mgr l'évêque, avec son clergé, était retir depuis quelques jours au couvent de Saint-François et y pré-sidait la retraite ecclésiastique. Il n'y avait donc d'autr autorité que le gouverneur, le comte Marcelli, et une gar-nison de vingt-sept gendarmes commandés par un lieu-tenant.

« Vers les deux heures après midi, on apprit que quelque bandes se dirigeaient sur Acquapendente. En effet, on n tarda pas à entendre le son d'une trompette et à voir ap paraître une troupe d'environ deux cents bandits armés Toutes les boutiques se fermèrent et les habitants se reti rèrent dans leurs maisons. Le commandant de la gendar-merie, trompé sur le degré de résistance qu'il pourrai rencontrer, ne crut pas devoir affronter à découvert cett horde de gens, et se renferma dans la caserne avec se hommes, afin de s'y défendre.

« A l'arrivée des garibaldiens, toutes les rues de la vill étaient désertes, à l'exception de quelques individus de l basse populace et de quelques curieux. Les chefs de l troupe étaient les frères Guarelli et un certain Angelo Leal et son fils, tous quatre émigrés d'Acquapendente, un homm Tondi de Viterbo, Gagliani d'Orvieto et Salvatori de Ca prarola. A ceux-ci se joignit un certain Barbieri, homm d'affaires des Leali, qui demeure chez nous par toléranc du gouvernement, mais qui n'est pas du pays.

« On demanda immédiatement l'évêque et le gonfalonier mais comme ils ne se trouvaient ni l'un ni l'autre à leu demeure, quelques chefs s'adressèrent au gouverneur, e lui intimèrent l'ordre ou d'obéir ou de se retirer. Le gou-verneur, après une digne et énergique protestation, se retira. Alors la bande se dirigea vers la caserne des gen-darmes afin de les obliger à se rendre. Ces derniers firent feu d'une des fenêtres et renversèrent mort un des gari-baldiens. Un grand nombre d'entre eux se mirent alors à fuir; mais le susnommé Barbieri parvint à les arrêter et à les ramener à l'assaut de la caserne. Les gendarmes ne voulaient pas céder; mais, s'étant aperçus qu'une partie des garibaldiens étaient déjà sur le toit pour découvrir la maison et y mettre le feu, tandis que les autres enfonçaient les portes à coups de hache, ils cédèrent à la force majeure et abandonnèrent tout au pouvoir des envahisseurs, qui se mirent aussitôt à piller les armes, les effets et vêtements des gendarmes dont quelques-uns se revêtirent.

« Cet exploit terminé, tous les chefs s'enfuirent, à l'exception de Salvatore et de Barbieri, qui, après avoir requis et pris des vivres, emmenèrent toute la bande bivouaquer hors de la ville.

« Le mardi matin, la municipalité se démit de ses fonctions, afin de ne pas exposer la cité à de plus grands dangers. Mais afin que les envahisseurs eussent quelqu'un à qui ils pussent s'adresser pour les réquisitions qu'ils imposaient, et qu'ils fussent moins tentés d'envahir et de saccager les maisons paticulières, elle ne voulut pas abandonner le poste, attendant à chaque instant du secours de Viterbe, où elle avait secrètement fait savoir sa position.

« Ils voulurent que le municipe ordonnât le désarmement des citoyens, mais ce dernier s'y refusa ; ils demandèrent les clefs pour monter dans un appartement d'où l'on pouvait aisément renverser les armoiries pontificales qui sont à l'hôtel de la mairie; on leur répondit également par un refus. Ils rompirent les serrures et enfoncèrent les portes, afin de commettre ce nouveau délit; mais le peuple qui se trouvait sur la place se retira aussitôt.

« Les caisses du gouvernement furent aussi enfoncées et vidées; heureusement il s'y trouvait peu de chose. Pour se compenser de leur maigre butin, les garibaldiens coururent au couvent des franciscains et y commirent des indignités et des sévices dignes d'eux et de leur criminelle tentative.

« L'évêque et ses prêtres avaient quitté le couvent durant

la nuit précédente et étaient retournés à leur demeure. Ils ne trouvèrent donc que quelques pauvres moines. Assaillis, maltraités, menacés du couteau, ces pauvres frères s'attendaient à chaque instant à être mis en pièces. On jura de les fusiller tous s'ils ne désignaient pas le lieu où ils tenaient cachée une grande quantité d'armes. Mais au lieu de fusils, les moines n'avaient que quelques écus qu'ils s'empressèrent de leur donner. La vue de ce peu d'argent calma ces furieux, qui s'apaisèrent et se retirèrent à la fin. L'évêque fut également outragé et soumis à toutes sortes d'exactions. Dieu permit enfin que nous apprissions l'arrivée prochaine de nos soldats. Il était environ quatre heures après midi. A cette nouvelle, les garibaldiens s'empressèrent de quitter la ville au plus vite et de se disperser à travers les bois. Les nôtres arrivèrent enfin, et toute la population délivrée, transportée de joie, les accueillit avec de grandes marques d'allégresse et les salua comme ses libérateurs.

« Elle-même, elle releva et rétablit les armes du Pape aux cris de *vive Pie IX!* Nos soldats n'eurent pas même la peine de tirer un seul coup de fusil. Le long de la route ils rencontrèrent quelques retardataires qu'ils firent prisonniers sans aucune résistance.

« Telle fut la fin de cette odieuse invasion que les journaux de Florence osent appeler *insurrection d'Acquapendente.* Personne de la cité n'y a pris la moindre part. Durant les trente heures que nous avons été au pouvoir de ces bandits, aucun habitant n'a voulu sympathiser avec eux, et ils n'ont laissé d'autre souvenir que l'abomination de leur férocité et la dégoûtante épreuve de la liberté dont la révolution italienne voudrait nous régaler. »

Si les populations romaines n'ont pas été enchantées de la présence, dans leurs villes, bourgs et villages, des bandes garibaldiennes, qu'elles n'avaient pas appelées, et de la manière dont elles ont été traitées par leurs libérateurs, ces derniers, de leur côté, n'ont pas été satisfaits de l'accueil qu'ils ont reçu dans ces contrées, auxquelles ils venaient apporter les bienfaits de l'unification italienne.

Un organe du garibaldisme, *la Riforma*, de Florence, rapporte les paroles suivantes, prononcées par le député Bertani, qui accompagnait dans son expédition le général en chef des chemises rouges :

« Il faut le dire, pour que toute illusion cesse, les popu-
« lations pontificales sont abruties ; elles ne savent pas ce
« qu'est l'Italie, l'unité ni la liberté ; quelle est la cause que
« les volontaires soutiennent et que le gouvernement renie ;
« pour quoi et pour qui ils se faisaient tuer ; il n'y a pas
« un seul cri de fête et d'encouragement lors de notre
« entrée. A Mentana, il n'y a pas eu un secours spontané
« pendant la lutte, ni après, de la part des habitants. »

Cette première attestation est corroborée par les expressions suivantes qu'emploie un officier garibaldien, rendant compte dans le *Pungolo* de la manifestation spontanée dont il a été témoin au moment où son corps quittait la frontière pontificale :

« Un hurlement continuel de : *Vive Pie IX et mort à Victor-Emmanuel !* et le tambour qui battait dans la ville, m'ont fait m'arrêter quelque temps, et j'ai pu entendre, non sans un sentiment d'horreur, le bacchanal et les cris de cette population fanatique achetée par les prêtres.

« Pofi, Fulvaterra, Castro, Ceccano, Veroli, Banco étaient illuminées, et l'éclat des feux d'artifice faisait retentir les échos de toutes les vallées environnantes.

« Le cœur lacéré par un semblable spectacle, j'ai mis mon cheval au galop et j'ai repassé la frontière. »

Nous comprenons les sentiments de ce héros ulcéré qui a pris le galop, et qui court encore.

Eh quoi ! des légions de volontaires, animées des sentiments du plus pur patriotisme, de la plus ardente fraternité, franchissent la frontière, avec ou sans la permission des autorités italiennes, pour venir à la rescousse de ces populations opprimées, pour les aider à secouer le joug de la tyrannie sous laquelle elles gémissent. Sous ce prétexte, les bandes garibaldiennes traitent ces contrées en pays conquis : elles rançonnent leurs habitants, vident les caisses publiques et particulières, font des réquisitions de vivres et d'argent et ne leur laissent, comme on dit, que les yeux pour pleurer : au nom de la liberté de conscience, qu'elles apportent dans les plis de leur blouse écarlate, elles saccagent les églises, objet de la vénération de ces hommes croyants et attachés à leur culte, les souillent par des abominations que les correspondances n'osent pas énoncer, mais qui se devinent au travers de leurs réticences ; en un mot elles se comportent comme auraient pu le faire les hordes barbares qui envahirent l'Italie vers le IVe et le Ve siècle, et voilà toute la reconnaissance qu'elles recueillent de leur généreuse tentative, de leur dévoûment exemplaire et désintéressé.

On assourdit les oreilles de ces libérateurs de cris de vive Pie IX ! mort à Victor-Emmanuel ! On ne les a pas salués à leur entrée par des acclamations enthousiastes, on ne leur a pas accordé un seul cri d'encouragement, et on fête leur départ par des illuminations et des feux d'artifice !!

Fait d'armes de Monte-Libretti

Le correspondant de l'*Univers* donne sur le fait dernier de Monte-Libretti des détails puisés aux sources officielles et confirmés par les récits des blessés pontificaux, aussi bien que des prisonniers italiens. On verra que ce fait d'armes est un des plus beaux qui se puissent imaginer, et que les fastes militaires du monde catholique s'enrichissent d'une page sublime.

Monte-Libretti est un ancien village fortifié, muni de portes et situé sur une hauteur (1). A 200 mètres de la porte vers laquelle se dirigeait le détachement de zouaves, composé de 80 hommes et commandé par Arthur Guillemin et de Quélen, court un fossé large et assez profond que l'on passe sur un pont de pierre. En arrivant à ce point, le détachement fut accueilli par des coups de fusil. Un poste de garibaldiens s'était tout à coup démasqué et barrait le passage. Enlever le poste fut l'affaire d'un instant (2).

Les garibaldiens s'enfuirent rapidement, laissant dix prisonniers aux mains du détachement, lequel continua à s'avancer vers le village. Il s'agissait de gravir la pente de 200 mètres pour arriver au seuil de la porte de Monte-Libretti. Or, les zouaves ne furent pas médiocrement surpris de se voir encore assaillis par une fusillade très-vive. Trois cents garibaldiens étaient cachés dans les vignes qui, à

(1) Monte-Maggiore est le nom d'une grande propriété qui fait partie du territoire de Monte-Libretti, propriété escarpée, agreste et au sommet le plus élevé de laquelle, comme point stratégique, on a placé une station militaire.

Monte-Libretti est une commune du district de Rome et Comarque; elle a une population de huit cents âmes, dont deux cents demeurent dans le château, enceinte murée, et le reste par la campagne. Son nom lui vient d'une villa romaine du gendre de l'empereur Commode. Le château qui la domine et dont les fortifications font sa force, est du moyen âge. Il se dresse sur une colline entre une vallée et les racines des monts environnants; il est distant de plusieurs milles de Nerola. Le territoire de Monte-Libretti est très-fertile et assez bien cultivé. Carpignano est une montagne chauve inhabitée, comprise dans le district de Nerola, et située sur la gauche de la route antique et moderne de Rome à Rieti. De trois côtés, elle a pour confins la frontière italienne.

(2) A Monte-Libretti, les zouaves, selon la coutume qui leur avait réussi jusque-là, se présentent comme s'ils ne devaient point rencontrer d'obstacle. Cependant, à mesure qu'ils gravissent la pente sur laquelle le village, avec ses épaisses murailles et ses vieilles portes, s'élève, les garibaldiens se démasquent, la fusillade s'engage; les zouaves, la baïonnette en avant, montent toujours; ils arrivent jusqu'à la porte principale, ils la franchissent pêle-mêle avec l'ennemi, mais pour recevoir de toutes les maisons qui les environnent alors une pluie de balles. (*Le Correspondant.*)

droite et à gauche, bordent la route. Prompts comme la foudre, les zouaves se jetèrent tête baissée dans les vignes. chargèrent les garibaldiens à la baïonnette et entrèrent pêle-mêle avec eux dans le village; mais là, la fusillade offrait des dangers plus sérieux : elle tombait des fenêtres dans la rue. Force fut aux zouaves de revenir vers la porte, combattant avec les garibaldiens qu'ils avaient ramenés si vivement.

Pendant cette lutte, surviennent un major à cheval (le major Faseri) et son aide de camp à cheval, excitant le gros des garibaldiens qui les suivait et s'exposant courageusement au feu des zouaves. Il y eut dès lors en présence une poignée de héros chrétiens se battant contre DOUZE CENTS hommes, se battant corps à corps et déployant un courage et une abnégation dignes de la cause de Dieu.

Le brave et regretté Arthur Guillemin tomba l'un des premiers, à la porte même de Monte-Libretti. Bientôt on vit s'abattre le cheval du major garibaldien, lequel roula avec sa monture sur le pavé. Le sergent de la Bégassière, appuyant le canon de son fusil sur l'oreille du major, le tua raide. La Bégassière reçut aussitôt une balle dans le bras, et comme une autre balle lui emporta son képi, il se coiffa du képi rouge et vert du major.

Le cheval de l'aide de camp fut aussi abattu, et l'homme qui le montait blessé par le caporal Delalande, Belge, si je ne me trompe.

Un Marseillais, Nouguès, criait à tue-tête et frappait sans relâche, comptant les hommes qu'il tuait. Quand il eut reçu une blessure à la tête, une balle dans chaque bras et qu'une autre balle lui eut emporté deux doigts de la main droite, il estima qu'il pouvait s'arrêter.

— Je ne comprends pas, disait-il hier, à l'hôpital, avec son accent de Provence, comment sont faits ces garibaldiens. A la première balle, ils tombent; moi, j'en ai eu quatre, et me voilà.

Un caporal anglais, Collingridge, a fait des prodiges de valeur. On l'a vu se défendant, acculé au mur, contre six garibaldiens. Il a été tué. Son frère s'est engagé la semaine passée.

Un caporal belge, Mercier, de Namur, a eu une conduite au-dessus de tout éloge : il est blessé.

Un clairon romain, appelé *Mimi* par la troupe, et qui avait eu une main brisée par une balle, a continué à sonner la charge, tenant son instrument de l'autre main.

Le sergent-major Bach, Suisse-Allemand, semblait s'être trempé dans un bain de sang. C'était du sang ennemi : il n'avait pas une égratignure.

Le Hollandais De Jonghes, sorte d'hercule géant, était la terreur des garibaldiens. Tête nue, les vêtements en lambeaux, il dédaignait de faire feu de son arme ; mais il s'en servait comme d'une massue. Harassé de fatigue, n'ayant pas reçu de blessure, il s'est tout à coup mis à genoux. On s'est précipité sur lui ; on l'a percé de coups de baïonnette et de poignard. Mais il y avait quatorze cadavres autour de son cadavre !

Deux autres zouaves hollandais, deux frères, ont été tués.

Le sous-lieutenant Urbain de Quélen, brave comme son épée, désireux d'imiter son ami Guillemin, se battait avec un acharnement extrême. Il est tombé des derniers.

C'est à cinq heures et demie du soir qu'a commencé la lutte ; mais la nuit était superbe. La lune, pleine et tranquille, éclairait ces scènes héroïques ; pas un souffle n'agitait les feuilles. A huit heures, les zouaves tenaient encore et se battaient devant la porte de Monte-Libretti.

Tout à coup les garibaldiens du dedans fermèrent la porte, et les zouaves, commandés par le sergent-major Bach, se rabattirent sur les garibaldiens restés dehors et en firent un véritable massacre.

La valeur de Bach, sa persistance, son sang-froid tiennent du prodige. Il est resté sur la porte de Monte-Libretti jusqu'à quatre heures du matin, entouré de huit blessés qu'il avait recueillis et d'une dizaine de zouaves. Cependant ne voyant venir aucun renfort et las d'attendre, il s'était décidé à regagner Monte-Maggiore, avec les blessés, les prisonniers et le reste de la compagnie, quand les habitants de Monte-Libretti ont rouvert la porte de leur village.

Les garibaldiens s'étaient enfuis par la porte opposée, emportant leurs blessés à Nerola.[1]

Le fait d'armes de Monte-Libretti est donc digne, je le répète, de la cause de Dieu.

Le cœur des nations catholiques était là avec ce Romain, avec cet Anglais, ce Suisse, ces Hollandais, ces Belges, ces Français.

Les brigands garibaldiens chassés de Subiaco

On donne à l'*Osservatore romano* les détails suivants sur le fait de Subiaco :

« Le détachement des zouaves ayant à sa tête le lieutenant Desdé et le maréchal des gendarmes Marella, avec son escouade et ses hommes, s'étaient dirigés, le 11 octobre, vers Cervara et Camerata, pour y faire une reconnaissance et essayer de surprendre une bande de garibaldiens qui se trouvait sur les montagnes.

« Leur intention était de rentrer le soir même, bien qu'à une heure avancée, dans la prévision de mettre la main sur ces mêmes garibaldiens, si la vue possible ou l'avis du départ de la force armée les engageait à se rapprocher de la ville. La pluie continuelle et torrentielle qu'ils eurent à supporter après avoir rempli leur mission, au grand contentement de tous les gens de ces contrées, fit qu'ils retournèrent seulement hier vers les quatre heures du soir.

« En approchant de Subiaco, ils reçurent l'avis de l'entrée dans ville d'une trentaine de garibaldiens descendus des montagnes, ayant à leur tête un chef des plus hardis du nom d'Émile Blenio, de Milan. Cachés par les replis des montagnes les plus rapprochées de Subiaco, ils débouchèrent tout à coup, à la distance d'un cinquième de mille à peine, et entrèrent dans la cité vers les deux heures après midi, en courant au galop, passant, protégés par la présence des habitants, sous le château de la Roche abbatiale, où l'on avait placé la veille une escouade de volontaires et quelques gendarmes. Ce lieu était aisé à garder contre tout événement jusqu'à la rentrée des forces qui s'étaient dirigées vers Cervara et Camerata.

« La bande des rouges entra donc dans la ville avec une bannière garibaldienne et en criant : Vive Garibaldi ! vive Subiaco ! vive Rome ! Frères, armez-vous pour vous délivrer de la tyrannie ! Les quelques gens du peuple qui se trouvaient dans les rues se retirèrent en fuyant, ne voulant prendre aucune part à ce désordre, quelque instance que leur en fît le chef Blenio. La horde s'avança de la place de l'Église majeure, où la garnison de la Rocca dirigeait son feu sans succès, à cause de la distance, jusqu'à la place où se trouve la résidence du gouverneur. On entoura cette demeure et on y mit des sentinelles. Le chef monta alors, accompagné de quatre des siens, et se présenta devant le gouverneur, lui intimant l'ordre de lui consigner l'autorité, de lui faire la remise de la garnison et du château abbatial, de proclamer le gouvernement provisoire de Garibaldi et de se constituer prisonnier entre ses mains pour servir d'otage à la bande.

« Le gouverneur, en présence de l'autorité communale et des autres employés présents, protesta hautement contre l'attentat qui se commettait. De là, Blenio, suivi par d'autres garibaldiens, se rendit près de Mgr Manetti, évêque administrateur de l'abbaye de Subiaco, et lui fit les mêmes intimations. Celui-ci répondit que le château n'était pas en son pouvoir et qu'il avait seulement autorité et juridiction sur les ecclésiastiques. Alors cet individu lui signifia qu'il était prisonnier comme le gouverneur et le fit garder à vue dans sa chambre, ayant eu soin de mettre des sentinelles aux portes du séminaire.

« Cela fait, Blenio retourna près du gouverneur, gardé à vue par un garibaldien gradé et par un autre individu, et lui demanda s'il y avait dans les prisons quelque individu pour cause politique. Ayant reçu une réponse négative, il insista alors, avec force, pour la remise du château abbatial, la proclamation du gouvernement provisoire de Garibaldi, déclarant qu'il était résolu à résister à outrance et jusqu'au dernier sang, plaçant, en cas d'attaque, au premier rang l'évêque, le gouverneur et les deux autres otages dont il s'était emparé, le chevalier Tocci et le gonfalonier.

« Tandis que toutes ces menaces avaient lieu, sans amener le moindre résultat favorable aux vues de Blenio, quatre heures sonnèrent. Au même instant, arrivèrent les soldats qui étaient allés à Camerata et à Cervara. Sans respirer un seul instant, ils se précipitèrent sur les garibaldiens qui entouraient la demeure du gouverneur sur ladite place, et qui avaient à leur tête le capitaine Blenio, qui tenait forcément à ses côtés le gonfalonier de la ville. Ce n'est que par une protection vraiment divine que ce magistrat put conserver la vie au milieu des balles qui sifflaient de tous les côtés sur sa tête.

« Au même moment, un détachement de huit ou dix zouaves ou gendarmes courut au séminaire, délivra notre évêque et fit prisonniers les cinq garibaldiens qui le gardaient.

« La mort du chef Blenio et de deux autres garibaldiens, la blessure de plusieurs autres, la capture de plusieurs chemises rouges, la mise en fuite de cette horde de bandits, l'arrestation des cinq individus qui gardaient l'évêque, tels furent les faits qui terminèrent une journée dont le souvenir ne s'effacera pas aisément de la mémoire des habitants.

« La population, dont l'attitude silencieuse et pleine de dédain est digne du plus grand éloge, se vit à peine délivrée de ses envahisseurs qu'elle se livra à la joie la plus vive, acclamant avec transport Pie IX, Pape et Roi.

« Bien que le jour fût sur le point de cesser, les troupes se lancèrent immédiatement à la poursuite des garibaldiens qui s'étaient réfugiés dans les bois et en arrêtèrent plusieurs. Le nombre des prisonniers s'élève à quinze. Le lendemain, on parvint à mettre la main sur deux autres, ce qui porte le nombre des prisonniers à dix-sept. D'importants papiers, trouvés dans les poches de Blenio, montrent de la manière la plus évidente le but de cette ironique et sacrilége invasion et quels en sont les promoteurs.

« Nos braves soldats n'ont eu que quelques blessés, et encore peu grièvement. Parmi ceux-ci se trouve le lieutenant des zouaves, M. Desdé, qui fut blessé par une baïonnette au moment où il se précipitait sur Blenio.

« Gloire et honneur à nos intrépides soldats, qui savent défendre si héroïquement, au prix de leur sang, notre souverain légitime contre la plus inique, la plus odieuse et la plus préméditée de toutes les invasions! »

Lettre d'un caporal des zouaves

Voici une lettre écrite de Rome par un caporal de zouaves à ses parents : nous la citons parce qu'elle renferme beaucoup de détails peu connus.

Nos lecteurs en aimeront la simplicité; ils y retrouveront avec joie ces traits d'enthousiasme, d'énergie, de piété et de dévoûment à la personne de Pie IX, qui composent le caractère du soldat pontifical :

Et plus que jamais : Vive Pie IX! Pontife et Roi.

Rome, 20 octobre 1867.

Dimanche, une heure du matin, de garde sur les remparts du fort Saint-Ange. (*Temps abominable.*)

« Mes bien chers parents,

« Comme vous devez être inquiets de moi! Je vous ai cependant écrit une lettre le 1er octobre, et une autre le 12; mais, nécessairement, elles ne vous seront pas pervenues. Nous ne recevons plus de lettres de France par la voie de terre, et on vient de nous prévenir ce matin, au rapport du général, que tous ceux qui avaient écrit et envoyé leurs lettres par voie de terre pouvaient être certains qu'elles ne parviendraient pas : les communications sont interrompues, le télégraphe coupé et les chemins de fer aussi coupés partout, à une distance de trois ou quatre kilomètres au delà de la frontière piémontaise; aussi je m'empresse de vous écrire de nouveau, car je conçois combien votre inquiétude doit être grande, surtout si vous avez su par les journaux ce qui se passe ici.

« Nous avons été attaqués à Bagnorea, à côté de Viterbe, le 1er octobre ou le 2, par une demi-colonne de garibaldiens, mais nous avons remporté une victoire complète : beaucoup de morts parmi les garibaldiens, quelques blessés et 153 prisonniers. Ils étaient 5 à 600; ils ont pris la fuite devant deux compagnies de zouaves et une compagnie de ligne, à peu près 250 hommes; les pontificaux ont emporté Bagnorea d'assaut, à la baïonnette, et ont fait alors 153 prisonniers, qui sont maintenant ici, sous notre garde, dans le fort Saint-Ange. De notre côté, nous avons eu 4 blessés et 1 mort : parmi les blessés il y a mon sergent-major Guérin, qui a été blessé légèrement, ce qui ne l'a pas empêché de se battre comme un lion tout le reste du combat; puis un Poitevin, le sous-lieutenant De Mirabal, qui a reçu une balle assez dangereuse dans l'avant-bras gauche; mais il va bien mieux; les deux autres sont des Allemands, ainsi que celui qui est mort.

« Nous avons été attaqués de tous les côtés des frontières: ils sont même venus jusqu'à quelques lieues de Rome, mais ils ont toujours été repoussés avec perte. A Valentano, un sous-lieutenant de zouaves, nommé Bardo, avec 15 hommes, s'est retranché dans cette ville et l'a défendue héroïquement contre 200 garibaldiens, qui ont pris la fuite. Si cela n'est pas honteux de fuir 200 devant 16 hommes!

« Ces jours-ci, à Subiaco, le lieutenant Desclet, zouave, avec 40 hommes, fut attaqué en rentrant dans cette ville par une forte colonne garibaldienne; mais cette fois aussi même victoire, même succès. Toutefois encore, notre lieutenant fut blessé de la manière la plus traîtresse. Il couchait en joue un garibaldien; celui-ci se jette à ses genoux, en lui demandant de le faire prisonnier s'il voulait, mais de lui laisser la vie sauve. Il rend ses armes et se place avec les autres prisonniers. On ne s'occupe plus de lui : il paraissait plus mort (de peur) que vif. Le lieutenant tire un capitaine garibaldien. Quand le prisonnier voit cela, il se jette entre les jambes du lieutenant, le fait tomber par terre et, avec un poignard qu'il avait caché dans sa poitrine, il lui fait trois blessures : une à la tête, l'autre traverse le bras sous l'aisselle, la troisième atteint un peu au-dessus du cœur. Malgré cela, le lieutenant se battit encore, et même il tua quelques garibaldiens et fit plusieurs prisonniers. Voyez comme le bon Dieu nous garde!

« Le 16 octobre, à cinq heures du soir, une compagnie de zouaves, arrivant à Monte-Libretti pour y coucher, ne se doutant de rien, fut attaquée par 1,200 garibaldiens, commandés par Menotti Garibaldi, fils aîné de Garibaldi; elle était commandée par M. le lieutenant Guillemin et M. le sous-lieutenant De Quélen, parent de Mgr De Quélen: ils étaient 80 contre 1,200. Après une héroïque défense, on fut obligé de se retirer avec un peu de perte : car contre la force il n'y a pas de résistance. Nous avons à pleurer la mort de ces deux vaillants héros qui, toujours les premiers en avant, après avoir tué un bon nombre d'ennemis, ont confessé leur foi de leur vie ; tous les deux sont morts vaillamment : le lieutenant Guillemin ayant reçu trois balles dans la poitrine, le sous-lieutenant De Quélen une balle qui lui entra dans le genou, suivit l'os jusqu'à la hanche et se logea dans les chairs après lui avoir cassé et brisé en morceaux l'os depuis le genou jusqu'à la hanche (jugez quelle souffrance !) puis, étant tombé par terre, il reçut un coup de crosse à la tête qui lui fit perdre connaissance. Il mourut deux jours après. Le lieutenant Guillemin, ayant déjà reçu une balle dans la poitrine, se mit à crier, en se voyant tout couvert de sang : « Vive Pie IX ! lui seul, et Roi. » Il eut encore la force de charger le fusil qu'il avait pris à un garibaldien, et tira sur un officier piémontais qu'il tua ; au même instant, deux autres balles l'atteignirent, et il mourut comme un saint. Son dernier cri fut encore : « Eh bien ! vive Pie IX ! » Quand on raconta ce fait au Saint-Père, il se mit à pleurer comme un enfant. Pauvre Saint-Père !

« Nous avons eu aussi pas mal de blessés : un sergent, de la Bégassière ; trois caporaux, dont deux très-dangereusement, et un autre sergent (Blévenec, de Nantes), qui a eu la lèvre supérieure emportée par une balle. Ces deux braves sergents, blessés eux-mêmes, ont exécuté une magnifique retraite, en emportant nos blessés et emmenant des prisonniers. Harassés de fatigue, épuisés par la perte du sang, ils ne se sont reposés qu'après cinq heures de marche. Quel trait de courage ! Les garibaldiens ont eu des pertes considérables ce jour-là : bon nombre d'officiers tués ; entre autres un commandant, puis beaucoup de morts et de blessés et environ quarante prisonniers.

« Il ne faut pas perdre ce trait, peut-être le plus beau et le plus glorieux pour notre drapeau. Le sergent-major Bach, avec seize hommes, n'ayant pas eu le temps de battre en retraite avec les autres zouaves, se retrancha avec ses seize hommes dans une maison. Il se défendit vaillamment contre 1,000 garibaldiens environ qui restaient encore dans la ville : lui-même en tua 17 à coups de carabine. Il s'était posté dans l'embrasure d'une fenêtre, et de là tous ceux qui voulaient escalader étaient immédiatement étendus raides morts. Soit que les garibaldiens eussent peur d'entourer la maison, qui leur a coûté ainsi bien des hommes, soit qu'ils crussent que d'autres zouaves arrivaient par derrière, ils ont quitté la ville en déroute, en laissant tous leurs morts et leurs blessés, de sorte que le sergent-major Bach et ses seize hommes sont restés possesseurs de Monte-Libretti. Quelle providence de Dieu! 16 hommes rester maîtres d'une ville occupée par 1,000 garibaldiens!...

« Bien que nous ayons été obligés de battre en retraite après trois heures de lutte, ce combat nous est aussi glorieux qu'une victoire; car pensez donc que nous aurions dû être écrasés par eux, qui étaient 1,200, et c'est tout le contraire : 200 sont mis hors de combat, le reste abandonne la ville devant 16 zouaves, après les avoir combattus toute la nuit. Ce n'est autre chose qu'un miracle. Du reste, cela nous a valu bien des éclaircissements, car sur ces garibaldiens tués ou blessés on a trouvé des papiers. Il est prouvé que les officiers étaient des officier piémontais travestis en garibaldiens ; on a reconnu aussi beaucoup de bersagliers piémontais parmi les prisonniers, les morts ou les blessés.

« Avant-hier, 18 octobre, vendredi, le lieutenant-colonel des zouaves, M. de Charette, a remporté, à la tête de trois compagnies de la légion romaine, trois compagnies de zouaves et trois compagnie de suisses, une brillante victoire à Nerola. Nous avons peu de morts, peu de blessés, mais nous avons fait 200 prisonniers, les garibaldiens ont été entièrement défaits, et ils ont gagné la frontière piémontaise, où ils sont toujours reçus à bras ouverts. Vous voyez que partout nous sommes vainqueurs, excepté peut-être à l'affaire du 16. Mais tout de même cette petite affaire-là nous est bien aussi glorieuse qu'une victoire. Ce qu'il y a de surprenant, c'est que le sergent-major Bach n'a reçu aucune blessure, et il était tout couvert de sang, même sur sa barbe et ses cheveux, mais du sang des garibaldiens. C'est un Allemand, il se bat comme un lion, et pourtant il est très-doux. Hier, 19, on a reçu une nouvelle : on nous annonce la mort du sous-lieutenant Dufournel, frère du capitaine. Beaubeau, caporal, vient d'être blessé très-dangereusement, il est du séminaire de Poitiers, je le recommande à vos prières : il s'est battu avec un courage sans pareil.

« Voyez comme j'ai peu de chance ! je n'ai pas encore eu l'occasion de me battre cette année, car je garde les prisonniers; mais nous allons partir ce soir ou demain, pas plus tard... Le Piémont vient de se déclarer ouvertement; il envoie une colonne de sept mille hommes vers Rome. Quelle chance de pouvoir se bûcher un peu pour Pie IX !

« Pour le moment je suis très-bien portant, mais très-accablé de service. De toute cette semaine je n'ai pu me déshabiller que vendredi soir, et je m'étais chaussé et habillé le vendredi matin, huit jours auparavant. Je vous réponds que tout de même c'est bien rude, et que si nous n'avions pas l'habitude de toutes ces fatigues nous serions tous malades; mais, il faut bien l'avouer, l'aide de Dieu est là, et la pensée de Pie IX, qui nous regarde, nous suit partout.

« Je me repose un peu en vous écrivant. J'ai dormi deux heures sur un banc dans mon corps de garde, et c'est tout. Allons, adieu, bien chers parents, je vous embrasse tous : au revoir, si ce n'est pas sur cette terre, ce sera au ciel. Vous savez que si je viens à mourir, c'est votre plus grand honneur et le mien, car je mourrai pour l'Église, notre mère, et pour son chef, Pie IX. *Evviva Pio nono.* »

P. S. — Le père Denis, carme déchaussé à Viterbe, suivait la compagnie des zouaves, les confessant en chemin.

Assaut de Nerola

Les garibaldiens s'étaient repliés sur Nerola. Ce bourg, situé comme Monte-Libretti sur une des dernières collines des Apennins, et couronné par un château du moyen âge, est peu éloigné de Rome, touche le territoire ravi au Saint-Siége, et par conséquent était très-propre à servir à l'invasion de point de départ et de lieu de retraite.

Elle s'y était retranchée. Le 18 octobre, cinq jours après l'affaire de Monte-Libretti, deux colonnes, formées, l'une de zouaves, l'autre de légionnaires, abordèrent, chacune par un côté différent, Nerola; c'était la première foi que ces deux troupes allaient combattre l'une à côté de l'autre. Une fraternelle émulation les animait. Après que quelques coups de canon bien dirigés eurent démantelé la vieille tour, en deux heures elles emportaient le village et réduisaient le château à capituler. On sait quel fut là, pour les pontificaux, le prix inattendu de la victoire : derrière les murs qu'ils venaient de reprendre, et sous la garde d'une héroïne de la charité qu'avaient respectée les fils mêmes de Garibaldi, ils retrouvèrent leurs blessés de Monte-Libretti (1).

(1) On lit dans l'*Annuaire de la noblesse* :

« A Nerola s'était établie une colonne de garibaldiens plus nombreuse encore que celle de Monte-Libretti, dont elle avait recueilli les débris. Pour ne pas lui laisser le temps de s'y fortifier, un corps de troupes commandé par le colonel Athanase de Charette se dirigea contre cette place. Tandis que la première compagnie de zouaves chargée de faire diversion et de tourner l'ennemi gravissait avec bravoure une colline et culbutait à la baïonnette les avant-postes, le gros des forces attaquait de front. Les commandants le baron de Troussures et Cirlot ouvraient la marche, qui était fermée par la batterie sous les ordres de M. de Quatrebarbes.

« Les légionnaires d'Antibes, disposés en tirailleurs, commencèrent le feu. Le fort riposta avec tant de vivacité que plusieurs victimes tombèrent à la première décharge. Un d'eux gisait dans un endroit si découvert et exposé que les hommes de l'ambulance ne pouvaient aller le chercher. Fernand de Troussures saute à bas de son cheval, franchit à pied la dis-

Nous empruntons à l'Aumônier des zouaves et à d'autres correspondances le récit de ce brillant assaut.

« Le 18, de bon matin, tout était en ordre pour le départ. Supposant une affaire sérieuse, j'avais pris soin de porter avec moi la Sainte Eucharistie dans une petite boîte d'argent destinée à cet effet, et suspendue à mon cou... Je n'en avais rien dit à personne. Le matin, de bonne heure, le colonel de Charette me trouve au camp et me dit : « Nous « allons avoir une rude journée; mais le bon Dieu sera « avec nous, n'est-ce pas? » Je lui répondis : « Il y sera en « vérité (1). »

« Nous partîmes à six heures, avec un entrain admirable, et il le fallait pour surmonter toutes les difficultés que la route devait nous présenter. La colonne de Charette était partie par la montagne, par la droite; j'accompagnais la colonne par la plaine, à gauche. A dix heures et demie nous arrivions sous Nerola. Le drapeau piémontais flottait sur la tour. Les chemises rouges se promenaient sur les remparts; ils acceptaient fièrement le combat. La situation de Nerola, le château qui la domine en font une position d'une attaque difficile. Les zouaves se réjouissaient de rencontrer l'ennemi; leurs fatigues ne seront pas vaines. Chacun prend sa position. La légion s'avance vers les portes à droite, les zouaves montent aussi vers la ville. »

tance qui le sépare du blessé et le ramène à lui. Un cri d'admiration partit de tous les rangs. En ce moment, survint la seconde compagnie de zouaves, conduite par Emmanuel Dufournel, de Gatebois et de Lusignan; l'attaque redouble et l'assaut se prépare, lorsqu'une balle frappe et tue le cheval du colonel Charette. Un cri d'effroi s'élève parmi les soldats, mais en un clin d'œil cet officier supérieur est debout et lève son sabre pour conduire les zouaves à pied. Bientôt l'on est à la porte de la citadelle, on se prépare à une lutte sanglante lorsque la garnison arbore le drapeau blanc, envoie un parlementaire et se rend à discrétion. »

(1) Avant de monter à l'assaut de Nerola, le 18, zouaves, légionnaires, chasseurs étrangers, dragons, gendarmes, artilleurs, tous se confessèrent. C'était la première fois, si je ne me trompe, que la légion se mesurait avec les garibaldiens. L'aumônier du corps, Monseigneur Bastide, marchait au milieu des soldats, un crucifix à la main.

Les garibaldiens hissèrent le drapeau piémontais et crièrent Vive Garibaldi ! L'officier qui était en face répondit : Vive Pie IX ! et le feu commença. Les garibaldiens tirèrent les premiers ; leur fusillade était très-bien nourrie. Sous la grêle des balles, les hommes de la légion se mirent à genoux et reçurent la bénédiction de leur dévoué et courageux aumônier, Mgr Bastide, placé sur un tertre, au feu comme eux-mêmes. Ils se relevèrent en criant : Vive Pie IX ! vive la France ! à bas Garibaldi ! Ils étaient superbes dans toute leur contenance. — J'en pleurais, dit l'auteur de la lettre qui nous est communiquée ; j'étais bien heureux et bien fier de me trouver là !

Le commandant Cirlot avait déployé ses quatre compagnies de manière à cerner le château et à l'envelopper d'un cercle de feu, pour empêcher les garibaldiens de rester sur les plates-formes. En un quart d'heure toutes les positions furent occupées, et bientôt la fusillade garibaldienne diminua sensiblement.

Le canon arriva, escorté par les zouaves, et commença son office. M. de Quatrebarbes, qui commandait cette pièce, et qui l'avait amenée par des sentiers à peine praticables pour des mulets, pointa si bien et tira si juste que le premier coup arrive dans la porte de la forteresse, et ce résultat est acclamé par mille cris de : *Vive Pie IX!* qui se répètent autour de la ville. Le feu étant plus vif du côté de la légion, je me transportai là avec l'ambulance ; au bout de quelques instants la ville était à nous ; la forteresse résistant seule, le canon la bat en brèche : le colonel s'avance : son cheval est tué sous lui : il se relève en criant à ses soldats : « Ce n'est rien ! en avant ! » et on le suit (1).

(1) Après le combat il fallait trouver quelque chose à manger. Recherche difficile ou plutôt irréalisable, les garibaldiens ayant pressuré le pays de la façon la plus abominable.

— Messieurs, dit l'un d'eux, vous savez qu'à Paris on a mis à la mode

De tous les points on tire sur les fenêtres où paraissent les chemises rouges. La résistance est impossible ; le drapeau blanc annonce qu'ils se rendent. Un zouave plante le drapeau pontifical à la place du drapeau italien, qu'une balle a jeté par terre. Mille acclamations le saluent.

Les garibaldiens se rendirent à discrétion. On leur prit trois ou quatre cents fusils, des pistolets, des sabres, des munitions et 134 hommes ; mais ce qu'ils perdirent surtout, ce fut leur assurance; et ce que gagnèrent les Français de la légion romaine, ce fut la joie de s'être montrés tels qu'ils sont, pleins de dévoûment, décidés à vaincre ou à mourir pour la cause juste qu'ils ont embrassée, et pour l'honneur de la France dont ils restent les fils.

La lettre nomme les capitaines des quatre compagnies; ce sont MM. Carlhion, Bruxerolles de Vazeille, de Chalus et Audren de Kerdrel, lieutenant. Tous ont été admirables. M. le lieutenant Erckmann a été assez gravement blessé.

La colonne avait quatre aumôniers, Mgr Bastide et le R. P. Ligier, Dominicain, pour la légion ; Mgr Daniel et le R. P. Wild de la Compagnie de Jésus, pour les zouaves. Ces aumôniers marchaient à cheval dans la colonne, et chacun d'eux, à tour de rôle, portait la très-sainte Eucharistie, en sorte que ces braves soldats pouvaient véritablement dire : Dieu est avec nous. Et grâce à Dieu, ils le disaient et ils le sentaient; et ils l'ont fait voir.

Voici des détails bien touchants donnés par l'aumônier des zouaves :

« L'héroïque madame Stovne est déjà près des blessés; j'arrive à temps pour donner la sainte Communion au pauvre légionnaire qui va mourir ; je retrouve là quatre zouaves

la viande de cheval. Rien n'est mieux mangé en ce moment. Si nous mangions le cheval du colonel?

M. de Charette avait eu son cheval tué sous lui pendant le combat de Nerola ; ce pauvre cheval a donc été accommodé en diverses manières, mangé et trouvé excellent.

blessés à Monte-Libretti. Le bon Dieu avait ménagé cette grâce, afin que je pusse assister à temps le cher caporal Collingridge, qui est mort le soir entre mes bras : c'était un jeune homme admirable, de pureté, de foi et de courage ; il était tombé à Monte-Libretti ayant reçu quatre blessures. Sa joie en me revoyant ne pouvait être comparée qu'à la mienne ; je lui donnai tous les sacrements. Son jeune frère, aussi admirable que son aîné, faisait partie de notre expédition ; il a revu son frère et l'a soigné. Le soir, vers quatre heures, je le trouvai beaucoup plus mal, il faiblissait sensiblement ; il était en peine de savoir ce qu'il y avait de plus parfait, de se faire quelque violence pour chercher à vivre encore, ou bien de se laisser aller pour mourir ; il répétait : « Mon Jésus, mon cher Jésus, je vous offre ma vie pour l'Eglise romaine, pour le Pape, pour mes parents. Jésus, Marie, Joseph !... Monsieur l'abbé, dites à mes parents que je les aime bien ; mon père ! ma mère ! mes sœurs ! mon frère ! » Il s'assoupit et s'endormit dans le Seigneur. Son frère revint un instant après sa mort, l'embrassa tendrement, et des pleurs longtemps comprimés soulagèrent le cœur du pauvre enfant. A mes paroles de consolation il répondit : « Je retourne à mon poste, je suis de garde à la porte de la ville ; je ne puis quitter qu'un instant. « Quel beau sacrifice ! Comme il est fait généreusement !

« Le lendemain, en ramenant les prisonniers, j'admirais ce pauvre jeune homme partageant son pain avec ceux qui, trois jours avant, avaient tué son frère. »

Résistance héroïque à Monte-Rotondo.

La petite armée pontificale s'est montrée en tout et toujours admirable d'activité, d'énergie et de dévoûment. Les espérances que l'on fondait sur elle étaient grandes ; mais elles ont été dépassées de beaucoup. Partout elle s'est battue avec un courage héroïque et elle a vaincu dans toutes les rencontres. Cependant les forces humaines ont des bornes, et, dans la lutte inégale qui se trouve engagée, il est facile de prévoir le moment où il faudra céder. Déjà ces courageux champions de la Papauté ont éprouvé un échec sérieux, mais glorieux néanmoins, à Monte-Rotondo, et un certain nombre d'entre eux sont tombés au pouvoir de leurs ennemis. Voici ce qui s'est passé :

La garnison de Monte-Rotondo, composée de deux compagnies de la légion, d'une compagnie de carabiniers suisses et de quelques artilleurs, se vit tout à coup assaillie par de nombreuses bandes de garibaldiens, dont le nombre s'éleva à la fin au chiffre de 6 à 7,000 individus. C'est la bande qui se trouve sous les ordres de Garibaldi et de ses fils. Les soldats pontificaux se défendirent avec courage et se battirent contre ces 6,000 chemises rouges durant vingt-six heures, en épuisant toutes leurs munitions. Ce ne fut qu'après avoir brûlé jusqu'à la dernière cartouche, avoir résisté encore longtemps après et avoir perdu tout espoir d'être secourus, que ces braves militaires, accablés par le nombre et ne pouvant plus riposter aux coups de fusil et de *canon* de leurs adversaires, consentirent à rendre la place et à capituler. On ne connaît pas encore tous les détails de cette belle défense, ainsi que les pertes éprouvées. Du côté des garibaldiens, elles ont été fort importantes (1).

(1) Les détails donnés par le *Journal de Rome* du 28 sur l'affaire de Monte-Rotondo concordent avec ceux que publie le *Moniteur* dans sa correspondance :

« Vendredi dernier, la garnison de Monte-Rotondo, composée de quelques gendarmes, un détachement de dragons, deux compagnies de la légion romaine formée à Antibes et une compagnie de carabiniers étrangers, en tout 350 hommes, a été attaquée par 4,000 garibaldiens commandés par Garibaldi en personne. Cette poignée de nos braves soldats, avec un héroïsme qui rappelle les plus belles pages des fastes militaires, a repoussé quatre fois les nombreux assaillants, leur causant des pertes

Le ministre de la guerre, prévenu de ce qui se passait à Monte-Rotondo, s'est empressé de former, à Rome, une colonne de 1,000 hommes environ pour l'envoyer secourir cette ville; mais ce renfort, qui ne put être prêt assez tôt, arriva à Monte-Rotondo quelques heures après la reddition de cette ville. Après avoir séjourné toute la nuit à une petite distance de là, résolue à attaquer Monte-Rotondo le lendemain, bien que ce lieu fût défendu par plus de 6,000 garibaldiens, dont le nombre augmentait à chaque instant, la colonne pontificale reçut l'ordre de se replier sur Rome, la situation s'aggravant de tous les côtés. En effet, les nouvelles parvenues au Gouvernement dans la soirée du vendredi annonçaient que les bandes se montraient de tous les côtés, non plus par centaines d'hommes, mais par milliers de chemises rouges, et que partout on remarquait un grand mouvement dans les troupes régulières du Piémont. Le parti le plus prudent était donc de faire rentrer à Rome les colonnes de troupes qui allaient être débordées de tous côtés et accablées sous le nombre.

« Partout, dit l'*Univers*, la légion d'Antibes a partagé les travaux des zouaves : elle a donné son sang pour la foi et pour le Saint-Père, et elle peut s'enorgueillir de plus d'un martyr.

« On sait la part qu'elle a prise à l'attaque de Nerola. On n'ignore pas son héroïque défense à Monte-Rotondo : il y avait là deux compagnies de légionnaires et une compagnie

très-sérieuses : elle s'est soutenue jusqu'au matin du lendemain, ne cédant qu'à la cinquième attaque. A ce moment, de nouveaux et considérables renforts étaient parvenus à Garibaldi, qui, sans cet appui, désespérait déjà du succès. »

Mais les Garibaldiens, qui devaient de là marcher sur Rome (neuf lieues de distance), ont été, paraît-il, tellement abîmés, qu'ils ont dû demeurer depuis dans une complète inaction.

de carabiniers suisses : en tout 300 hommes. Ils ont tenu Garibaldi et ses 6,000 bandits en échec pendant plus de deux jours. Le feu a duré vingt-sept heures. Garibaldi avait lieu d'être satisfait. Cet enfonceur de portes ouvertes ne comprenait rien à cette défense Il était habitué à rencontrer moins des ennemis que des complices.

« On sait enfin la part que la légion d'Antibes a prise à la bataille de Mentana. Avec les zouaves et les carabiniers, elle soutint le feu de 10 ou 12,000 garibaldiens pendant plus de six heures, de onze heures du matin jusque vers le soir, jusqu'au moment où les garibaldiens, refoulés de toutes parts et abandonnant leurs positions, se rassemblaient à Monte-Rotondo, où les fusils Chassepot les mettaient en déroute définitive.

« La légion d'Antibes a eu sa grande part dans cette belle et chaude affaire. La première compagnie, sous le commandement du capitaine de Seré, après avoir chargé à la baïonnette les garibaldiens qui cherchaient à la tourner, appuyée par la quatrième compagnie, acheva la conversion à gauche qui lui avait été commandée et pourchassa les ennemis jusque sous les murailles de Monte-Rotondo. »

Bravoure des Légionnaires.

On a justement admiré un beau fait d'armes qui s'est accompli à Monte-Rotondo, et qui fait le plus grand honneur à un officier français de la légion d'Antibes.

Monte-Rotondo, comme nous l'avons dit plus haut, venait de tomber, malgré une défense de vingt-six heures et le courage de sa garnison, entre les mains des garibaldiens.

M. du Rostu (1), capitaine de légion romaine, qui avait été détaché le jour précédent pour une reconnaissance, et qui ignorait ce qui était arrivé, se présenta aux portes de Monte-Rotondo avec une partie de sa compagnie, composée de 60 à 70 hommes. A peine à portée de fusil, il reçut une décharge qu'il attribua d'abord à une méprise. Une seconde décharge et les cris de *Viva l'Italia!* lui firent comprendre qu'il était en présence de garibaldiens (2). En effet, il se vit sur-le-champ en face de 7 à 800 chemises rouges qui le cernèrent à peu près de tous les côtés. Le commandant lui annonça la prise de Monte-Rotondo et lui demanda de rendre son épée. « Mon épée! cria d'une voix indignée et de tonnerre l'intrépide officier français : *Mon épée! Eh bien! viens la prendre, si tu l'oses!* » En même temps il fit opérer une décharge générale à ses hommes, et dans la confusion qu'elle produisit, il ramena vivement ses soldats en arrière, se dégagea ainsi momentanément de l'étreinte de ses ennemis et parvint à un point où aboutissaient deux petits sentiers, l'un à gauche, l'autre à droite. Il prit celui de gauche; mais il s'aperçut bientôt que celui-ci était sans issue, gardé par une forte colonne d'ennemis qui fit feu sur ses soldats. La position était des plus critiques et à peu près désespérée, car la

(1) M. du Rostu, ancien capitaine d'état-major français, neveu de S. G. l'évêque d'Angers, joint à ses qualités militaires une vertu très-rare, mais qui fait les hommes supérieurs : la simplicité. Sa physionomie restera comme une des nobles illustrations de la noble lutte que soutient le Saint-Siége.

Sa conduite est hautement appréciée par l'armée entière.

(2) Le brave capitaine ignore la capitulation, mais il soupçonne un danger immense. Il harangue sa petite troupe en peu de mots : « Ne craignons pas de mourir pour le Pape, dit-il. Vive la France! et en avant! » Deux postes de garibaldiens sont enlevés coup sur coup. A cent mètres de la place se trouve une petite église; M. du Rostu, qui entend battre le rappel, s'y arrête un instant et envoie son lieutenant avec une escorte pour se faire reconnaître. A peine celui-ci est-il à vingt pas de la porte qu'une nuée de chemises rouges se précipite. Un de ses hommes tombe mort à ses côtés, deux autres sont blessés, lui-même est atteint à l'épaule. (L'*Univers*.)

première colonne accourait pour lui barrer le retour et le mettre entre deux feux. Mais l'intrépide capitaine ne désespère pas. Avec un sang-froid admirable, il fait arrêter ses hommes derrière un repli de terrain et leur ordonne une vive fusillade. En même temps il prend dix soldats et va promptement les établir sur le sentier de droite, en présence de l'autre colonne de garibaldiens, et leur commande de tenir ferme. Il revient alors reprendre dix autres hommes de sa compagnie et les établit avec les dix premiers. Retournant de nouveau au sentier gauche, il prend encore dix soldats, continuant ainsi la même opération jusqu'au dernier. Lorsque toute la compagnie fut réunie dans le sentier de droite, qui était libre, le brave du Rostu battit en retraite et il rentra à Rome à dix heures du soir, n'ayant à regretter que la perte de trois de ses hommes ; les blessés avaient pu suivre le gros de la troupe, qui était épuisée d'ailleurs, et avait marché vingt heures sans avoir pris de repos ni d'autre nourriture qu'un peu de café.

L'armée française doit être fière de produire de pareils officiers, et la légion romaine soutient glorieusement la renommée de la valeur française. Partout les légionnaires ont montré cette énergie et ce courage tout français. A Alla-Corta, dans la province de Velletri, le lieutenant Pinezou-du-Sel, à la tête d'une section de la troisième compagnie, forte de quarante hommes, a fait cinquante prisonniers, au nombre desquels étaient le fils de Nicotera et un ancien lieutenant-colonel de l'armée régulière piémontaise.

Une autre section de cette compagnie, composée de vingt-cinq hommes, faisait, avec vingt hommes appartenant aux escadrilles, une reconnaissance à San-Giovanni, où étaient disait-on, quatre-vingts à cent garibaldiens. A l'approche des pontificaux, ceux-ci se retranchent dans une maison et refusent de se rendre. Le lieutenant Maillard, qui commandait, poste des hommes pour tirer aux fenêtres, entasse des fagots et de la paille à la porte, et une fois le passage ouver se précipite dans la maison, tue huit garibaldiens, en blesse une douzaine et fait trente-six prisonniers.

— M. le vicomte de Meaux a justement apprécié, dans le *Correspondant* de novembre 1867, la portée de la résistance des légionnaires à Monte-Rotondo : « Après la prise de Nerola, on put croire un instant les garibaldiens disparus. Il n'en était rien, une invasion nouvelle commençait. Garibaldi en personne allait marcher sur Rome. Ses bandes, mises à l'abri sur le territoire italien, ravitaillées par l'armée italienne et recrutées au besoin dans ses rangs, avaient pu se faire battre impunément. Les pontificaux, en les repoussant, ne les avaient pas détruites, elles se multipliaient, au contraire, et se concentrant sous la main de leur chef pour un suprême effort, elles obligeaient leurs adversaires à concentrer aussi leur résistance. La ville éternelle était l'enjeu de la lutte : les pontificaux se replièrent pour la couvrir.

« Cependant, sur la route de Garibaldi, s'élevait en avant de Rome, commandant la vallée du Tibre et le chemin de fer, adossée aux monts de la Sabine, Monte-Rotondo. C'était là que le chef des chemises rouges avait marqué d'avance son quartier général, son repaire ; c'était de là qu'il devait s'élancer sur sa proie. Il marchait avec six mille hommes, il eut affaire à trois cents de la légion d'Antibes ; il fut arrêté vingt-six heures, et quand la garnison, ayant épuisé ses cartouches, encloué ses pièces, se rendit, il se vanta d'avoir remporté l'un de ses plus beaux triomphes. En réalité, cette garnison de trois cents, en l'arrêtant, l'avait vaincu. L'heure de marcher sur Rome est passée pour lui ; les complots tramés, les mines chargées pour en ouvrir les portes ont éclaté avant qu'il arrive. Ses plus hardis affidés, se glissant dans l'ombre, le long du Tibre, ont été saisis ou tués ; enfin, l'expédition française, quelque temps suspendue, débarque. La ville éternelle est préservée. Que la France donc rende grâce aux généreux prisonniers de Monte-Rotondo ! Sans eux, peut-être, nous venions trop tard. Ces légionnaires ont bien mérité de la patrie, ils ont sauvé son honneur. »

Nous lisons dans une correspondance romaine de l'*Univers* :

« Parmi les 1,500 à 1,700 prisonniers de Monte-Rotondo, il y en a 70 qui se sont d'eux-mêmes déclarés officiers ou sous-officiers de l'armée italienne, et en ont fourni les preuves.

« Il est très-exact, comme nous l'écrivait notre correspondant ordinaire, qu'on a trouvé, dans les papiers du révolutionnaire arrêté à la Minerve, un plan de Rome marqué de points. Ce plan, sérieusement étudié, depuis les événements du 22 octobre, a mis à découvert les projets des brigands. Il a été possible de conjecturer que certains points indiquaient les endroits où étaient les dépôts d'armes. Toutes les perquisitions faites d'après ces indications ont fait trouver une quantité d'armes. Notre correspondant note seulement plus de 400 haches et un nombre considérable de revolvers. En outre, le 7, on avait mis la main, à Malafrede, sur un dépôt de 800 fusils neufs, divisés par paquets de dix. Le 8, on découvrit encore dans une cave, à Monte-Brianzo, 1,000 cartouches, des haches, etc.

« Mais ce qui vaut mieux que tout cela, c'est la saisie d'une caisse de bombes Orsini presque intacte, et qui portait encore l'adresse du destinataire. Tout cela, avec les cinq ou six mille fusils abandonnés à Monte-Rotondo, et les autres captures faites le 22 octobre et les jours suivants, prouve que les garibaldiens disposaient d'un assez bel arsenal.

« Aussi, n'estime-t-on pas à moi[illegible] que tous ces préparatifs ont coûté au Pié[illegible] journée du 22 lui a coûté plus de 20,000 écus.

« Les agitateurs donnaient aux ouvriers et aux gens du peuple qu'ils rencontraient un napoléon d'or avec un fusil. Mais il arrivait que ceux-ci, prenant l'un et l'autre, allaient déposer le fusil à la première porte venue, tout en conservant religieusement la monnaie.

« Notre correspondant ne sait trop que nous dire de la fuite de l'avocat de Dominicis, d'Ascoli. C'était l'avocat du comte de Sartiges, à Rome. On dit qu'il était directeur du comité Malva, formé à Rome dans ces derniers temps, et qu'après avoir usé à son profit particulier de cette situation, il s'était fait espion. Mais il y a une autre version plus modérée et plus raisonnable, c'est qu'il faisait réellement partie du comité et qu'il était l'âme de toutes les infâmes correspondances qui s'imprimaient sur Rome dans les feuilles italiennes et à l'étranger. » ROUSSELLE.

Épisode de la bataille de Monte-Rotondo.

Voici comment s'exprime un officier français sur le combat de Monte-Rotondo : « A ce moment, on eût dit une bande de lions (il s'agit des zouaves de l'armée pontificale) qui s'élançaient sur leurs proies. Ils ne ressemblaient plus à des hommes ordinaires ; on eût dit qu'un fluide électrique les animait. Je n'oublierai jamais le spectacle que m'offrit le corps d'un jeune zouave que je rencontrai peu après : il était mort d'une profonde blessure, et il avait les mains jointes ; je me sentis ému, et je dus faire effort pour que personne ne vît mes larmes. Il y a six mois, un chef de corps, en parlant de ces zouaves, me disait : « Ce sont des enfants sans expérience de l'art de la guerre ; ils sont venus à Rome pour jouer aux soldats, mais je suis sûr que devant l'ennemi ils ne tiendront pas. » Quand je revis cet officier supérieur, je lui rappelai ses paroles. « Ah ! me répondit-il, j'en suis émerveillé, mais non étonné, *parce qu'avant d'être soldats ils sont chrétiens !* »

« C'est à ce moment que furent tués le capitaine de Vaux, le sergent Rialland, et entre autres, le jeune Wast-Russell.

« Engagé depuis six mois, en différentes occasions, Julien

Russell avait témoigné le désir de verser son sang pour la défense de l'Église : « Je suis un des premiers zouaves an-« glais, nous disait-il, et je voudrais être le premier à mou-« rir pour le Saint-Père. » Dieu a exaucé sa prière. Le 2 novembre, il vint voir mon ami, chez lequel j'étais. « Nous « allons bientôt nous battre, » dit-il joyeusement. Puis il ajouta : « J'ai écrit à mon père pour la dernière fois. — « Vous voulez donc mourir pour le Saint-Père? lui de-« manda mon ami. — Oui, oui, certainement, je le veux. — « Mais votre père ? — Papa, mais il sera bien content d'ap-« prendre ma mort ; il ne nous a envoyés, mon frère et moi, « que pour cela. »

« Pendant toute cette visite, il ne parla que du bonheur d'aller se battre bientôt pour la défense du Saint-Père. En nous quittant, sa dernière parole fut : « Adieu ; nous nous « reverrons au ciel. »

« C'était donc chez lui un pressentiment réel que bientôt il verserait son sang. Sa compagnie fut l'une des premières déployées en tirailleurs. Une heure après, il mourait martyr de sa foi ; car il ne faut pas s'y méprendre, quand on voit les garibaldiens à l'œuvre, on est convaincu que ce n'est pas seulement le pouvoir temporel qu'ils veulent renverser, ils attaquent toute l'Église, toute la religion, qu'ils veulent anéantir. »

La prisonnière de Monte-Rotondo. — Récit de Mme Costes

Le capitaine Costes commandait en chef avec le lieutenant de Quatrebarbes. Trois cents hommes en tout étaient sous leurs ordres. Pendant plus d'un jour et une nuit, cette petite troupe a vigoureusement soutenu un assaut donné par cinq mille garibaldiens. Il a fallu se rendre, comme Lamoricière à Ancône.

C'est une héroïne chrétienne, c'est madame Costes elle-même, associée à tous les périls et qui doit l'être à toutes les gloires de cette célèbre défense, qui en a tracé le récit émouvant, que nos lecteurs ne sauraient parcourir sans ressentir une vive admiration et sans verser des larmes. Et disons-le tout d'abord, ces pages navrantes, écrites par une prisonnière entre son mari vaincu et un enfant au berceau, n'étaient point destinées à la publicité. C'est une correspondance intime. De telles indiscrétions, on le sait assez, se justifient par le besoin d'édification qui se fait sentir à une époque comme la nôtre.

Sitôt après la bataille de Nerola, apprenant que son mari s'était replié avec ses hommes sur Monte-Rotondo, cette femme, n'écoutant que son cœur, n'a pas hésité à quitter Rome avec son fils, un petit enfant. Elle est arrivée dans la place le lundi 21. Elle a assisté à tous les préparatifs de défense. L'attaque a commencé le vendredi 25 au matin.

A la nuit, l'ennemi a pu mettre le feu à l'une des portes de la ville. M. Costes, comprenant le danger, s'y est aussitôt porté pour remplacer par une barricade la porte brûlée. Il était trop tard : l'ennemi avait pénétré.

« La petite garnison, écrit madame Costes, se replia sur le château Piombino, où j'étais enfermée avec Maurice, le docteur et l'aumônier. Nous passâmes la nuit en prières, dans une horrible anxiété, écoutant ce bruit affreux de la fusillade, plus horrible encore dans les ténèbres. Robert était partout. Je ne le vis qu'un instant pour lui serrer la main. Pauvre homme! il souffrait beaucoup. On le priait de se rendre, lui disant que le château était miné. Il espérait du secours de Rome. Je me contentai de lui dire de faire son devoir, sans songer à nous, et que j'avais beaucoup promis à la sainte Vierge, la priant surtout d'épargner Maurice, qui dormait comme un ange au milieu du bruit et des alarmes générales. On attendait le jour avec impatience. Robert comptait toujours sur Rome, et puis il espérait juger de la position. Hélas! le jour vint seul, et l'attaque recommença terrible, car l'ennemi cernait le château et tirait de dessus les toits. On lui tua encore du monde; mais il parvint à entrer dans les écuries, dont les portes donnaient dans la rue, et y mit le feu.

« Il était dix heures du matin : on se battait depuis vingt-sept heures; les soldats étaient épuisés, et dans peu de temps les munitions réunies au prémier étage, au-dessus des écuries, allaient faire sauter le château. Robert crut de son devoir de ne pas sacrifier ses trois cents hommes, et il permit d'arborer le drapeau blanc. Ce fut un cruel moment. Je n'avais pas craint la mort, mais je craignais que ce coup ne tuât mon pauvre Robert. Pendant que j'étais réfugiée dans la tour, une balle y parvint. et passa entre Maurice et moi sans nous blesser. Les garibaldiens entrèrent comme des furieux. Je me présentai avec mon fils, et je dois leur rendre la justice qu'ils ne me firent aucun mal ni aucune menace. Il y en eut même qui me prirent la main, et qui rassurèrent le pauvre Maurice qui pleurait, craignant qu'on ne tuât son père. On voulut me faire sortir du château pour me conduire chez le général. Garibaldi lui-même était à Monte-Rotondo. Je demandai à retrouver mon mari, et pendant qu'il traitait avec le vainqueur, j'attendis dans une maison, sous la protection de deux fidèles légionnaires et celle des officiers garibaldiens. »

Il faut rendre ici hommage à la vérité : les envahisseurs des États pontificaux se sont montrés en cette circonstance, non-seulement par leur courage, mais encore par leur humanité après la victoire, dignes d'une meilleure cause. Les défenseurs de Monte-Rotondo n'ont reçu aucun outrage.

« Robert, continue Mme Costes, capitula : il fit ses conditions avec Garibaldi, qui lui accorda que les officiers gardassent leurs épées. Robert refusa de promettre qu'ils ne combattraient plus contre lui. Enfin on vint me dire que mon mari m'attendait à l'église, où tous étaient réunis.

Je traversai la ville, et arrivée devant l'église on me présenta au général, qui me regarda seulement. Son médecin me dit : « Vous êtes libre d'aller à Rome, où l'on vous fera escorter. » Je repondis : « Je veux suivre mon mari, » et j'entrai dans l'église où je le trouvai. »

Nous ne pouvons dire les détails de cette rencontre, après un temps de séparation si court, mais si rempli d'événements.

« Le général me fit donner une voiture, et l'on nous conduisit tous à la frontière piémontaise. C'était le samedi soir. Dimanche, lundi, mardi et mercredi, on alla à pied ; on dormit et on mangea comme on put. J'avais une charrette pour moi, Maurice et les blessés. Mercredi, nous prîmes le chemin de fer à Narni pour venir par Florence et Pise à la Spezzia, dans un fort, où nous attendons un navire qui nous portera en France. Nous espérons que ce ne sera pas long et que nous verrons encore Rome. »

Cette femme et ce jeune enfant, enfermés avec les soldats dans la citadelle de Monte-Rotondo ; l'enfant qui dort tranquillement, pendant que sa mère prie pour lui et recommande à son mari de faire son devoir ; puis tous deux, la mère et l'enfant, se présentant aux regards étonnés de l'ennemi vainqueur, refusant la liberté qu'on leur offre, et suivant sur une charrette, à travers l'Italie, la petite troupe prisonnière ; tout cela raconté avec autant de simplicité et de grandeur par celle même qui a été l'héroïne de ce qu'elle raconte, ne forme pas l'un des épisodes les moins attachants de la dernière guerre soutenue pour la défense du Saint-Siége. La religion et les affections de famille ont, au milieu de ces scènes, un charme particulier. On sent d'ailleurs qu'ici la guerre n'est pas faite pour elle-même, ni pour aucune visée de vanité et d'ambition. C'est au service d'une pensée plus noble que, librement et volontairement, ces soldats, dont les femmes comprennent si bien les sentiments, ont mis leur courage et l'admirable discipline puisée dans l'armée française.

Lettre d'un légionnaire à sa mère.

Un des légionnaires français faits prisonniers par Garibaldi à Monte-Rotondo et envoyés au fort de Varignano, a écrit à sa mère, en date du 5 novembre, une longue lettre que l'on a communiquée à l'*Union*. La première partie de cette lettre raconte la défense de la ville; comme on la connaît, nous ne la reproduirons pas. Nous donnons la parole à M. de ***, au moment où les prisonniers, réunis dans l'église après la reddition du château, reçoivent la visite de Garibaldi:

« Lorsque nous fûmes tous entrés dans l'église, Garibaldi y entra à cheval; et comme tout le monde s'était découvert par respect pour le lieu où l'on se trouvait, il nous ordonna de nous couvrir; puis il nous adressa quelques paroles dans lesquelles il loua notre énergique résistance et il déplora l'assassinat qui venait d'avoir lieu, ajoutant qu'il voulait qu'on réparât immédiatement ce meurtre. On entr'ouvrit les portes de l'église, et, sans autre forme de procès, un garibaldien brûla la cervelle de celui qui venait de tuer le légionnaire. Pour terminer son discours, Garibaldi nous annonça que nous allions être immédiatement dirigés sur l'Italie pour être directement renvoyés dans nos foyers (ce qu'on ne s'empresse guère de faire). Lorsqu'il eut prononcé ce discours il se re[illegible].

« Après être restés un instant dans l'église, nous avons pu voir une espèce de défilé des troupes garibaldiennes. En voyant ces chemises rouges, ces gens avec des vêtements déchirés, quelques-uns sans souliers et toutes ces figures avinées, c'était à se croire revenu aux temps de la grande révolution.

« Dès que la foule se fut un peu retirée, nous nous sommes remis en marche avec une petite escorte de garibaldiens pour nous diriger vers l'Italie. Au sortir de la ville, j'ai encore compté six morts qu'on n'avait pas eu le temps de ramasser, et un garibaldien qui était près de moi m'a dit qu'ils avaient déjà ramassé 100 morts et 200 blessés. Il était furieux lorsque les autres lui dirent que nous n'avions qu'un mort et sept blessés.

« Garibaldi nous avait fait donner deux francs pour passer la journée; mais comme il n'y a pas eu moyen de dépenser un centime, nous avons jeûné jusqu'au lendemain à midi. Les garibaldiens ne nous ont conduits que jusqu'à Corese.

« C'est une compagnie de grenadiers piémontais qui nous a escortés jusqu'à Narni. Nous faisions tous les jours une étape de 10 à 12 lieues. Le premier jour nous nous sommes arrêtés dans une ferme; là il a fallu coucher dans l'écurie pleine de fumier; pour moi, j'ai passé toute ma nuit dans l'auge des chevaux; quelques-uns l'ont passée dans des râteliers, mais sans paille, bien entendu. Le 27, nous avons eu une très-belle journée; nous sommes arrivés vers 4 heures à Cantalupo. Nous mourions de faim en arrivant, car nous n'avions rien mangé depuis 32 heures; encore n'avons-nous eu qu'un peu de pain et de vin. Je vous laisse à penser si nous avions besoin de nous reposer après un pareil jeûne et 12 ou 13 lieues dans les jambes.

« Cantalupo est situé sur une montagne très-élevée, et de tous côtés on a des vues ravissantes. Nous nous sommes mis en marche le lendemain, lundi 28, par une pluie battante, ce qui était peu agréable pour de pauvres diables qui n'avaient en tout et pour tout que les vêtements qu'ils avaient sur le dos; heureusement la pluie a cessé vers 11 heures. C'était une véritable journée de malheur. Tout à coup nous nous trouvons arrêtés par un torrent que les pluies avaient énormément grossi; il a fallu le traverser; on avait de l'eau jusqu'au-dessus des genoux, et l'eau était glaciale.

« Ce n'était pas assez d'en avoir passé un, il a encore fallu en repasser un autre vers sept heures du soir. Nous sommes arrivés vers neuf heures à Niniana, qui est aussi sur une hauteur, et d'où l'on a une vue charmante. Du reste, je dois dire que toute la route, depuis Cántalupo jusqu'à Narni, est charmante comme paysage. Le lendemain, mardi 29, nous nous sommes remis en route vers midi, et fort heureusement par un très-beau temps et une fort belle route, de sorte que l'étape n'a pas été fatigante. Nous sommes arrivés vers sept ou huit heures à Narni, où la population est très-mauvaise. Elle nous a accueillis à coups de sifflet et en nous menaçant, si bien qu'au lieu de coucher à Narni, comme nous devions le faire, on nous a fait filer en silence, à onze heures du soir. On nous a fait prendre le chemin de fer pour nous diriger sur la Spezzia.

« Nous sommes passés à Terni, où l'on nous a encore sifflés avec frénésie. A Florence, on a été excessivement poli. A Pise, nous sommes restés quatre heures; mais on a eu bien soin de nous empêcher de bouger de la gare, et l'on a placé un piquet devant la gare; aussi les habitants se sont-ils contentés de nous regarder sans rien dire. Après Pise, c'était pire que jamais: on venait cracher sur les vitres des voitures, et les carabiniers suisses, qui sont passés le lendemain, ont reçu dans leurs voitures une grêle de pierres. A la Spezzia, on ne nous a absolument rien dit; mais cependant, pour plus de sécurité, on nous a envoyés le lendemain au fort de Varignano, qui est situé sur un petit promontoire, à vingt minutes de la Spezzia. Nous sommes là depuis le 31 octobre, et depuis ce temps on nous annonce tous les jours notre depart pour demain ou après-demain au plus tard.

« Nous étions depuis quatre ou cinq jours au fort de Varignano lorsqu'on y amena Garibaldi, escorté par un bataillon de bersagliers; un mur et une porte nous séparaient de ce nouvel hôte. »

Extrait du rapport du capitaine Costes.

L'*Union franco-comtoise* publie *in extenso* le rapport du capitaine Costes qui commandait à Monte-Rotondo, lors du siége de cette place par les garibaldiens. Les faits contenus dans ce long document sont assez connus, pour que nous puissions nous dispenser de le reproduire; mais nous en citerons quelques passages qui confirment tout ce qu'on a dit des mauvais traitements essuyés en Italie par les prisonniers français et pontificaux, et des dévastations commises à Monte-Rotondo par les garibaldiens :

« Les officiers de Garibaldi ont eu pour nous des égards; mais ceux de l'armée régulière campée à Corese n'ont pas été aussi généreux.

« En apprenant notre nationalité, et surtout que nous appartenions à l'armée française, ils se sont moqués de nous, nous tournant en ridicule, disant : Les premiers soldats du monde, venir se faire battre pour une cause aussi bête et aussi injuste! vous êtes des bâtards français; un véritable Français sert son pays et ne prend pas les armes pour défendre un gouvernement qui appartient, de tout droit, à l'Italie. Vous voyez aujourd'hui le résultat : vous êtes battus; sous peu de jours Garibaldi entrera dans Rome, appuyé par l'armée qui le suit à un jour de marche.

« D'autres qualifications plus fortes étaient dirigées contre le gouvernement pontifical, mais on ne peut les relater. Nous avions faim et soif, car depuis la veille personne n'avait mangé ; il n'a pas été possible de nous procurer quoi que ce soit ; pour avoir de l'eau, il fallait passer la frontière, ce qui nous était impossible; les officiers italiens n'ont pas daigné nous en faire apporter. Quelques soldats, nous voyant souffrir de la soif, nous en ont apporté dans leur petit baril.

« Deux bataillons de garibaldiens étaient en formation dans cette ville.

« A la station de Terni, les employés du chemin de fer sont venus, à cinq ou six reprises différentes, ouvrir les portières des wagons, nous appelant assassins, bêtes féroces, brigands; des pierres ont été jetées dans les wagons des soldats. A Florence, des secours en argent ont été donnés par quelques Français restés inconnus.

« A Pise, rien n'a eu lieu. A l'avant-dernière station, près de la Spezzia, mêmes cris et mêmes sifflements qu'à Terni.

« Le lendemain de ma rentrée à Rome (14 novembre 1867), je me suis rendu à Monte-Rotondo, accompagné de plusieurs de mes camarades, dans l'espoir de retrouver les effets que j'y avais laissés au moment où j'ai été fait prisonnier, et revoir le lieu de notre résistance. A mon arrivée, j'ai été reconnu par les habitants, lesquels étaient tout joyeux de me voir rendu à la liberté; ils m'ont fait le récit des misères que les garibaldiens leur ont fait endurer aussitôt que la ville a été en leur pouvoir.

« Voici en quoi cela a consisté: les garibaldiens affamés se sont emparés de tout ce qu'ils ont trouvé d'abord comme nourriture; ils ont bu le vin outre mesure, et l'ont fait ensuite couler dans les rues.

« Ils se sont livrés au pillage, emportant ce qui leur était convenable, détruisant ce qu'ils ne pouvaient emporter; les paillasses et les matelas du château, des hôtels et de diverses maisons, ont été enlevés pour les blessés.

« Ils ont dévasté le château, se sont emparés des effets et ornements appartenant à Mgr l'évêque de la Sabine. Dans la ville, ils ont enlevé aux commerçants toutes leurs marchandises, liqueurs, épicerie, mercerie, etc., en un mot, ils ont ruiné ce malheureux pays.

« Les personnes qui voulaient faire opposition ou résistance étaient fortement brutalisées et menacées de mort; ils ont même poussé la violence jusque sur le sexe.

« En visitant l'église, j'ai été frappé d'indignation en voyant les désordres qu'ils y avaient commis ; presque tous les ornements ont été enlevés, le peu qui restait est cassé, les tableaux ont disparu ; j'en ai retrouvé dans le château, mais ils sont barbouillés ou déchirés ; ils y ont commis d'autres désordres, entre autres sur l'autel.

« Dans la petite église du couvent se trouvaient, dans une urne sous l'autel, les corps de trois saints ; ils les ont brisés, ont enlevé les têtes que j'ai vues gisant près de l'autel.

« Les habitants de ce malheureux endroit ont horreur des bandes garibaldiennes en ce moment, et si pareille affaire se présentait, ils n'hésiteraient plus un instant à s'unir aux troupes chargées de les défendre et de les faire respecter (1). »

La Victoire de Mentana. — Récit d'un témoin oculaire (2).

Le 2 novembre, à trois heures du matin, l'armée commençait à défiler par la porte Pia : il pleuvait fort et rien n'était

(1) Dans un autre volume, ayant pour titre les *Martyrs de la liberté de l'Eglise en* 1867, nous avons réuni des notices complètes sur les jeunes héros morts glorieusement pour la défense de la Papauté ; cet ouvrage est le complément de celui-ci.

(2) Mentana est une petite bourgade bâtie sur une élévation surbaissée au fond d'un ravin et s'appuyant de tout côté à une succession de petits mamelons à demi brisés, reliés entre eux par des chemins creux bordés de haies dont l'ensemble fait de tout ce pays une position défensive exceptionnellement forte. Ajoutez à cela que le village est dominé par un château féodal avec des tours et des créneaux de l'accès le plus difficile et formant une véritable forteresse.

plus beau et plus grave que ces bataillons de soldats du ciel bravant les ténèbres et les éléments pour aller verser leur sang pour la vérité. Les chevaux piaffaient, un des nôtres s'abattit et ralentit notre marche, car il fallait le dételer pour le relever. Les chefs commandaient, les soldats italiens criaient, les Français chantaient, le canon roulait sur le pavé avec le tintement métallique qui sort de son âme de bronze. On traversa le pont avec une grande précaution, car il était miné et la mèche gardée par un soldat.

A midi, on s'arrêta près d'une petite chapelle où le P. Ligier a dit la messe.

Ensuite on se remit en marche; les zouaves pontificaux formaient l'avant-garde. Avaient-ils omis de faire fouiller les bois qui les dominaient à gauche et à droite? était-ce au moment où ils allaient prendre cette précaution, si absolument nécessaire lorsqu'on marche dans un pays couvert, comme à plaisir, de fortifications naturelles favorables à la guerre de partisans? on l'ignore. Ce que l'on sait, c'est qu'à un endroit où la route fait un cercle parfait entre des collines rapides et boisées, une vive fusillade, partant de trois côtés à la fois, balaie la route et met le trouble dans la tête de colonne formée par trois compagnies de zouaves. Le lieutenant-colonel de Charette s'élance : « Allons, zouaves, s'écrie-t-il, en avant! vous combattez devant l'armée française. »

A cette parole, toutes les collines sont gravies la baïonnette en avant, on se fusille à bout portant; le reste du régiment des zouaves s'éparpille dans les vignes, s'embusque dans les plis de terrain, et les tirailleurs garibaldiens sont rejetés en arrière. Mais de l'endroit où le combat a commencé, si des crêtes des monticules on peut apercevoir Mentana et son château fort, niché comme un nid d'aigle sur des rocs escarpés, il faut, pour y arriver, ou suivre la route carrossable, qui est exposée à la fusillade partant des remparts, ou se jeter dans les vignes qui garnissent quatre ou cinq coteaux placés en escalier, et qui, descendant de la route, viennent se fondre dans un terrain marécageux au bas des remparts.

Pour déblayer les murs de Mentana de ses défenseurs, on fit avancer l'artillerie. Quatre pièces romaines et deux françaises entreprirent de battre les murailles, mais ce que le temps a respecté ne peut être entamé par le boulet, et dès qu'on s'aperçut que les projectiles faisaient balles, on se contenta de jeter des obus dans le village, et l'on parvint à allumer l'incendie sur quelques points.

L'ennemi couvrait deux collines, dont la seconde était surmontée de cette forteresse de Mentana, énorme château dont les murs ont 80 pieds de hauteur, 20 d'épaisseur, flanqués de tours et bâtis en pouzzolane ; elle était vraiment imprenable; et nos jeunes zouaves sont venus se faire tuer devant ces créneaux infranchissables.

L'armée française arrivant, chargea les ennemis, et les roulements de feu de peloton des fusils Chassepot vinrent rendre bon témoignage de cette arme.

Lorsque les garibaldiens s'aperçurent que les Français étaient en ligne, ils se retirèrent sur Monte-Rotondo, et le feu cessa.

Garibaldi avait pensé que l'armée française ne tirerait pas une amorce ; il s'était bercé de l'espérance qu'il n'aurait affaire qu'à l'armée pontificale. Lorsque l'illusion ne fut plus possible pour lui, il se décida à la retraite.

Il est certain que les généraux de Polhès et de Courten ne se doutaient pas, dans la nuit de dimanche à lundi, du succès qu'ils avaient remporté. Croyant Mentana toujours sérieusement occupée, ils avaient sévèrement défendu qu'on dépassât les lignes des avant-postes. Mais les avant-postes des zouaves ne purent résister au désir aventureux d'entrer de nuit dans Mentana.

Cependant un bataillon de zouaves, commandé par M. de Troussures, avait tourné la ville et était parvenu à la grande rue, seule voie pénétrable. Il y faisait soixante prisonniers, s'établissait dans les premières maisons, car une énorme barricade partageait la ville en deux; ensuite il fit demander au général l'ordre de s'établir à ce poste; mais le général s'y opposa. En effet, le corps d'armée pris entre Mentana et Monte-Rotondo pouvait être coupé et débordé en un instant; un jeune zouave tomba à dix pas de la barricade.

Garibaldi avait un panache blanc, la grande chemise rouge, un air fier et beaucoup d'audace. Après cinq heures de combat, la bataille n'était pas arrêtée; le général Kanzler et son état-major s'établirent à la Vigna-Santucci, à un kilomètre de Mentana; on se battit jusqu'à dix heures du soir, et toute la nuit on s'attendait à voir recommencer la bataille et à être attaqué de nouveau.

Après cette nuit bien longue, l'attaque recommença à neuf heures du matin. Un colonel français partit avec ses bataillons pour soutenir nos pontificaux, et après une heure de combat la ville était prise. Au même moment, un parlementaire arrivait avec un drapeau blanc, annonçant que non-seulement Mentana, mais Monte-Rotondo demandaient à capituler. Lorsqu'il fut aux limites du camp, on lui banda les yeux, on le mit sur un cheval et il fut conduit au quartier-général.

La capitulation fut accordée. Nous vîmes passer les prisonniers par rang de trois, fiers, dédaigneux, frisant leurs moustaches, ayant l'air de dire : « Nous recommencerons bientôt. » On les dirigea sur Rome entre deux rangs de soldats, et il en est déjà entré 1,400. Nous nous occupâmes alors du soin des blessés.

Il reste donc acquis à l'histoire qu'une petite armée chrétienne de 9,000 hommes a tenu tête, pendant un mois, à la Révolution déchaînée, conduite par son homme, son *grand général* italien. Cette héroïque poignée de braves a inscrit aux fastes militaires et dans l'histoire de l'Eglise les noms de Nerola, de Monte-Libretti, de Bagnorea, de Monte-Rotondo et de Mentana. Les Guillemin, les de Quélen, les Dufournel et cent autres héros aussi vaillants qu'aimables sont tombés autour de la Croix, comme les Pimodan.

Les garibaldiens sont battus, vaincus, dispersés. Garibaldi, leur chef, est en bonne santé. Qu'il s'en aille donc; qu'il rentre dans la coulisse, ce héros de théâtre, qui ne sait même pas se faire tuer, après qu'il en a fait tuer tant d'autres! Car, cette fois, c'est bien fini de lui; la chemise rouge n'est plus qu'un oripeau, et le bonhomme un mannequin dont la Révolution elle-même aurait honte de se servir.

Pauvre Garibaldi! Que n'a-t-il persisté dans son petit métier de caboteur sur les côtes de la Chine, où il a réalisé, dit-on, d'assez beaux bénéfices dans le commerce des porcelaines? Voilà ce qui lui convenait. Marchand de porcelaines, on n'eût jamais parlé de lui; tandis qu'aujourd'hui, accablé sous le ridicule de sa défaite et de sa fuite, il n'aura pas même la consolation d'être oublié!

Les journaux qui ne dépendent pas de la Révolution se sont amusés à livrer à la risée publique ce Garibaldi, l'homme le plus vantard et le plus battu de ce temps, ce général qui ne sait prendre les villes que quand la trahison lui en apporte les clefs; qui, pour opérer le salut de l'Italie, aspirait, dans une proclamation récente, à recevoir une balle en pleine poitrine, et s'est échappé si vite; ce rédempteur qui agit, non pas à la façon de ceux qui sauvent, mais de ceux qui se sauvent. Il est des héros qui sont ensevelis dans leur gloire; Garibaldi est enseveli dans sa fuite; c'est le linceul qui convenait à cette jactance qui a tant fatigué les gens de bien; qu'il y demeure, et que, pour mieux marquer ses titres à la délivrance de Rome, il ajoute à son épitaphe sa qualité de « citoyen américain. »

L'entrée triomphale à Rome.

Le vendrdi 8 novembre, rentraient à Rome les troupes françaises et pontificales qui avaient pris part à l'éclatant fait d'armes de Mentana. Ce retour a été l'occasion d'une de ces fêtes civiques qui, à raison de la multitude immense se pressant dans les rues, et de l'expression enthousiaste de sentiments affectueux, déterminent la valeur des opinions dominantes et de la joie provoquée par leur triomphe.

Dès avant deux heures de l'après-midi, la rue spacieuse qui, du Quirinal, conduit à la porte Pie, et de là s'étend, par l'ancienne voie Nomentana jusqu'à Sainte-Agnès extra muros, était encombrée de gens de toute condition, de tout âge et de tout sexe, depuis le citoyen le plus humble, jusqu'aux membres de la plus haute aristocratie.

Le général Kanzler, ministre de la guerre; le général de Failly, commandant en chef l'armée française d'expédition, avec leurs états-majors respectifs, firent halte à la place de Ternini, devant le temple érigé par nos pères à la Vierge dite de la Victoire, en mémoire du triomphe obtenu par le christianisme dans le XVIe siècle contre les musulmans; là ils assistèrent au défilé.

Les troupes étaient précédées par le général de Polhès et le général Courten, commandants des deux corps d'armée ; celui des milices pontificales se composait du régiment des zouaves, du bataillon des carabiniers, de la légion romaine, une compagnie du génie, une batterie et des escadrons des gendarmes et des dragons. Suivait le corps français, composé d'un bataillon de chasseurs, des 1er, 29e et 59e régiments de ligne, le génie, une batterie et un détachement de chasseurs à cheval.

Les fanfares militaires et le roulement des tambours étaient dominés par les mille voix du peuple, tellement compacte sur le passage des troupes, que ces braves avaient de la peine à avancer ; ils rentraient glorieux d'avoir battu des hordes plus nombreuses que leurs bataillons, et d'avoir, par la victoire, dompté la témérité qui s'était armée contre la religion et la civilisation.

Les cris mille fois répétés de *Vive le Souverain Pontife! Vive Pie IX Pape-Roi! Vive la France catholique!* et les acclamations adressées à chacun des corps en particulier, faisaient parfaitement comprendre combien le peuple sympathisait à cette cause. Les mouchoirs s'agitaient, on battait des mains, on prodiguait aux soldats mille marques d'affection, on les couvrait de fleurs; en un mot, c'était un spectacle émouvant à faire verser des larmes d'allégresse.

Le succès est complet, la petite armée du Pape a remporté une victoire matérielle et une victoire morale plus importante encore.

Voici, à ce sujet, de belles réflexions de Mgr Pie :

« La bataille de Tivoli et Mentana est venue couronner une série d'exploits qui figureront parmi les plus beaux faits d'armes de la chrétienté. L'armée du Pape, longtemps célèbre par sa bravoure et son habileté, a repris un rang d'honneur d'où elle ne descendra pas. Les indigènes ont rivalisé de valeur avec les catholiques venus de tous les pays; les populations romaines ont donné à leur prince des marques de fidélité et d'affection qu'aucun gouvernement ne serait en droit d'attendre de ses sujets soumis aux mêmes épreuves. Cette attitude et ces succès ont conquis à la cause de la royauté pontificale des sympathies inattendues, et déterminé chez plusieurs un retour favorable d'opinion.

« Nous avons donc à bénir le Seigneur qui, en délivrant le Saint-Siége de ses ennemis du moment, a vraiment versé dans tous les cœurs chrétiens comme les premières gouttes de sa miséricorde : *Benedicentes Dominum qui liberavit eos in isto die, misericordiæ initium stillans in eos.* Et si l'horizon demeure encore trop chargé de nuages, si nous prévoyons trop de nouvelles angoisses avant l'heure des solutions finales, pour que nous osions entonner l'hymne de triomphe, nous n'omettrons cependant pas de remercier Dieu, qui nous a donné un avant-goût de tout le bien qu'il nous réserve. »

Il y a quelques jours, en recevant la garde des volontaires romains, le Pape a prononcé ces paroles que nous traduisons de l'*Unità cattolica :*

« Au milieu de tant de misères qui nous environnent, « parmi tant d'angoisses que suscite le démon pour exercer « notre patience, et pour troubler la paix des bons, misères « et angoisses qu'il vaut mieux indiquer en général que de « les énumérer, c'est pour Nous une grande consolation de « voir, entendre et lire deux choses, deux choses qui sont « l'étonnement de toute l'Europe : savoir, la fidélité et l'hé-« roïsme de nos troupes, et le sincère attachement des « sujets pour le Saint-Siége et pour le Vicaire de Jésus-Christ, « si indigne que soit actuellement ce Vicaire.

« Vous réunissez ces deux titres de soldats et de sujets ; « vous êtes soldats par occasion et sujets par votre sincère « dévoûment.

« Que Dieu donc soit béni ; Dieu qui compatit à nos tribu-« lations présentes, qui rassure notre faiblesse, et qui ne « nous fait boire qu'avec mesure dans ce vase d'amertume : « *potum dabis in lacrymis*, mais *cum mensura*. Je le prie de « vouloir bien répandre sur vous ses grâces spéciales. Que « vous retrouviez dans vos familles l'affection que vous por-« tez au Père commun des fidèles. Je prie Dieu de vous ac-« compagner de ses bénédictions et de confirmer en vous les « sentiments que vous avez manifestés en ces jours par vos « sacrifices. Que Dieu donc vous bénisse dans votre corps, « dans votre âme, dans vos biens, dans vos peines, dans vos « travaux, afin que, bénis dans le temps, vous soyez ren-« dus dignes de le bénir pendant toute l'éternité. »

CHAPITRE VI

CALME DE PIE IX AU MILIEU DES TEMPÊTES

Un philosophe de l'antiquité aimait, dans ses profondes méditations, à contempler la lutte du juste aux prises avec la haine des méchants. Rien n'était plus grand à ses yeux ni plus digne du respect des hommes.

Donnons-nous cette joie en considérant notre glorieux Pontife, le juste par excellence, dormant tranquillement comme son divin Maître dans sa barque agitée par mille tempêtes et des vents contraires. On envahit ses États au mépris de toutes les lois, on fait sauter des édifices à côté du palais qu'il habite; les garibaldiens lancent des bombes meurtrières qui éclatent avec fracas dans un grand nombre des rues de Rome: *Ipse vero dormiebat.*

Pendant que tout est en émoi dans la Ville Sainte, pénétrez dans les appartements de Pie IX: vous le trouverez occupé à prier et à traiter les importantes affaires de l'Église avec un calme imperturbable.

Quelle sérénité au milieu des périls! Quel courage en face de tant de difficultés! Les ruses, les guet-apens, la violence ouverte, rien ne peut l'ébranler. Les bandes révolutionnaires campaient à quelques milles de Rome avec Garibaldi, le Pape est demeuré impassible au Vatican. Quelle page pour l'histoire!

Ne craignez pas qu'au plus fort de la tourmente Pie IX

fasse quelque concession au prétendu esprit moderne pour obtenir quelque secours. Au contraire, il saisit le moment où il est pour ainsi dire abandonné de tous pour stigmatiser et dénoncer de nouveau au monde entier les empiétements sacriléges de l'autocrate du Nord, dont chaque mouvement écrase l'héroïque Pologne.

Confiance inébranlable de Pie IX.

Pendant le plus fort de la dernière tempête qui menaçait la Ville Sainte, les correspondances de Rome nous apportaient les lignes suivantes :

« Au moment où les ennemis de Dieu et de son Église font un suprême effort à nos portes pour atteindre le but qu'ils poursuivent depuis si longtemps, il est bon de constater la tranquillité qui règne à Rome dans les sphères du pouvoir.

« Lundi dernier et hier encore, le Saint-Père s'est montré en public. Il prenait ce qu'il appelle ses *vacances d'octobre* : en d'autres termes, il venait de visiter quelque couvent ou quelque monument public. Jamais nous ne l'avons vu si calme, si enjoué même. La foule l'acclamait avec enthousiasme, et bon nombre de passants l'ont suivi comme une escorte d'honneur jusqu'au moment où il est remonté en voiture.

« La tranquillité du Saint-Père se communique à tout son entourage.

« Il disait l'autre jour à un patricien romain qui lui exprimait ses propres craintes :

« — Rassurez-vous, mon fils ; l'Église a tant vu d'invasions manquées, depuis celle d'Attila !

« Et en prononçant ces mots il indiquait sur le mur de la salle où avait lieu l'entretien une fresque représentant S. Léon le Grand qui arrête Attila.

« Comment pourrait-on craindre à côté d'un tel Pape? »

La Papauté est toujours sortie plus forte, plus radieuse de ces terribles épreuves. Aussi voyez avec quel calme, quelle sérénité d'âme Pie IX considère les faits qui se passent autour de lui ; on conspire, on s'agite, on s'arme, on se précipite vers les frontières de ses États déjà amoindris, et que défend une poignée de braves, et lui, il continue pacifiquement et sans s'émouvoir sa sainte mission de père. Dernièrement, quelques personnes lui témoignaient toute leur admiration à ce sujet. Pie IX a répondu : « Que voulez-vous, je sens au dedans de moi une tranquillité, une confiance inexprimables. Je ne puis la dépeindre, mais je la sens. »

— On écrivait de Rome le 23 octobre :

Des insurgés du comité qui ont tenté, la nuit, de s'emparer du Capitole, étaient fort nombreux, et mes prévisions ne me trompaient pas lorsque je vous disais hier que j'avais vu dans les rues une quantité de gens qui, évidemment, n'appartenaient pas à Rome.

Vers le Forum, également, on remarquait de larges flaques de sang, et aussi sur la place de la Bocca della Verità. Le Capitole avait dû être attaqué par trois ou quatre côtés à la fois. Les insurgés, à un signal donné, une bombe qui avait éclaté sur un point convenu, étaient sortis de leurs retraites tout autour du Capitole, de Sainte-Sabine, du Ghetto, de la Peschiera, et avaient marché sur le municipe gardé par des zouaves et des chasseurs suisses. Aux cris de : Qui vive! ils avaient répondu par celui de : Garibaldi! Alors la troupe s'était servie de ses armes.

Tandis que ces faits se passaient de ce côté, une bande de cent insurgés cherchait à enlever et enlevait, en effet, le poste de la porte Saint-Paul ; mais à l'approche d'une compagnie de chasseurs qui s'avançait au pas de course, cette bande abandonnait sa conquête et se dispersait à la faveur de l'obscurité, dans les vignes environnantes et du mont Testaccio.

A la première nouvelle de ces événements, plusieurs représentants des puissances catholiques se rendirent immédiatement au Vatican pour protéger le Pape. Sa Sainteté, qui veillait, les accueillit avec une bienveillance spéciale et les rassura : « J'étais instruit de ce qui devait arriver, leur dit-elle, mais ce n'est pas dangereux ; je vous remercie de votre empressement, *n'ayez pas peur* ; pour le moment les choses ne s'aggraveront pas. »

Toutefois, deux heures après, une formidable détonation venait jeter l'alarme au Vatican ; c'était la caserne de zouaves, établie dans le palais Serristori, qui venait de sauter à la suite de l'explosion d'une mine que les agents du comité d'action étaient parvenus à introduire.

Béni soit donc le Seigneur Jésus, Celui qui a promis d'être « tous les jours » avec son Église ! et béni soit le Pontife qui, en des jours semés de tant de périls et d'astuces, a su éviter toutes les embûches du chemin et marcher toujours dans une route droite et sans détours ! L'adversité peut venir : elle ne l'abattra point. Entendez ces fermes paroles :

« Pour Nous, dit Pie IX, privé de presque tout secours humain, mais Nous souvenant de Nos devoirs, et Nous confiant pleinement dans l'aide du Tout-Puissant, Nous sommes prêt à soutenir sans crainte, au péril même de Notre vie, la cause de l'Église dont le soin Nous a été divinement confié par Notre-Seigneur Jésus-Christ, et à Nous rendre, si cela devient nécessaire, dans la contrée où Nous trouverons le plus de facilité pour exercer librement Notre ministère apostolique. » Voilà bien le langage sacerdotal : langage courageux sans jactance, et où la modestie tempère la grandeur. On a cité souvent avec emphase cette parole, singulièrement amoindrie par le contexte : « Il faut qu'un empereur meure debout. » *Imperatorem stantem mori oportet.* Ce qu'un césar païen avait dit, un Pape le saura faire. Or, mourir debout, c'est léguer à l'institution qu'on représente un gage de vie et des arrhes d'avenir.

L'antiquité nous a gardé le souvenir de ce philosophe stoïcien, lequel, en proie aux plus cruelles souffrances, rassemblait ses derniers restes de force pour dire : « Tu ne gagneras rien, ô douleur ! quelque incommode et violente que tu puisses être, je n'avouerai jamais que tu es un mal. » Triste bravade philosophique que je laisse à d'autres le soin de célébrer. Après tout, n'est-ce pas folie de prendre une telle attitude envers le mal physique ? Mais ce que je contemple, ce que j'admire, c'est ce vieillard couronné, c'est ce prêtre de la loi nouvelle qui avoue n'être pas impassible, mais qui, placé en face de doctrines menteuses et d'exigences menaçantes, conserve toute sa majestueuse sérénité ; et, dans la plénitude de son calme comme dans sa force, semble proférer ces autres paroles, bien autrement dignes d'admiration : « Tu fais de vains efforts, ô mal ! je ne dirai jamais que tu es un bien ! »

O mal ! tu peux broyer cet affirmateur intrépide du vrai et du bien ; mais, à l'heure où tu le broies, il te dénonce et te condamne. Ton triomphe passera, ta condamnation restera. La victoire matérielle est à toi : elle durera ce que durent le crime et le mensonge ; la victoire morale est à lui : elle durera ce que durent la vérité et la justice : *et veritas Domini manet in æternum* (1).

Enjouement de Pie IX sur un voleur.

On lit dans l'extrait d'une lettre écrite de Rome, par des séminaristes, à la *Semaine d'Angers* :

« ... Nous avons vu ce matin le Souverain Pontife, et le plus cher de nos vœux est exaucé. Qu'il est bon ! qu'il est doux, affable et beau, le Saint-Père ! C'est la beauté et la

(1) Mgr Pie.

majesté tout ensemble. Admis en sa présence, il nous donne sa main à baiser, puis nous fait tenir debout devant lui :

« — Mes enfants! nous a-t-il dit, l'Église a besoin de prières, il faut bien prier; vous ne connaissez guère le monde, vous êtes trop jeunes : mais le monde est bien mauvais; il appelle blanc le noir, il appelle noir le blanc; la pauvre vérité, *la povera verità*, est exilée; on l'a chassée bien au delà du Tropique, au delà du Pôle; et le langage dont se servent les hommes n'exprime plus leurs pensées. Ah ! si nous n'avions pas confiance en Notre-Seigneur Jésus-Christ, la tête nous tournerait, et nous ne saurions que devenir. Aujourd'hui on dit : Garibaldi arrive de ce côté; demain, il aborde par là (et le Souverain Pontife, en disant ces dernières paroles, conservait son air bon et doux, mais sa voix avait quelque chose de dédaigneux et de fier). Mais nous espérons en Dieu qui sait toujours confondre les projets des méchants. Mes enfants! (que ce mot est doux dans la bouche du Saint-Père), mes enfants, priez bien pour l'Église; oh! la prière, voilà bien notre force et notre assurance. »

— On adressait de Rome, le 15 novembre 1867, à la *Semaine religieuse* de Nîmes, une lettre fort intéressante de l'aumônier qui accompagnait les zouaves de ce diocèse à l'audience du Pape :

« Le Saint-Père a fait savoir qu'il nous voulait dans la longue salle du Trône, pour nous parler assis sur son trône.

« Arnaud, sergent nîmois, a fait faire les évolutions, nous a fait former le carré; nous tenions toute la salle.

« Quand le Pape est entré, nous étions à genoux; je lui ai baisé les pieds avec M. l'abbé d'Audiffret, et il m'a demandé si ceux qui étaient là étaient tous Nîmois et récemment arrivés. J'ai répondu qu'ils étaient du diocèse, et qu'il y avait parmi eux dix anciens. Il est monté aussitôt sur le trône, nous a fait lever, et restant debout lui-même, nous a parlé pendant au moins dix minutes avec une simplicité encore plus grande que celle que je lui ai vue en certains jours d'abandon.

« Voici une rapide analyse de ses paroles :

« Vous êtes venus pour défendre le Saint-Siége, le Chef de l'Église; vous venez pour voir le Pape.... Eh bien! vous allez écrire à vos familles..... On vous demande sans doute comment est le Pape : vous écrirez qu'il est calme, tranquille, en paix, parce qu'il est entre les mains de Dieu. L'Église est gardée par Dieu aussi; vous direz qu'il vous a parlé comme ça, *mal*, en mauvais français peut-être, mais en *français*. Vous écrirez encore que je vous donne, à vous et à toutes vos familles, une bénédiction, comme aux bienfaiteurs du Saint-Siége, car vous êtes tous et ceux qui vous envoient des bienfaiteurs. Je veux donc que cette bénédiction aille à tous, qu'elle leur donne la force dans ces jours, plus tard et puis à l'heure... de notre... Vous savez qu'il faut qu'un jour arrive la séparation de notre âme et de notre corps, que nous passions au jugement de Dieu! (*A cette idée de mort :* Vous mourrez, d'autres sont morts, *les paroles ont été difficiles à saisir, le Saint-Père était ému.*)

« Vous parlerez aussi des ennemis de l'Église; vous direz qu'ils ne croient ni à Dieu ni aux hommes. Ce sont des Italiens! vous dira-t-on; vous répondrez : oui, sans doute; — mais on dira : ils sont donc bien mauvais? Non, il y en a beaucoup de bons; ce ne sont pas eux; les honnêtes gens se mettent les bras ainsi (*il croise les bras*), et c'est partout comme cela; quand il y a des révolutions dans les autres pays, les bons se mettent les bras ainsi (*il croise de nouveau les bras*); ce n'est pas seulement en Italie! — Vous direz qu'ils ont été chercher dans tous les pays, ils ont tout ramassé et ils ont formé avec tout cela une armée. — La Providence l'a dissipée pour le moment.

« Maintenant, je vais vous donner la bénédiction que je vous ai promise : *Benedicat*, etc. »

« Je me suis mis à genoux, et encouragé par la bienveillance, je dirai presque la bonhomie extrême du Saint-Père, je lui ai dit très-haut :

« Très-Saint-Père, nous sommes cent ici : mais si vous voulez des hommes, Votre Sainteté n'a qu'à dire un mot, et dans quinze jours nous serons quatre fois plus nombreux. » Le Saint-Père : « Je voudrais leur offrir des casernes, mais à Rome il y a plus de couvents que de casernes. — Ils sont très-mal, ces pauvres enfants; il y a eu du trouble, maintenant il y a du calme; mais qu'ils soient toujours prompts à venir. — Il y a bien l'armée française; la Providence l'a permis; mais pourra-t-on la laisser?... »

Le Pape grandit à mesure qu'on veut le rapetisser au-dessous des autres souverains; plus il est opprimé, plus il semble puissant; plus il est faible, plus il inquiète ses ennemis.

Quel spectacle que celui qui est offert par la Papauté depuis longtemps! Autour d'elle, les flots se heurtent, les vagues s'entrechoquent. Rivalités haineuses des méchants, et parfois aussi dissentiments d'opinion des bons; divergences dans les systèmes d'attaque et de destruction, diversités dans les plans de résistance et de conservation. Mais, sur cet océan soulevé par des passions si variées et si multiples, la barque de Pierre navigue encore; plus d'un vaisseau de haut bord a sombré, la nacelle sacrée surnage, le Pontife enseigne, gouverne, il prie; on ne lui a laissé que l'ombre de la royauté, il en exerce toujours la plénitude; il ne lui demeure qu'*un lambeau de territoire*, il parle en maître du monde, il est plus roi que ses vainqueurs, plus roi que ses gardiens : qu'on parvienne à le bannir, il demeurera plus roi que ses remplaçants. Et si, à l'heure qu'il est, dit Mgr Pie, au sein de cette Europe où tant de monarchies ont été abaissées, les unes par des défaites cruelles, les autres par des exploits plus humiliants que les revers; si, dis-je, un héraut d'armes, planant au-dessus de tous ces trônes vacillants, venait à crier : *le roi!* c'est vers le trône pontifical, quoique le plus chancelant de tous, que tous les regards se porteraient à l'instant. Oui, dans sa majestueuse attitude, sous la tiare de son courage, de ses vertus et de ses malheurs, Pie IX est le roi, je veux dire mieux, il est l'homme de ce siècle : *Ecce homo*. Toutes les autres majestés sont plus secondaires que jamais en regard de cette majesté suprême (1).

Visite de Pie IX aux blessés.

L'auguste Pie IX s'est montré plein de sollicitude, non-seulement pour les blessés qui combattaient pour sa cause, mais encore, comme nous l'avons dit, pour les malheureux qui, fanatisés par la Révolution, s'étaient insurgés contre le plus débonnaire des rois et le meilleur des pères.

Le Saint-Père a mis le palais du Quirinal à la disposition des blessés de l'armée pontificale. Il ne passe jamais dans le voisinage sans s'arrêter quelques instants au palais pour s'informer de l'état des convalescents. Souvent il cause avec eux, et il ne les quitte jamais sans leur donner des médailles pour eux et leurs familles.

On écrivait de Rome :

« Le Saint-Père a bien voulu visiter l'hôpital militaire afin de consoler les soldats blessés à la dernière affaire de Monte-Libretti.

« La présence de leur auguste Père et Souverain et les paroles de consolation et de bienveillance qu'il leur a adressées en allant d'un lit à l'autre (2) ont produit sur ces braves

(1) Mgr Pie.

(2) Nous extrayons d'une lettre du comte Falaiseau, officier d'artillerie au service du Saint-Siége, les passages suivants :

« Le Saint-Père continue à se porter à merveille ; il nous témoigne sa

et sur toutes les personnes présentes à cette belle scène la plus douce impression.

« Ce trait de bonté a comblé les blessés de consolation, et à cette nouvelle tous les corps de l'armée sentiront s'accroître l'abnégation et le courage avec lesquels ils montrent au monde comment ils savent tenir bien haut le drapeau pontifical, autour duquel ils se sont rassemblés pour défendre la cause de la justice et en même temps celle de la vraie civilisation.

« L'un d'eux, à qui les médecins devront peut-être interdire le service militaire, était inconsolable; un autre, dont il faudra probablement amputer le bras gauche, a montré son bras droit au Pape en lui disant : « Grâce à Dieu, il me « reste encore celui-là pour combattre vos ennemis! » Le Saint-Père était ému jusqu'aux larmes. Un autre, blessé grièvement à la main, allait être amputé de trois doigts. Le chirurgien, en présence de l'horrible blessure, de la jeunesse du patient et des tristes conséquences qui en seraient la suite, était ému et semblait hésiter : « Allons, docteur, lui « dit le brave Marseillais, un peu plus de courage, la main « ferme, et menez-moi cette opération à la zouave, c'est-à- « dire tambour battant. Si je n'ai pas eu la chance de don- « ner ma vie pour le Pape et pour Dieu, j'aurai au moins le « plaisir de leur donner trois doigts de main, et j'ai, docteur, « plus de plaisir à les leur offrir que vous n'en aurez certai- « nement à me les couper. »

« Avec des cœurs aussi dévoués et des âmes aussi fortement trempées, que ne devons-nous pas espérer?

« Parmi les victimes de la révolution italienne, le Saint-Père a trouvé deux hommes appartenant au parti détestable armé contre lui; l'un était le comte Colloredo, blessé hors la porte

satisfaction, et cet encouragement est, vous le sentez, notre plus douce récompense ; avant-hier il s'est rendu à l'hôpital militaire : on amenait un blessé ; le Saint-Père lui donna la main pour l'aider à gagner son lit. »

de Rome, au pied des monts Parioli. Pie IX les a un instant contemplés avec tristesse, puis il s'est approché de celui dont la disposition d'âme lui a peut-être paru meilleure, et lui a dit quelques paroles dont voici le sens : « Pauvre jeune « homme, comprenez que le temps que Dieu vous fait en « vous conduisant ici est un temps de miséricorde. Deman- « dez-lui pardon. Remerciez-le, et comprenez aussi que, « quand nous avons lassé sa miséricorde, il nous envoie le « temps de sa justice. »

« Le blessé (que nous croyons être le comte Colloredo de Pavie), touché du ton d'ineffable bonté du Pape, s'est mis à pleurer, s'écriant : « Saint-Père ! pardon, pardon. Je ne vous « connaissais pas, et je ne savais pas ce que je sais. Bénissez- « moi ! » Et Pie IX l'a béni. Le Saint-Père a passé quelques instants auprès des officiers qui sont dans les chambres séparées ; il a vu d'abord M. le major Castella des carabiniers suisses, qui a reçu une balle à la jambe à Mentana le 3 novembre. « Eh bien, commandant, a dit le Pape en souriant, « toute votre maison a été frappée. »

« Chose bizarre, le commandant de Castella a été atteint après avoir eu son cheval touché trois fois et tué, et son chien corse blessé. C'est ce qui provoquait le mot du Pape. »

Belles paroles de Pie IX au Sacré Collége.

Voici la réponse du Pape aux compliments qui lui ont été adressés, suivant l'usage, par le Sacré Collége à l'occasion des fêtes de Noël. Nous en trouvons la traduction complète dans la correspondance romaine de la *Gazette du Midi*, et nous nous empressons de la reproduire, ainsi que l'analyse du discours du cardinal Patrizzi.

« Après la cérémonie, au moment où le Saint-Père déposait les vêtements pontificaux dans la chapelle de la Piété, le cardinal Patrizzi, remplaçant le cardinal-doyen, s'est avancé pour le féliciter au nom du Sacré-Collége. Il lui a dit que les grâces répandues par le divin Sauveur s'étendaient à tous les hommes, mais qu'il était juste que les prémices en fussent offertes à Celui qui le représentait si dignement sur la terre. La première et la plus précieuse des grâces est la paix. Si, dans les dernières années on la souhaitait avec ardeur, mais non sans quelque appréhension, il semble que du moins cette fois on peut l'invoquer avec plus de confiance et de sûreté. Puisse-t-elle descendre sur le gouvernement de Sa Sainteté, embellir son règne et se répandre de la Ville Éternelle sur toute la surface de la terre !

« Le Saint-Père, au milieu du silence et du recueillement ému de l'assistance, a répondu en ces termes :

« Je remercie le Sacré Collége des souhaits qu'il exprime « et des espérances qu'il manifeste. J'accepte ces souhaits « avec gratitude, et je m'associe à ces espérances. Oui, j'es- « père que Dieu voudra couronner son œuvre. Et, à propos « de cet espoir, je me souviens qu'en lisant, l'autre jour, « dans mon bréviaire l'homélie de saint Grégoire sur ce pas- « sage de l'Évangile : *Anno quintodecimo imperii Tiberii* « *Cæsaris*, je fus frappé de ces paroles : *Gentilitas colligenda* « *erat et Judæa disperdenda*. En effet, à l'époque où naquit « Notre-Seigneur Jésus-Christ, la Judée était divisée en sept « partis qui se faisaient entre eux une guerre acharnée.

« Il y avait des Pharisiens qui trompaient le peuple avec « leurs fausses vertus ; il y avait les Saducéens, plongés « dans les jouissances matérielles et qui niaient la résurrec- « tion, puis les Esséniens, les Hérodiens et une foule d'au- « tres factions politiques qui déchiraient le sein de cette « infortunée nation. C'était là l'indice le plus sûr d'une ruine « imminente. Au contraire, dans l'empire romain apparais- « saient l'unité et la force. Vous comprenez suffisamment à « qui je fais allusion. En face de cette tempête d'opinions « contraires et discordantes, on voit s'élever, ferme et com- « pacte, l'unité de l'Église, laquelle n'apparut jamais aussi

« entière et parfaite que dans ces temps, où l'admirable « accord de l'Épiscopat catholique avec ce Centre d'unité la « fait ressortir et rayonner de toutes parts.

« C'est pourquoi, si la discorde est le signe d'une disper- « sion prochaine, que notre accord nous soit l'avant-cou- « reur et le gage d'un heureux avenir. Cependant, comme « nos adversaires, divisés sur tous les points et ne s'enten- « dant pas entre eux, même dans les intérêts matériels, ne « sont d'accord que dans la guerre qu'ils font à l'Église ca- « tholique, il faut que, nous aussi, laissant de côté toute « diversité d'opinions, nous concentrions nos pensées dans « la défense de notre sainte foi. Que tous nos efforts conver- « gent vers le but suprême, et les grâces du Seigneur, que « j'invoque à mon tour sur vous, seront votre récompense.

« Puisse le Tout-Puissant bénir ces paroles ainsi que vous « tous, comme je le lui demande avec ferveur. Que sa béné- « diction descende et demeure sur vous. »

Puis le Pape prononça la formule latine de la bénédiction.

Ce discours toucha vivement les auditeurs, qui ne se composaient que du Sacré-Collége et de l'entourage de sa Sainteté. Lorsque le Saint-Père eut cessé de parler, les cardinaux et les évêques vinrent tour à tour lui baiser la main avec une profonde émotion.

Pie IX et l'armée française.

« Ce matin, à midi, le général de Failly et tous les officiers de la garnison française de Rome ont été reçus solennellement par le Pape au Vatican.

« Le général a adressé au Saint-Père, sur la mission que l'armée française remplit à Rome pour la seconde fois, quelques paroles pleines d'à-propos auxquelles Pie IX a répondu en français et en termes dont voici le sens :

« Je suis heureux de revoir l'armée française dans mes « États. Je suis heureux surtout de la voir arriver à temps « dans une circonstance si mémorable. Ma petite, mais fidèle « et vaillante armée, avait fait, vous le savez, des prodiges « de valeur. Mais elle était épuisée par une lutte inégale. « Elle n'en a pas moins rendu, par son courage et sa cons- « tance, un service signalé à la Papauté, à la France elle- « même, en quelque sorte, et, bien plus à l'Italie, laquelle « doit lui être reconnaissante d'avoir contribué à la débar- « rasser d'une engeance nuisible qui ne peut que troubler « sa tranquillité.

« Soyez donc les bienvenus, fils de la nation très-chré- « tienne !

« Père Éternel (ici le Pape a levé les yeux au ciel), bénissez « la France, bénissez le chef de son gouvernement, bénissez « l'Italie, oui, l'Italie... bénissez ce petit État qui m'est « confié, bénissez tous ceux qui sont venus et viennent à « mon aide ! »

« Puis le Saint-Père, levant les bras, a prononcé d'une voix émue, sur ses auditeurs respectueusement inclinés, la formule latine de la bénédiction apostolique.

« Avant de sortir, il a appelé près de lui le général, qui lui a présenté les officiers au fur et à mesure qu'ils défilaient devant le trône. »

Les catholiques du monde entier ont admiré les desseins de la Providence dans les événements qui viennent de s'accomplir en Italie, et qui ont obligé en quelque sorte la France à reprendre son rôle parmi les peuples. Voici, à ce sujet, un beau passage d'un grand évêque :

« Ce n'est pas sans cause, a dit saint Paul, que les chefs des nations portent l'épée. » Eh bien ! l'épée de notre nation, c'est l'épée chrétienne par excellence, c'est l'épée de Clovis, c'est l'épée de Charlemagne, c'est l'épée de saint Louis ; et parce que notre vocation nationale survit à toutes les formes, parce que notre rôle est en quelque sorte inadmissible, cette même épée s'est trouvée aux mains de la République de 1849, et elle est encore l'épée de la France d'aujourd'hui : la France ne se la laissera jamais arracher.

« Quand des conjurés veulent renverser un souverain, si ce souverain a des fils, si ces fils ne sont ni des lâches ni des ingrats, où si le vertige ne les a pas saisis, ils prennent le glaive pour défendre le trône de leur père ; s'il a un fils aîné, il se déclare généralissime, il se montre le premier au péril, et on le trouve toujours au poste d'honneur.

« Nous sommes les fils aînés de l'Eglise ; nous avons compris notre devoir, nous avons remis notre père sur le trône et nous ferons bonne garde autour de lui jusqu'à ce qu'un signe de sa volonté souveraine nous ait licenciés. Il n'y a en cela ni honte pour Rome, ni perte pour la France. La Rome chrétienne, depuis les premiers jours de son organisation temporelle, est accoutumée à la reconnaissance envers les armes françaises : l'Église repose avec reconnaissance à l'ombre d'un glaive qu'elle-même a tant de fois béni pour être employé à sa défense. »

Finissons en citant ce beau passage d'un publiciste :

« Quoi qu'il arrive, nous ne sommes point inquiets pour la Papauté. Nous sommes tranquilles, non-seulement sur sa perpétuité, promise à notre foi, mais encore sur sa force et sa gloire dans le siècle présent : nous en avons pour garant l'épreuve au sein de laquelle nous la contemplons aujourd'hui. Il est dans sa destinée d'être toujours attaquée ; mais son histoire ne nous la montre atteinte que lorsqu'elle est abandonnée ou s'abandonne elle-même, et c'est pourquoi sa lumière, qui ne peut jamais s'éteindre, n'est pas, en ce moment, menacée de s'éclipser. Combattue souvent comme en nos jours, a-t-elle jamais paru plus ferme et plus pure ? a-t-elle jamais été mieux défendue ? Depuis le début de notre âge, il n'est pas un assaut tenté contre elle qui n'ait porté plus haut sa puissance. Le vain effort de ses ennemis s'est accordé avec le progrès qui rapproche les unes des autres toutes les contrées de la terre pour rattacher au centre commun, par des liens plus étroits, la chrétienté agrandie. Dans cet accroissement d'unité, un seul péril peut-être était à craindre, et difficilement une institution humaine l'eût évité : c'est celui auquel a succombé l'ancienne Rome, auquel n'ont pas échappé les monarchies européennes, le mal qui retire la vie des extrémités pour la reporter toute au cœur, et que les politiques ont nommé l'excès de la centralisation. Mais un Pape tel que Pie IX a, pour le gouvernement de l'Église, des inspirations meilleures que celles des hommes d'État pour le gouvernement des peuples. Sans tenir compte de ses épreuves politiques, il couronne ses triomphes religieux par la convocation d'un concile œcuménique. Régler le sort de l'Église en commun avec l'Église entière, voilà la suprême ambition du plus obéi des Pontifes. A ceux qui revendiquent Rome pour capitale de l'Italie, il répond en l'ouvrant comme capitale au genre humain. Il y convie les représentants et les organes de la conscience humaine à délibérer sur l'avenir de l'humanité.

« Non, de tels desseins ne sont pas d'une puissance qui déchoit. Ils seront traversés, mais ils s'accompliront, et malheur à ceux qui les auront traversés : un jour viendra où de toutes parts on leur en demandera compte. Le monde se transforme ; mais qu'à travers cette transformation obscure et mêlée de biens et de maux, la France ne se laisse donc pas ranger parmi les ennemis de la conscience humaine, parmi les contempteurs de la justice et du droit : elle ne l'a pas voulu, elle ne le veut pas, elle ne le voudra jamais ; j'en atteste ses paroles et ses votes, j'en atteste son sang, j'en atteste son cœur et son génie. Et pourtant tout dépend d'elle : tout lui sera imputé, quoi qu'il advienne. Ce qu'elle veut, qu'elle sache donc enfin l'affirmer et l'imposer aujourd'hui. »

TABLE DES MATIÈRES

PARIS. — IMPRIMERIE VICTOR GOUPY, RUE GARANCIÈRE, 5.

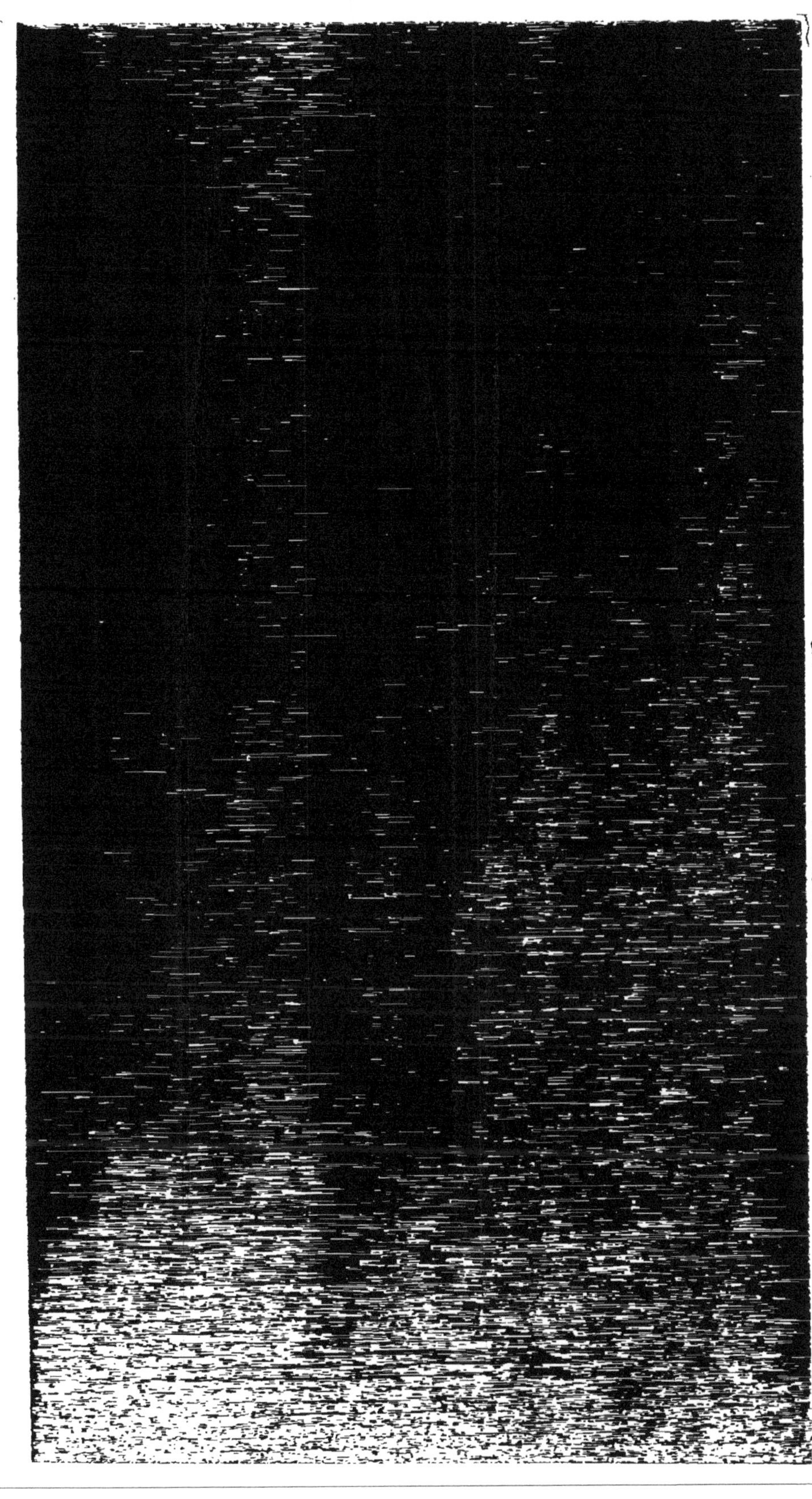

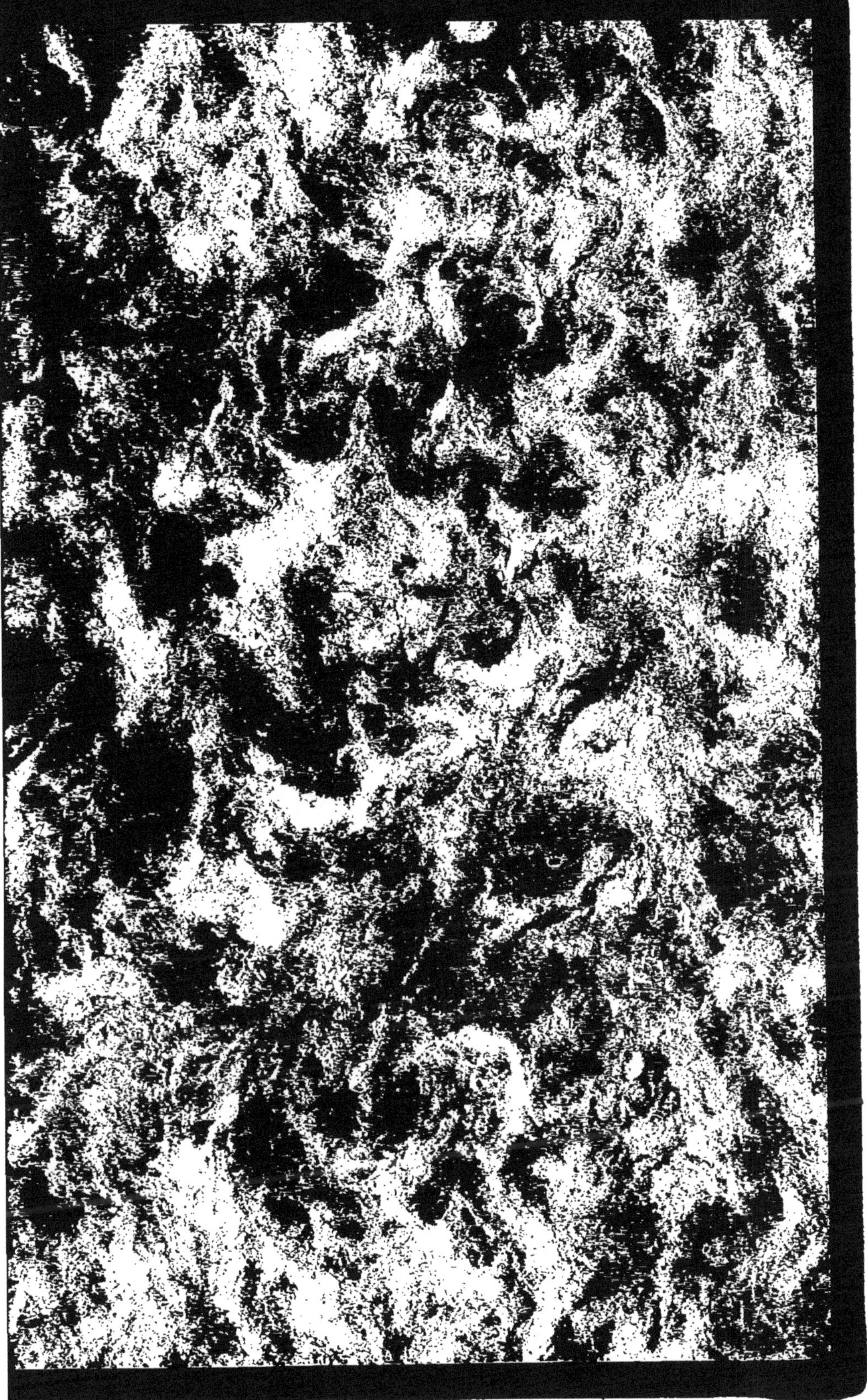

www.ingramcontent.com/pod-product-compliance
Ingram Content Group UK Ltd.
Pitfield, Milton Keynes, MK11 3LW, UK
UKHW020436200726
13857UKWH00002B/440